U0935536

经治
财法

中证中小投资者服务中心

CHINA SECURITIES
INVESTOR SERVICES CENTER

# 投资者

# INVESTOR

第7辑

（2019年8月）

郭文英　主编

法律出版社
LAW PRESS·CHINA

投资者
INVESTOR

# 卷首语

2019 年 7 月 19 日，中国证监会开展“不忘初心、牢记使命”主题教育专题党课，中国证监会易会满主席指出新时代资本市场践行党的初心和使命，重点是必须牢记监管姓监，提升有效监管和科学监管的水平；必须始终坚持服务实体经济和保护投资者合法权益的根本方向；必须努力打造规范、透明、开放、有活力、有韧性的资本市场。本辑就科创板及资本市场多元化解纠纷机制等内容进行了讨论，同时继续坚持理论性与实践性，就资本市场热点难点问题进行探讨。本辑共分为 5 个栏目，收录 13 篇文章以飨读者。

【政策解读】收录 2 篇文章

刘成伟、马德刚的《科创板“以信息披露为核心”的注册制试点改革》一文认为，由核准制向注册制的转变，不会是一个一蹴而就的动作，其实质是要落实证券发行监管理念的转变。而这种理念的转变，其抓手正如 2019 年 4 月 19 日召开的中共中央政治局会议所点睛明确的：“科创板要真正落实以信息披露为核心的证券发行注册制”。其背后是对市场的信赖和敬畏，监管者要做的只是为市场提供真实、充足的信息，而非替投资者拿主意。

彭雨晨的《科创板差异化表决权的治理模式及规则重构》一文认为，私人秩序和公共秩序是差异化表决权的两种治理模式，两者在规则实践、法理基础等方面迥乎不同。虽然我国科创板选择了公共秩序治理模式，但是关于何种治理模式更佳的探讨并未停止。追根溯源，两种治理模式的区别产生于二者对投资者理性程度和其他情景因素的不同假设。结合我国科创板市场的实际情况，遵循匹配治理理念，私人秩序才是科创板差异化表决权的最佳治理模式，这一模式不仅具有可行性和有效性，更具有必要性。据此，科创板现有治理规则体系应以是否限制投资者选择自由为依据予以重构。

【理论探究】收录3篇文章

蒋学跃的《我国上市公司一致行动人概念的嬗变与功能异化》一文认为，在立法上，我国一致行动人概念在法律层面借鉴美国模式，而在规章层面借鉴英国规范，最终导致概念体系的紊乱与不协调。在内涵上，我国一致行动人概念强调获得控制权的要素，使其嬗变为表决权拘束协议。在适用范围上，在监管加码的冲动下，特别是强调实际控制人的监管，导致了泛化与滥用。在功能上，一致行动人已经从最初监管当事人规避举牌义务，异化为被当事人用来主动规避监管的工具。基于深入贯彻注册制理念的需要，未来应重构一致行动人的概念，应强调获取控制权而非表决权，限缩适用范围，厘清与表决拘束协议的关系，使其回归监管权益披露的原初目标，更好地发挥证券市场并购的外部治理功能。

唐林垚的《论中国敌意收购法律法规的完善》一文认为，由《公司法》《证券法》《上市公司收购管理办法》和合而成的预防性立法长期无法为中国敌意收购争端提供有效的制度供给和清晰的问题解释，造成字面上"股东会中心主义"法律法规在实践中的适用倒错。列举范式无力法典化董事会信义义务的广阔内涵，毋宁以严格无漏洞的董事会中立规则取而代之，并辅以全面强制要约收购规则以彰显对目标公司少数股东保护之周全。

王雨乔的《投资者的"核准制"——科创板视角下投资者适当性制度的再审视》一文认为，个人投资者对我国资本市场的发展与完善，乃至提高我国整体经济实力的作用都是不言而喻的。但我国个人投资者数量庞大，个体间在资产、能力方面均存在较大差异，非理性投资行为屡见不鲜。为平衡中小投资者与证券经营机构之间的实质不平等，投资者适当性制度作为我国资本市场转轨过程中的适应性规定应运而生。科创板的推行，使科创企业的高风险蔓延至证券市场，进一步凸显了保护中小投资者的现实需求。面对机遇与挑战并存的科创板，唯有确立科学的立法理念、构筑适当的准入门槛，建立起针对投资者的"核准制"，以期在投资者保护和满足投融资需求之间找到更为合理的边界。

【市场实务】收录3篇文章

上海市高级人民法院课题组的《多元化解证券期货纠纷协调对接机制发展现状与完善建议——以诉调对接为研究重点》一文从多元化解证券期货纠纷协调对接机制的价值和特点出发，分析和研究其现状和存在的问题，借鉴域外相关经验，从而提出完善建议。在框架设计上,建议建立我国证券期货纠纷专业调解机制的集中模式。具体措施上,建议增加证券期货纠纷专业调解的数量,进一步扩大“诉转调”的通路,建立强制调解与单方承诺调解机制、示范判决引导调解机制、调解中财产保全机制、调解协议督促履行和辅助履行机制,完善调解协议司法确认制度,做好诉调对接机制的综合保障和持续发展工作等。

范圣兵、张玉的《证券公司融资融券绕标相关问题研究》一文认为,2018 年以来,全市场股票质押比例越来越高且股票质押式回购交易业务的风险案例逐渐增多,银行和证券公司等金融机构开始谨慎为大股东开展质押融资,大股东希望通过融资融券绕标实现融资目的,同时绕开监管机构对融资资金用途的监管;也有不少投资者为博取高收益,希望通过融资融券绕标达到扩大标的证券、增加杠杆比例等交易目的。另外,由于佣金率持续走低,交易量低位运行,证券公司通过提供绕标服务寻求收入来源。

滕昭君的《关于在区域性股权交易中心挂牌的非上市股份有限公司股权冻结的实务探讨》一文认为,在现行法律框架下,对于非上市股份有限公司股权是否必须登记,以及应向哪一登记机关登记并不明确,存在一定程度的混乱,特别是各地区域性股权交易中心的成立,对于在区域性股权交易中心挂牌的非上市股份有限公司,对其股权应如何冻结,现行法律规范尚无明确的统一规定。因此,亟待最高人民法院制定司法解释加以完善,减少纷争,维护当事人的合法权益。

【投教园地】收录 3 篇文章

毛梦远的《关于创新和完善证券期货纠纷多元化解机制的实践与思考》一文认为,资本市场矛盾纠纷呈现主体多元化、类型多元化、诉求多元化的特点,传统的“一元化”化解纠纷的理念、思路、途径已不能适应新形势的要求。证券期货纠纷多元化解机制是投资者表达诉求和权利救济的重要渠道,为维护投资者合法权益、促进辖区资本市场健康发展,湖南证监局高度重视证券期货纠纷调解工作,不断优化纠纷调解机制,积极创新调解工作方法,构建诉调对接新格局,努力提升调解效力,加强纠纷调解宣传,推动辖区证券多元纠纷化解机制建设。

宿晓、刘怡姝的《投资者教育闭环管理体系探索与实践》一文通过对投资者群体特征和投资者教育需求的分析研究,探索形成了投资者教育闭环管理体系。通过自身实践,一定程度上满足了投资者对优质投教服务的需求,使投资者教育长期规划取得了一定成效。随着资本市场的发展,证券公司应当继续发挥投资者教育主体作用,提升服务质量,结合适当性理念,合力联动开展投资者教育工作,形成具有自身特色的投资者教育长效机制,促进资本市场持续稳定发展。

方燕的《中小投资者的制度保护》一文认为,在科创板正式推行以及《证券法》修订的大背景下,对中小投资者的保护要综合行政、民事等手段丰富保护体系,全方位地提升对中小投资者的保护力度,提升资本市场法治与司法救济等软实力水平。针对目前中小投资者行政、民事保护存在的相关问题,该文设想了相关解决方式,并对中小投资者公益诉讼制度进行了探索。

【域外视野】收录2篇文章

张子学的《美国证监会全面解读投资顾问信义义务与行为标准及其启示》一文认为,作为其集中推出的进一步规范投资顾问行为、保护投资者权益组合举措的一项重要内容,美国证监会发布释令,对投资顾问的信义义务、注意义务、忠实义务与相应的行为标准进行了综合梳理与全面解读。本文介绍了该释令的主要内容,并简要列出了其对我国基金资管行业监管的一些启示。

黄辉、王超的《公司收购法的移植与变异:部分要约与投资者保护》一文考察了中国内地和英国、日本等法域的部分要约规则,统计分析了我国收购人发出的部分要约。研究发现:我国部分要约制度与日本的要约义务模式殊途同归。部分要约都是自愿发出,目的主要是巩固公司控制权,规避现象罕见,这便产生了与日本模式类似的效果。除了"苏泊尔案"外,没有收购人发出部分要约来履行协议收购触发的法定要约义务。本文对研究结果进行解释,并建议将部分要约适用范围扩展到协议收购等主流收购方式,通过法律正式借鉴日本模式。

# 目　录

**域外视野**

# CONTENTS

# I 政策解读
INVESTOR

# 科创板“以信息披露为核心”的注册制试点改革

刘成伟[*]　马德刚[**]

**摘　要**：科创板所承载的一项重要改革任务便是试点注册制。而注册制的核心则是信息披露。从证券发行注册制改革的要义来看，强调信息披露的核心地位不仅在于规则制度本身，更在于证券发行审核理念由核准制向注册制的转变。理念的转变始于从顶层设计到配套规则的落地，并在长期的审核实践中予以延伸并完善改进，而最终经一以贯之的公开透明、公平公正且标准统一的市场预期形成后方得以大成。本文将主要从信息披露这个核心视角，关注科创板的相关制度框架本身。基于科创板本身对于“科技创新”这一板块定位的鲜明特点，科创板申报企业的主营业务、市场估值、投资者权益等势必均与相关技术的披露、价值判断、知识产权保护等息息相关。科创板还有同股不同权这一相对于传统A股板块的新物种以及允许境外注册的红筹企业境内上市等制度突破，从信息披露角度也这些新突破势必也涉及不少新的监管要求或者境内外不同法域监管的协调等。总之，由核准制向注册制的转变，不会是一个一蹴而就的动作，其实质是要落实证券发行监管理念的转变。

**关键词**：信息披露　技术　知识产权　披露豁免

## 引　言

科创板的重任之一便是“试点注册制”，从中央全面深化改革委员会发布的《在上海证券交易所设立科创板并试点注册制总体实施方案》以及中国证券监督管理委

* 环球律师事务所合伙人。

** 环球律师事务所合伙人。

环球律师事务所声明：本文仅代表作者个人意见，不代表其所在单位的任何意见或建议。

员会(以下简称证监会)发布的《关于在上海证券交易所设立科创板并试点注册制的实施意见》(以下简称《科创板实施意见》)来看,其标题开宗明义地明确了科创板的这一改革重担。所谓“注册制”,对于中国境内资本市场而言,是相对于现行《证券法》框架下针对证券公开发行所实行的“核准制”而言的。笔者理解,由核准制向注册制的转变,不会是一个一蹴而就的动作,其实质是要落实证券发行监管理念的转变。而这种理念的转变,其抓手正如 2019 年 4 月 19 日召开的中共中央政治局会议所点睛明确的:“科创板要真正落实以信息披露为核心的证券发行注册制。”诚如独立学者清澄君所言:这种理念就是“只要披露准确,哪怕洪水滔天”。正如美国证券交易委员会(Securities and Exchange Commission, SEC)官员所言,SEC 审查注册报告的最终目的是“在可能的范围内,取得有关(发行人商业、财务、证券等)事宜全面而公正的披露”(Barker, SEC Registration of Public Offering Under the Securities Act of 1933, *Business Lawyer* 1996)。其背后是对市场的信赖和敬畏,监管者要做的只是为市场提供真实、充足的信息,而非自以为高过投资人一等,对投资人指手画脚,或者替他们拿哪家证券可以买,哪家不能买的主意。[①]

到底应如何把握其中要义,笔者理解,需要回答好三个基本问题:第一,披露什么?披露的内容和边界。第二,如何审核?审核的标准和尺度。第三,违规了怎么办?责任体系的确立和执行。

## 一、披露的内容和边界

作为基本要求,从信息披露的内容角度,正如《科创板首次公开发行股票注册管理办法(试行)》(以下简称《科创板注册办法》)第 5 条所明确的,发行人应当“依法充分披露投资者作出价值判断和投资决策所必需的信息”。

一方面,原则上,凡是对于“能够充分反映公司业务、技术、财务、公司治理、竞争优势、行业趋势、产业政策等方面的重大信息”,[②]均应当披露。正如《科创板注册办法》(第 34 条)所明确的:“中国证监会制定的信息披露规则是信息披露的最低要求。不论上述规则是否有明确规定,凡是对投资者作出价值判断和投资决策有重大影响

① 清澄君:《注册制是一种制度,更是一种理念》,载比较公司治理微信公众号:https://mp.weixin.qq.com/s/z9wd-xEh0lXS721FOn9HcA,最后访问日期:2019 年 7 月 29 日。

② 《上海证券交易所科创版股票上市规则》(以下简称《科创板上市规则》)第 5.2.1 条。

的信息,发行人均应当予以披露。”强调法定最低要求的同时,也明确凡是“对投资者作出价值判断和投资决策有重大影响的信息”,均应当披露。

另一方面,披露也需要边界或者针对性。考虑到发行人的主营业务的行业特点、发展阶段、公司自身状况等各有差异,究竟哪些信息属于对投资者作出价值判断和投资决策所必需的信息也需要区别对待,需要有针对性。从信息披露的目的来看,其核心诉求应是使投资者能够在获知合理充分信息的基础上作出投资决策(informed decision)。然而,从立法现实来看,任何规则都无法做到尽善尽美覆盖全部可能性。对于法定要求基础之上的自愿披露,究竟哪些是有重大影响的信息,从发行人、投资者以及作为“守门人”的监管者的不同角度出发,均难免会出现理解偏差(无论基于不同利益诉求的主动倾向抑或被动选择性失忆或不同视角的关注偏差)。另外,客观来讲,就投资者需要在浩瀚信息海洋中寻求有效信息而言,也并非事无巨细一股脑全披露便是有利于投资者决策。因此,监管角度也要求“发行人应当根据自身特点,有针对性地披露行业特点、业务模式、公司治理、发展战略、经营政策、会计政策,充分披露科研水平、科研人员、科研资金投入等相关信息”。[①] 尤其是,就科创板的优先支持、推荐“科技创新”企业发行上市的板块定位而言,科创板发行人的信息披露势必会涉及诸多科技、技术密切相关的针对性披露要素。下文第四部分将就此展开进一步分析。

另外,就科创板的包容性而言,该板块明确允许尚未盈利的发行人申请上市,以及存在特别表决权安排的、涉及红筹架构或[②] VIE 协议安排的企业申请上市。对于存在此类特殊情况或特殊架构安排的发行人,也会涉及相关的特殊信息需要披露。下文第五部分将进一步分析。

最后,为投资者合理决策提供信息基础的另一侧面的要求是要充分揭示风险。尤其是,要充分揭示“可能对公司核心竞争力、经营稳定性以及未来发展产生重大不利影响的风险因素”。[③] 换言之,信息披露的目的一方面是提供价值判断相关信息;另一方面也要充分揭示相关风险,以便投资者在信息披露基础上作出合理决策。

---

① 《科创板注册办法》第 39 条。

② VIE, Variable Interest Entity, 即可变利益实体。

③ 《科创板注册办法》第 39 条。

## 二、审核的标准和尺度

"注册制"并不意味着监管机构对证券发行不再进行审查。无论是美国《1933年证券法》及美国《1934年证券交易法》框架下SEC所监管的证券"注册",还是香港证监会(Securities and Futures Commission, SFC)及香港联交所(The Stock Exchange of Hong Kong Ltd., HKEX)在香港《证券及期货条例》和联交所上市规则体系下的双重审核,都涉及监管机构对证券发行的监管审核。

就信息披露的审核而言,首先需要明确责任主体披露的标准,其次才是监管机构的审核把握问题。从《科创板注册办法》、《上海证券交易所科创板股票发行上市审核规则》(以下简称《科创板审核规则》)、《科创板上市规则》、《公开发行证券的公司信息披露内容与格式准则第41号——科创板公司招股说明书》(以下简称《科创板招股书指引》)等相关规则来看,要求信息披露应当及时、公平地进行,并且"所披露信息必须真实、准确、完整,不得有虚假记载、误导性陈述或者重大遗漏"。① 就信息披露标准而言,科创板的要求与主板、中小板、创业板等其他板块的要求并无实质差异。不过,就科创板的定位特点来看,在信息披露方面尤为突出的一个特点是有关技术信息的披露。正如《科创板注册办法》(第39条)所规定:"发行人应当根据自身特点,有针对性地披露行业特点、业务模式、公司治理、发展战略、经营政策、会计政策,充分披露科研水平、科研人员、科研资金投入等相关信息,并充分揭示可能对公司核心竞争力、经营稳定性以及未来发展产生重大不利影响的风险因素"。而对此,发行人可能会有的很大顾虑是,其核心技术秘密可能因为上市而大白于天下进而导致被竞争对手不当使用。对此,《科创板招股书指引》提供了一个豁免披露的通道:"发行人有充分依据证明本准则要求披露的某些信息涉及国家秘密、商业秘密及其他因披露可能导致其违反国家有关保密法律法规规定或严重损害公司利益的,发行人可申请豁免按本准则披露。"②

尽管有上述豁免披露的可能,但对于技术特点突出的科创板申请企业具体应该如何把握信息披露的程度和方式,尽可能做到既能满足合规要求又不至于引致重大不利影响,以便在公司正当利益维护以及投资者保护之间保持微妙的平衡,还是有很

---

① 《科创板注册办法》第5条。

② 《科创板招股书指引》第9条。

多事项值得仔细琢磨和专业分析。对此,下文第四部分将进一步分析。

另外,关于审核的尺度把握,《科创板审核规则》第34条明确规定:"本所在信息披露审核中,重点关注发行上市申请文件及信息披露内容是否包含对投资者作出投资决策有重大影响的信息,披露程度是否达到投资者作出投资决策所必需的水平。"就科创板而言,尤其考虑到技术相关信息对发行人的关键性、常规信息披露的标准以及实务中披露豁免的相对高门槛等因素,可能有必要进一步思考的是信息披露与信息公开之间的关系。对于证监会的现行审核机制,诟病比较多的一个问题是在申报后至上市前的审核期间内,一些反馈问题及回复并未能充分、全程被披露。在此方面,我们注意到,上海证券交易所(以下简称上交所)科创板官网在信息公开页面专门留出了"问题与回复"栏目,这可能也算是针对前述被诟病问题的一个改进。充分的信息披露当然是值得鼓励的一个方向,不过,笔者认为,这里面可能存在一定的理解误区。充分信息披露和全程信息公开之间可能不完全一样。很典型的例子,对于SEC监管下的注册发行,也区分秘交(confidential filing)和公开递交(public filing)阶段,在此过程中的SEC的反馈问题及发行人答复也并非全程或全部公开。

实际上,信息披露也有必要对不同的披露对象进行区别对待——针对负责发行审核的监管机构,以及依赖信息进行投资决策的投资者。从监管审核的角度,所有监管机构认为必要的重大信息,都可以根据监管规则的要求或精神要求发行人充分提供或披露,但这些信息是否全部都属于投资者进行合理决策所必需或者适合对外公开,则未必。过度的信息披露是否可能会导致投资者反而降低了捕捉有效信息的能力,也有进一步讨论的空间。比如涉及历史沿革等事项,监管审核可能需要关注,但并非有必要事无巨细都提供给投资者。从投资者角度来看,公司业务运营、未来价值等相关的重要信息和重大瑕疵风险,可能更是其合理决策所需。

## 三、披露的责任主体

从注册制试点来看,《科创板实施意见》予以明确的一项基本原则就是"强化信息披露监管,归位尽责"。具体要求如下:

——建立和完善以信息披露为中心的股票发行上市制度;

——强化发行人对信息披露的诚信义务和法律责任;

——充分发挥中介机构核查把关作用;

——引导投资者提高风险识别能力和理性投资意识。

责任主体的厘清,事关具体披露实务的落地执行以及后续若出现披露违规情形的责任追究。不同的交易行为中,其相关行为责任主体或法定义务承担方会有差异或不同侧重。从科创板的证券发行来看,现行《科创板注册办法》及其他相关规则对不同主体的信息披露责任进行了必要的区别对待:

第一,发行人,作为信息披露第一责任人。发行人应当诚实守信,依法充分披露投资者作出价值判断和投资决策所必需的信息。

第二,发行人的控股股东、实际控制人,应当全面配合相关机构开展尽职调查和其他相关工作,不得要求或者协助发行人隐瞒应当披露的信息。

第三,中介机构,应履行核查义务。其中,

——保荐人,对注册申请文件和信息披露资料进行全面核查验证;

——证券服务机构应审慎履行职责,作出专业判断与认定:(1)对与本专业相关的业务事项履行特别注意义务,(2)对其他业务事项履行普通注意义务。

## 四、科创板信息披露的针对性要求——“硬科技”核心

更具针对性和有效性的信息披露,才是提供投资者决策所必需的信息这一规则的要义所在。就科创板而言,这一要义可以从如下几方面去理解。

### (一)准确把握“硬科技”核心

《上海证券交易所科创板企业上市推荐指引》(以下简称《推荐指引》)第3条具体解释了“符合科创板上市公司定位”的内涵。《国务院关于加快培育和发展战略性新兴产业的决定》中对符合“国家战略”的“战略新兴产业”进行了详细规定。战略性新兴产业是以重大技术突破和重大发展需求为基础、对经济社会全局和长远发展具有重大引领带动作用、知识技术密集、物质资源消耗少、成长潜力大、综合效益好的产业。国家发展与改革委员会《战略性新兴产业重点产品和服务指导目录》、国家统计局《产业分类》、国家知识产权局《专利优先审查管理办法》对“新一代信息技术、高端装备、新材料、新能源、节能环保以及生物医药等高新技术产业和战略性新兴产业的科技创新企业”的内涵、相关政策进行了详细规定。简言之,符合科创板定位,不是凭空设想的主观判断,而是符合国家宏观调控目标,符合中央政府多年经济管理规律的客观评价。

另外,针对保荐机构的审核要点,《推荐指引》第 5 条规定保荐机构应当准确把握科技创新企业的运行特点,充分评估企业科技创新能力。[①] 笔者理解,判断拟上市企业是否符合科创板上市定位与审核要点,具有时序关系:不是先根据《推荐指引》第 5 条进行审核,后根据第 3 条判断是否符合科创板“上市定位”;而是在判断拟上市企业符合科创板定位后,进而评估该企业是否具有“创新能力”。保荐机构不能认为重点关注的事项是判断是否“符合科创板上市定位”;重点关注的事项应是判断拟上市企业的创新能力是否在实质上符合准入门槛。简言之,创新能力才是科创板上市企业的核心特点;符合国家发展战略的新兴产业的“硬科技”创新能力才是核心中的核心。

(二)针对几个重要术语的解读

技术、技术成果和知识产权是三个不同的概念,不能混淆。核心技术不等于核心技术成果或核心知识产权。

1. 技术

技术是指制造某种产品、应用某种工艺或提供某种服务的系统知识。《供发展中国家使用的许可证贸易手册》(1977 年)规定:“技术是制造一种产品的系统知识,所采用的一种工艺或提供的一项服务,不论这种知识是否反映在一项发明、一项外形设计、一项实用新型或者一种植物新品种,或者反映在技术情报或技能中,或者反映在专家为设计、安装、开办或维修一个工厂或为管理一个工商业企业或其活动而提供的服务或协助等方面。”由此可见,技术是制造产品、采用工艺或提供服务的系统知识,这些知识可以被人理解和掌握,可以有载体,可被人类理解和感知,也可以没有载体,仅仅保留在人脑之中、可以进行人际传播。

2. 技术成果

《最高人民法院关于审理技术合同纠纷案件适用法律若干问题的解释》(法释〔2004〕20 号)第 1 条规定:“技术成果,是指利用科学技术知识、信息和经验作出的涉及产品、工艺、材料及其改进等的技术方案,包括专利、专利申请、技术秘密、计算机软件、集成电路布图设计、植物新品种等。”由此可见,技术成果是人类应用科学技术解决具体技术问题的精神产品,不包括关于科学技术的基础研究以及软科学研究成果。

---

① 《推荐指引》第 5 条,审核的重点包括:(1)是否掌握具有自主知识产权的核心技术;(2)是否拥有高效的研发体系;(3)是否拥有市场认可的研发成果;(4)是否具有相对竞争优势;(5)是否具备技术成果有效转化为经营成果的条件;(6)是否服务于经济高质量发展,是否服务于创新驱动发展战略、可持续发展战略、军民融合发展战略等国家战略,是否服务于供给侧结构性改革。

3. 知识产权

知识产权不是知识,而是一种"排他"的权利。《民法总则》第123条规定:"民事主体依法享有知识产权。知识产权是权利人依法就下列客体享有的专有的权利:(一)作品;(二)发明、实用新型、外观设计;(三)商标;(四)地理标志;(五)商业秘密;(六)集成电路布图设计;(七)植物新品种;(八)法律规定的其他客体。"

由此可见,知识产权是一种专有的权利,技术成果符合法律规定的,可以成为知识产权的客体。例如,具有新颖性和创造性的技术成果,如发明创造,在其符合《专利法》的要求时,可以经申请被国家授予专利权。"被国家授予的专利权"和"申请专利之前的技术成果"是两个截然不同的概念。技术成果是应用科学规律解决技术问题的精神产品,专利权是排除他人实施特定技术成果的权利。

4. 核心技术

《上海交易所科创板股票发行上市审核问答》第10条规定了对主要依靠核心技术开展生产经营的理解:主要依靠核心技术开展生产经营,是指企业的主要经营成果来源于依托核心技术的产品或服务。一是发行人能够坚持科技创新,通过持续的研发投入积累形成核心技术。二是发行人主要的生产经营能够以核心技术为基础,将核心技术进行成果转化,形成基于核心技术的产品(服务)。如果企业核心技术处于研发阶段,其主要研发投入均应当围绕该核心技术及其相关的产品(服务)。三是核心技术的判断主要结合发行人所处行业的国家科技发展战略和政策、整体技术水平、国内外科技发展水平和趋势等因素,综合判断。这说明,核心技术与主营业务和主要产品直接相关,脱离主营业务和主要产品的技术不能被理解为核心技术。

5. 核心技术人员

根据上文针对"核心技术"的解读,核心技术人员应指掌握制造某种产品、应用某种工艺或提供某种服务的系统知识中的核心技术的人,对核心技术的研发、保护、运用具有重要地位的人,主要包括核心技术人员以及技术团队的核心管理人员。

6. 自主创新和自主知识产权

笔者认为,"自主"具有如下几个特征:自主创新的技术成果和自主知识产权作为经济活动,可以计入中国国内生产总值(GDP);中国法院对技术成果和知识产权具有司法管辖权;中国税收主管机关对自主创新技术成果和自主知识产权具有税收管辖权;知识产权权利人、发明人、设计人、作者是中国人或中国企业;中国公民或中国企业在创新前对项目的立项选择、研发进程具有主导权等。

（三）技术保护和技术相关风险的披露

1. 技术保护解读

《科技版招股书指引》第 54 条规定：发行人应……披露发行人的核心技术是否取得专利或其他技术保护措施、在主营业务及产品或服务中的应用和贡献情况。

拟上市企业是否具有创新能力，是科创板上市应关注的重要事项；但是创新成果、特别是核心技术是否得到专利或其他措施的保护，关系着拟上市企业的技术领先水平、持续营利能力和市场竞争地位等。

知识产权贯标，是提升企业知识产权管理水平的重要手段和措施。通过贯标的企业，对知识产权的创造、保护和运用的水平通常会有所提升，特别是对商业秘密的管理水平会显著提升。

专利的挖掘和布局，是保护核心技术的重要手段。专利挖掘，是识别技术成果，特别是核心技术成果的重要步骤，专利的组合和布局，是保护核心技术的"关键技术"，科创板上市企业应当在上市前对技术成果作一次系统的梳理，出具《专利挖掘和专利布局工作报告》。这个报告本身就是企业的商业秘密，对企业保护核心技术、披露核心技术具有重要作用。

2. 技术相关风险解读

《科技版招股书指引》第 33 条第 1 项和《科创板上市规则》第 3.2.8 条列举了与技术相关的主要风险。根据上述法规规定，拟上市企业对技术相关风险应予披露。但是，发行人未必有足够的能力和效率准确、及时、完整地识别技术风险、披露技术风险。

发行人不能准确、及时、完整地识别、披露技术风险，会造成严重的后果。一方面会造成其市场竞争力严重下降，另一方面会因为违反信息披露义务而被投资者追诉或被强制退市。

3. 借力知识产权专业服务机构保护技术和防范技术相关风险

（1）知识产权专业服务机构的作用

发行人可以借助知识产权专业知识对事实问题进行调查，对与技术和知识产权相关的问题进行分析判断；发行人和保荐人可以从知识产权服务机构的工作成果中发现价值、机会和风险；发行人和保荐人可以将知识产权专业服务机构的工作成果作为履行披露义务、合规管理风险的证据和论据。

(2)知识产权专业服务的具体内容

贯标是指发行人通过《企业知识产权管理规范》国家标准(GB/T - 29490 - 2013)的第三方认证,证明发行人已经建立起合格的企业知识产权管理体系。专利分析:发行人可以委托专业机构调查分析竞争态势,充分利用各国专利公开信息,及时监控竞争对手。① 专利预警/技术自由实施FTO调查:发行人可以在重大研发立项、新品上市、首台套重大技术装备出口前进行专利预警分析评价,管控侵权风险。② 专利挖掘与布局:如前文所述,该项工作对于发行人核心技术识别、高价值专利培育、技术转化效率具有重要意义。③

(四)技术保护与信息披露之间的平衡

1. 披露义务豁免

《上市审核规则》第44条规定:发行上市申请文件和对本所发行上市审核机构审核问询的回复中,拟披露的信息属于国家秘密、商业秘密,披露后可能导致其违反国家有关保密的法律法规或者严重损害公司利益的,发行人及其保荐人可以向本所申请豁免披露。本所认为豁免披露理由不成立的,发行人应当按照规定予以披露。国家秘密可以豁免披露义务很好理解,但是如何申请豁免商业秘密披露义务是个难点。

2. 国家秘密和商业秘密解读

商业秘密已经被我国《民法总则》确定为受法律保护的知识产权。企业的核心技术并非全部适合用专利保护。适用商业秘密保护,或者使用专利保护效率不高时必须当作商业秘密来保护。

商业秘密的两大特性是具有非公知性和保密性,一旦披露,有可能因为丧失保密性而进入公有领域,不能再成为发行人的无形资产。但是,发行人不披露商业秘密,很难全面评价发行人的无形资产、创新能力和竞争能力,最后导致投资者估值不准,而被迫披露商业秘密又可能导致严重损害公司利益。因此,发行人要在保护技术和上市披露之间找到微妙的平衡。

3. 申请披露豁免的策略

根据《审核问答》第16条的规定,发行人因涉及商业秘密提出豁免申请的,应当符合以下要求:(1)发行人应当建立相应的内部管理制度,并明确相关内部审核程序,

---

① 参见许玲玲:《运用专利分析进行竞争对手追踪》,载《情报科学》2005年第8期。

② 参见戚淳:《论建立专利预警机制的必要性和预警模型的构建》,载《科学学与科学技术管理》2008年第1期。

③ 参见梁宏:《浅谈企业如何挖掘专利和进行专利布局》,载《中国发明与专利》2015年第1期。

审慎认定信息豁免披露事项;(2)发行人的董事长应当在豁免申请文件中签字确认。

4. 豁免披露的信息应当尚未泄露

笔者认为,发行人申请豁免披露商业秘密时,应当披露技术秘密的项目名称、能解决的具体技术问题以及应用该等技术秘密时可以给产品或服务带来的与众不同的使用价值。披露这类信息一方面可以使投资人对该等商业秘密的价值进行评估,也可以在投资人指控发行人隐瞒信息或虚假披露时,作为披露义务与商业秘密一致性判定的重要依据。最后,发行人在申请豁免披露商业秘密时,应当证明该商业秘密没有被泄露。

## 五、科创板信息披露的其他特殊情形

### (一)公司治理——同股不同权(AB 股)

同股不同权可谓是科创板的一个重大制度突破。实务中,同股不同权有着各种不同的惯常叫法,比如 AB 股、双重股权结构等。境外市场中,除了 20 世纪就已接纳双重股权(dual class share)安排并已有丰富实践经验的美国市场以外,曾痛失阿里巴巴上市机遇的我国香港资本市场,在经历了 2014 年和 2017 年两轮意见征集与尝试后,最终于 2018 年主板上市规则中正式采纳了不同投票权(Weighted Voting Rights)。其后,小米、美团等便纷纷采用了不同投票权架构登陆香港资本市场。

就中国内地资本市场而言,科创板的同股不同权制度安排较多地借鉴了香港资本市场的相关规定。其实,2018 年中国存托凭证(Chinese Depository Receipt, CDR)试点规则中,中国内地市场就已经接纳了同股不同权的股权结构安排。只不过由于各种原因,小米 CDR 最终未能成功。2019 年 3 月科创板配套规则纷纷落地后,上交所于 2019 年 4 月初受理的优刻得股份有限公司,则成为科创板首个“吃螃蟹”采用同股不同权安排的申请人,而新近受理的科创板首例红筹企业 CDR 发行人——九号机器人有限公司也同样采用了同股不同权的股权结构安排。可以预见的是,会有越来越多符合条件的科创板企业采用同股不同权机制。因此,随着新机制的实践检验,这些特别机制下的投资保护问题也将日益突出。

在中国内地现有法律框架下,所谓同股不同权,是在“股份公司”的范畴内,相对于同股同权(《公司法》第 103 条规定:“股东出席股东大会会议,所持每一股份有一表决权。”)而言。首先需要明确的是,所谓“不同权”仅是指表决权方面的差异,而在其他方面(如分红、清算、信息等),股东权利则应当完全相同。在科创板规则体系下,同股不同权的官方术语是"表决权差异安排"或"特别表决权",具体是指:"本规则所称表决权差异安排,是指发行人依照《公司法》第一百三十一条的规定,在一般规定的普通股份之外,发行拥有特别表决权的股份(以下简称特别表决权股份)。每一特别表决权股份拥有的表决权数量大于每一普通股份拥有的表决权数量,其他股东权利与普通股份相同。"①

科创板特别表决权制度突破的立法基础源于《公司法》第131条规定:"国务院可以对公司发行本法规定以外的其他种类的股份,另行作出规定。"该条规定为表决权的差异安排留出了制度空间。而《科创板上市规则》第四章第五节则为境内资本市场的同股不同权机制搭建了制度框架。另外,2019年4月最新修订的《上市公司章程指引》也明确了公司章程有关特别表决权安排的相应规范。

为充分保障公众股东的利益,《科创板上市规则》在第4.5.11条及第4.5.12条中作出明确规定,要求执行同股不同权制度的上市公司应对相关信息提供持续的信息披露,具体体现在如下几方面:一是定期报告。披露此类安排在报告期内的实施和变化情况,以及此类安排下保护投资者合法权益有关措施的实施情况。二是临时报告。前款规定事项出现重大变化或者调整的,公司和相关信息披露义务人应当及时予以披露。三是会议通知。股东大会通知中应列明持有特别表决权股份的股东、所持特别表决权股份数量及对应的表决权数量、股东大会议案是否涉及第4.5.10条规定事项等情况。四是监事会意见。监事会应当在年度报告中,就同股不同权制度的执行及相关事项出具专项意见。

(二)红筹企业的域外事项协调

科创板的另一重大制度突破是允许在境外注册的红筹企业在科创板上市。对于境内资本市场而言,以前可以在沪深交易所发行上市的公司仅限于在境内注册的股份公司。而对于在境外注册的红筹企业,除非拆除红筹架构,否则缺乏登录境内资本市场的法律依据和路径。

红筹企业即"注册地在境外、主要经营活动在境内的企业",早在2018年3月发布的《国务院办公厅转发证监会关于开展创新企业境内发行股票或存托凭证试点若干意见的通知》(国办发〔2018〕21号)(以下简称21号文)中,便已明确提出允许"已

① 《科创板上市规则》第2.1.4条。

在境外上市的大型红筹企业”以及“尚未在境外上市的创新企业(包括红筹企业和境内注册企业)”在境内发行股票或存托证上市。但由于各方面原因,曾有望成为首单境内上市红筹企业的小米 CDR 最终未能成功。而目前,《科创板实施意见》再一次明确,符合 21 号文规定的红筹企业,“可以申请发行股票或存托凭证并在科创板上市”。实务中,2019 年 3 月 18 日,华润集团官网披露,公司董事会于 3 月 17 日审议通过了《关于华润微电子启动科创板上市的议案》,从目前已了解信息来看,华润微电子属于境外注册的红筹企业。2019 年 4 月 17 日,境外注册的九号机器人有限公司以 CDR 形式的科创板上市申请已获上交所正式受理。据我们了解,其他有意向登录科创板的一些优质红筹企业也正在积极准备过程中。可以预计的是,随着科创板的正式“开闸”,于境外注册的红筹企业也将在不久的将来陆续登录境内 A 股市场。

针对红筹企业,考虑到其于境外注册而于境内上市,因此不可避免地涉及境内外法律的适用与协调问题,尤其是在公司治理、投资者保护以及信息披露等方面。为此,《科创板上市规则》专设一章——第十三章“红筹企业和境内外事项的协调”——对此进行规范。

一方面,科创板允许红筹企业在公司形式方面可适用其注册地法律规定,包括涉及股权结构、公司治理、运行规范等事项。另一方面,红筹企业申请科创板上市的,还应同时遵守科创板的相关规则要求。[①] 因此,当境内外法律就同一事项有不同要求时,往往就会涉及如何适用法律或进行境内外协调的事项。

就科创板红筹企业的公司治理而言,根据《科创板上市规则》的相关规定,可能涉及如下主要方面:

1. 表决权安排,若设置同股不同权等特殊表决权机制的,除了应遵守注册地法律以外,还应满足科创板有关同股不同权制度的规则要求(见上述第 4 节);

2. IPO 决策,根据注册地法律及公司章程规定,无须提交股东大会审议的,可只提交董事会决议(第 13.1.2 条);

3. 上市后决策,按《科创板上市规则》应提交股东大会表决的重大交易、关联交易等事项,可按其已披露的注册地法律法规和公司章程规定的权限和程序执行(第 13.1.7 条);

4. 董事履职,注册地法律法规或者实践中普遍认同的标准对公司董事会、独立董

① 《科创板注册办法》第 80 条;《科创板上市规则》第 13.1.3 条。

事职责有不同规定或者安排,导致董事会、独董无法按本所规定履职或发表意见的,应详细说明情况和原因,并聘请律师事务所就上述事项出具法律意见(第13.1.8条)。

尽管有上述基本协调原则,仍然不能排除针对特定事项可能会无法协调的情况。对此而言,《科创板上市规则》第13.1.11条明确了如下处理机制:一是申请调整,适用科创板规则可能导致其难以符合公司注册地、境外上市地有关规定及市场实践中普遍认同的标准的,可向上交所申请调整适用,但应当说明原因和替代方案,并聘请律师事务所出具法律意见;二是强制适用,上交所依法认为不应调整的,应执行《科创板上市规则》。

对于在公司形式方面(包含股权结构、公司治理、运行规范等事项)适用境外注册地公司法等法律法规的红筹企业,在投资者保护方面,科创板确立的一个基本原则要求为:其投资者权益保护水平,包括资产收益、参与重大决策、剩余财产分配等权益,总体上应不低于境内法律法规规定的要求。

对于发行CDR的,一方面,应保障境内CDR持有人实际享有的权益与境外基础证券持有人的权益相当。另一方面,程序上,应当合理安排CDR持有人权利行使的时间和方式,保障其有足够时间和便利条件行使相应权利,并根据存托协议的约定及时披露存托凭证持有人权利行使的时间、方式、具体要求和权利行使结果。[①]

总体来看,原则要求很明确,但如何判定境外保护水平"总体上不低于"境内要求或境内外"权益相当",则需要境内外律师结合相关法律法规以及公司章程等的具体规则、治理机制、权益设置等方面进行具体分析,并得出明确结论,尽管"得出这一结论并不是件很容易的事"。[②]

投资者保护的一个核心关注是信息披露的充分、公平,可以为投资者进行投资决策提供可供依赖的信息。从科创板规则来看,目前从如下几方面提供了针对性保障:

首先,在IPO申报阶段。

——申请文件,红筹企业应同时遵循第42号格式准则——科创板申请文件,及第40号格式准则——CDR申请文件;

——招股说明书,红筹企业应同时遵循第41号格式准则——科创板招股说明书,及第23号编报规则——CDR招股说明书;

---

① 《科创板上市规则》第13.1.10条。

② 此方面的详细分析可参见李寿双:《住在岛上的独角兽——中国与开曼公司法下股东权利保护比较》,载"公司与证券法点评"微信公众号:https://mp.weixin.qq.com/s/X6-DZih006EXkFUWPvlDTw,最后访问日期:2019年7月25日。

——招股说明书特别事项,有股东投票权差异、VIE 架构或者类似特殊安排的,应当在招股说明书显要位置充分、详细披露相关情况,特别是风险、公司治理等信息。其中:

(1)涉及 VIE 架构的,应披露协议控制架构的具体安排;

(2)涉及特别表决权安排的,应披露相关安排的基本情况,可能导致的风险和对公司治理的影响;以及

(3)以专章说明依法落实保护投资者合法权益规定的各项措施。

另外,红筹企业通常会涉及境外持股架构安排。按照之前的监管审核要求,除非真正的外商投资安排,对于红筹背景所涉及的境外控制架构,在国内 IPO 申报之前通常要求拆回到境内控制架构。而目前的科创板规则,则不再强制要求拆除境外控制架构,但对于控股股东、实际控制人设立在国际避税区且持股层次复杂的,要求保荐机构和发行人律师应对下列事项进行核查并发表核查意见:①

——发行人设置此类架构的原因、合法性及合理性;

——持股的真实性、是否存在委托持股、信托持股;

——是否有各种影响控股权的约定;

——股东的出资来源等问题;

——说明发行人控股股东和受控股股东、实际控制人支配的股东所持发行人的股份权属是否清晰,以及发行人如何确保其公司治理和内控的有效性。

其次,上市后持续披露:

——年度报告,同股不同权、VIE 等特殊安排在报告期内的实施和变化情况,及保护境内投资者有关措施的实施情况;

——临时报告,特殊安排出现重大变化或调整,可能对交易价格产生重大影响的,应及时披露;

——涉 CDR 的,应当在年度报告和中期报告中披露存托、托管相关安排在报告期内的实施和变化情况以及报告期末前 10 名境内 CDR 持有人的名单和持有量,发生重大变动的,及时披露。

最后,涉及两地上市安排。同时有证券在境外证券交易所上市的:

——境外交易所要求披露的信息,应及时向上交所报告,并同时在指定媒体上按

① 上交所科创板问答,问题 5。

照本规则规定披露;

——就同一事件向境外交易所提供的报告和公告应当与向上交所提供的内容一致,重大差异时应说明;

——被境外交易所停牌的,应及时向上交所报告停牌的事项和原因,并说明是否需要向上交所申请停牌。

总之,作为一个全新的市场板块,科创板的制度设计有诸多创新和突破,同时也有不少新问题和挑战需要面对。

# 科创板差异化表决权的治理模式及规则重构

彭雨晨*

**摘　要**:私人秩序和公共秩序是差异化表决权的两种治理模式,两者在规则实践、法理基础等方面迥然不同。虽然我国科创板选择了公共秩序治理模式,但是关于何种治理模式更佳的探讨并未停止。追根溯源,两种治理模式的区别产生于二者对投资者理性程度和其他情景因素的不同假设。结合我国科创板市场的实际情况,遵循匹配治理理念,私人秩序才是科创板差异化表决权的最佳治理模式,这一模式不仅具可行性和有效性,更具有必要性。据此,对科创板现有治理规则体系应以是否限制投资者选择自由为依据予以重构。

**关键词**:科创板　差异化表决权　私人秩序　公共秩序　匹配治理

根据科创板关于差异化表决权的相关规定,科创板上市公司的股份可以分为普通股份和特别表决权股份两类,除特别表决权股份每股享有的表决权多于普通股份外,两类股份的其他权利完全相同。① 这意味着在目前科创板语境下,差异化表决权仅指学理上所谓的双层(重)股权结构(dual-class share structure)中的表决权安排。② 差异化表决权可能带来严重的公司治理风险,③因此对其有非常强烈的反对

---

* 北京大学法学院2018级经济法学博士研究生。

① 参见《上海证券交易所科创板股票上市规则》第4.5.4条和第4.5.5条。

② 由于科创板语境下的差异化表决权和双层(重)股权含义相同,下文为保持一致性,将双层(重)股权统一称为差异化表决权。不过也有学者认为,差异化表决权可以囊括所有不同于一股一权原则的表决权安排。参见朱慈蕴、[日]神作裕之:《差异化表决制度的引入与控制权约束机制的创新——以中日差异化表决权实践为视角》,载《清华法学》2019年第2期。

③ 比如参见郭雳、彭雨晨:《双层股权结构国际监管经验的反思与借鉴》,载《北京大学学报》(哲学社会科学版)2019年第2期。

声浪。[①] 但是差异化表决权也具有不容忽视的优点,[②]因此很多国家或地区早已实施了差异化表决权制度。[③]

尽管关于差异化表决权利弊及治理的讨论仍是众说纷纭、尚无结论,但是在全球交易所激烈竞争上市资源和内地科创类公司纷纷赴域外上市的背景下,我国也于2019年年初放开限制,允许此类公司在科创板上市。目前国际上关于差异化表决权的治理模式主要分为两种:允许上市公司自行设计治理规则的私人秩序(private ordering)治理模式和交易所统一制定治理规则的公共秩序(public ordering)治理模式。虽然我国科创板选择了公共秩序治理模式,但是关于何种治理模式才能达到最好治理效果的探讨并未停歇。鉴于此,本文在分析差异化表决权两种治理模式的规则差异、理论分歧的基础上,总结出市场环境与治理模式相匹配的治理理念,并重点讨论科创板差异化表决权适用私人秩序治理模式的可行性、有效性和必要性,证成私人秩序才是科创板差异化表决权的最佳治理模式,最后提出了科创板差异化表决权规则体系的重构建议。

## 一、差异化表决权两种治理模式的规则实践与法理基础

私人秩序治理模式和公共秩序治理模式是应对差异化表决权治理风险的两种方式,前者推崇自治,后者主张管制,因而这两类治理模式的规则实践大相径庭,旨趣殊异,对交易所到底应该选择何种治理模式素来存在很大争议。追根溯源,两种治理模式之所以会针锋相对,是因为它们的理论基础迥然不同。

### (一)两种治理模式的概念解读

私人秩序是一种基于公司自治理念而生的公司治理模式,认为公司治理秩序应该由公司利益相关方供给。不过,公司治理秩序也可以由超然于公司之外的监管者提供,本文将这种治理模式称为公共秩序治理模式。事实上,更多的国家或地区求助于这种监管者提供的公共秩序来解决差异化表决权产生的治理风险。

---

① 比如长期反对差异化表决权的美国机构投资者协会(CII)2018年致函交易所要求制定日落条款对差异化表决权加以必要限制。See Council of Institutional Investors, "Dual-Class Stock", Accessed July 14, 2019. https://www.cii.org/dualclass_stock.

② 比如参见汪青松、肖宇:《差异化股权制度东渐背景下的中小股东保护》,载《投资者》2018年第3期。

③ See Tatiana Nenova, "The value of corporate voting rights and control: A cross-country analysis", *Journal of Financial Economics*, Vol. 68, 2003, p. 327.

1. 私人秩序治理模式的含义解释

私人秩序治理模式是公司治理标准样式之一,在公司法语境中,私人秩序治理模式意图通过公司股东、管理层等自主协商公司治理规则,[①]从而形成有序的公司治理状态,监管者则对此保持尊重且不干预的态度。良好运行的私人秩序治理模式可以达到量公司之体裁治理之衣的效果,[②]从而为每家公司制定出符合其特性的治理规则。

私人秩序治理模式在规则设计上有两个最显著的特点。一是尽可能少地设置强制性规则。[③] 按照法律效力强弱的不同,公司法规则一般分为赋权性规则、缺省性规则和强制性规则。[④] 私人秩序治理模式多使用缺省性规则为公司治理提供规则指引,以节省各方的交易成本,[⑤]也常使用赋权性规则方便公司利益相关方自由议定规则细节。二是尽可能少地设置事前(ex ante)规则,[⑥]私人秩序治理模式不希望给公司利益相关方的自治设置过多事前障碍,而是期待当公司自治产生危害时,公司法能于事后(ex post)矫正之。[⑦] 这些特点表明私人秩序治理模式笃信自由协商能够创造最佳治理规则,法律规范应尽量维护而非限制此种自由。

2. 公共秩序治理模式的概念界定

公共意指“属于社会的,公有公用的”,[⑧]公共秩序本意为社会秩序。但在公司治理领域,本文所称的公共秩序侧重于强调公司治理秩序规范的提供者,所谓“公共”则是指公司团体之外的权力组织,包括立法机关或者交易所等。[⑨] 公共秩序治理模式具有鲜明的管制主义色彩,是一种由监管者统一制定普遍适用的公司治理规则而达至

---

① See The Activist Investor,“What is Private Ordering?”,Accessed July 14,2019,http://www.theactivistinvestor.com/The_Activist_Investor/Blog/Entries/2015/9/29_What_is_Private_Ordering.html.

② See Troy A. Paredes,“Statement at Open Meeting to Propose Amendments Regarding Facilitating Shareholder Director Nominations”,Accessed July 14,2019,https://www.sec.gov/news/speech/2009/spch052009tap.htm.

③ 基于公司合同理论的私人秩序治理模式甚至认为公司内部关系不应由强制性规则决定。参见[美]R. W. 汉密尔顿:《公司法》,刘俊海、徐海燕注,汤树梅校,中国人民大学出版社2001年版,第7页。

④ See Eisenberg,Melvin Aron,“The Structure of Corporation Law”,*Columbia Law Review*,Vol. 89,1989,p. 1461.

⑤ 参见伍坚:《论公司法上的缺省性规则——兼评新〈公司法〉相关规定之得失》,载《法学》2007年第5期。

⑥ See Jonathan G. Rohr,“Corporate Governance,Collective Action and Contractual Freedom Justifying Delaware's New Restrictions on Private Ordering”,*Delaware Journal of Corporate Law*,Vol. 41,2017,p. 821.

⑦ See Elisabeth de Fontenay,“Individual Autonomy in Corporate Law”,*Harvard Business Law Review*,Vol. 8,2018,p. 186.

⑧ 商务国际辞书编辑部编:《现代汉语词典》,商务印书馆国际有限公司2018年版,第268页。

⑨ 国内首次在公司治理领域使用公共秩序的学者是蒋大兴教授,但是本文与其对公共秩序的界定存在一定差异,本文侧重于法律、交易所规则层面提供的公共秩序。参见蒋大兴:《论公司治理的公共性——从私人契约向公共干预的进化》,载《吉林大学社会科学学报》2013年第6期。

有序治理状态的公司治理标准样式。蒋大兴教授认为现代公司法的公共秩序治理模式体现出三大特征:股东地位下降而其他利益相关方地位增强,公司治理中契约安排的作用变弱而公共规范的作用变强,外部监管在公司治理中发挥着很大作用。①

公共秩序治理模式体认到囿于信息不对称和有限理性等原因,公司自治会存在较大缺陷。而外部监管者具备理性,地位超然、信息充分,其所制定的治理规则能够更好地实现各方利益的平衡。因此,公共秩序治理模式下的规则设计体现出如下三个特点:一是由法律或交易所规则等外部公共规范对某项公司治理事项统一作出安排;二是相关治理规范一般细致完善以避免规则漏洞;三是相关治理规范一般为强制性规则,上市公司不可选择不适用或者变更适用。

(二)两种治理模式的规则实践

将私人秩序作为差异化表决权治理模式的典型国家为美国,其主张以监管层面的"少为"达到差异化表决权治理的"大治",更多国家或地区则选择了公共秩序治理模式。本文将结合美国和我国科创板的相关历史和规则,阐述两种治理模式的规则实践。

1. 私人秩序治理模式的美国实践

从历史维度看,早期美国各大交易所的差异化表决权治理模式各不相同,但是随着竞争加剧和对差异化表决权认识的不断深入,各大交易所最终还是都选择了私人秩序作为差异化表决权的治理模式。

最早采用差异化表决权的美国上市公司出现在1898年,②刚开始这类公司并未受到任何针对性监管,可见美国交易所一开始便选择了私人秩序治理模式。不过这一状态之后发生了变化,19世纪20年代不少公司上市时意图发行无表决权股份,这引发了美国社会对差异化表决权的强烈批评,纽约证券交易所(New York Stock Exchange,NYSE)便于1926年决定上市公司须遵循一股一权原则。③ 尽管如此,美国证券交易所(American Stock Exchange,AMEX)和纳斯达克证券交易所(National Association of Securities Dealers Automated Quotation,NASDAQ)仍然遵循私人秩序治

① 参见蒋大兴:《论公司治理的公共性——从私人契约向公共干预的进化》,载《吉林大学社会科学学报》2013年第6期。

② 参见香港交易所:《研究报告:双重股权架构与生物科技行业的上市制度改革》,载香港交易所官网:https://www.hkex.com.hk/-/media/HKEX-Market/News/Research-Reports/HKEx-Research-Papers/2018/CCEO_DualClass_201804_c.pdf?la=en,最后访问日期:2019年7月14日。

③ See Louis Lowenstein, "Shareholder Voting Rights: A Response to SEC Rule 19c-4 and to Professor Gilson", *Columbia Law Review*, Vol. 89, 1989, p. 982.

理模式应对差异化表决权,未禁止该类公司上市。其中,NASDAQ 不加任何限制,[①] AMEX 则规定有禁止发行无表决权股票等部分限制。[②]

进入 20 世纪 80 年代,第四次并购浪潮兴起,敌意收购大量发生。[③] 不少上市公司采用差异化表决权作为对抗敌意收购的有力武器。[④] NYSE 于是试图再次拥抱差异化表决权,以提升自身相对于 NASDAQ 和 AMEX 的竞争力。[⑤] 为避免"朝底竞争"问题,美国证监会(Securities and Exchange Commission,SEC)出台了规则 19c－4,统一差异化表决权的治理规则。规则 19c－4 是私人秩序治理模式的又一体现,奠定了美国之后治理差异化表决权的规则基础。该规则允许公司上市时采用差异化表决权结构,但是限制公司在上市后选用差异化表决权结构。[⑥] 除此以外,该规则未作出过多实质限制。

尽管规则 19c－4 出台不久即因故被法院认定为违法而失效,[⑦]但是三大交易所仍然将规则 19c－4 的精神纳入各自的上市规则之中。[⑧] 目前美国主要交易所全都将私人秩序作为差异化表决权的治理模式,交易所允许已有差异化表决权安排的公司上市,对差异化表决权的具体安排不予干预,但是限制公司上市后再改采差异化表决权结构,同时明确规定公司上市后不得采取其他任何损害普通股份持有人表决权的措施。[⑨]

---

① See Daniel R. Fischel, "Organized Exchanges and the Regulation of Dual Class Common Stock", *University of Chicago Law Review*, Vol. 54, 1987, p. 120.

② See Am. Stock Ex. Guide (CCH) § 122 (1985) and Two Class Issues Listed on the Amex, American Stock Exchange, Resource Investment Banking Services (June 1, 1986), cited in Roberta S. Karmel, "Qualitative Standards for 'Qualified Securities': SEC Regulation of Voting Rights", *Catholic University Law Review*, Vol. 36, 1987, p. 820.

③ 参见[美]帕特里克·A. 高根:《兼并、收购和公司重组》,顾苏秦、李朝晖译,中国人民大学出版社 2017 年版,第 54 页。

④ See Stephen M. Bainbridge, "The Short Life and Resurrection of SEC Rule 19C－4", *Washington University Law Quarterly*, Vol. 69, 1991, pp. 565－566.

⑤ See Jeffrey N. Gordon, "Ties that Bond: Duel Class Common Stock and the Problem of Shareholder Choice", *California Law Review*, Vol. 76, 1988, p. 5.

⑥ See 17 CFR 240. 19c－4 (1990) － Governing certain listing or authorization determinations by national securities exchanges and associations.

⑦ See Business Roundtable v. SEC, 905 F. 2d 406 (D. C. Cir. 1990).

⑧ 参见王灏文:《美国类别股法律制度探源:背景、进程及内在逻辑》,载《证券法苑》2018 年第 2 期。

⑨ See NASDAQ Equity Rules IM － 5640, "Voting Rights Policy", Accessed July 14, 2019. http://nasdaq.cchwallstreet.com/NASDAQTools/PlatformViewer.asp? selectednode = chp_1_1_1_1&manual = %2Fnasdaq%2Fmain%2Fnasdaq-equityrules%2F. See also NYSE Listed Company Manual 313.00 Voting Rights, Accessed July 14, 2019. http://wallstreet.cch.com/LCMTools/PlatformViewer.asp? selectednode = chp%5F1%5F4%5F12%5F7&manual = %2Flcm%2Fsections%2Flcm%2Dsections%2F.

2. 公共秩序治理模式的规则设计

我国科创板关于差异化表决权的规则设计即适用公共秩序治理模式的典型例证。中国证监会在《科创板上市公司持续监管办法(试行)》第7条中搭建起差异化表决权的治理框架,并授权上海证券交易所(以下简称上交所)据此制定关于差异化表决权的具体治理规则。① 上交所则在其发布的《上海证券交易所科创板股票上市规则》(以下简称《科创板上市规则》)中以1节的篇幅从差异化表决权的设立、运行和退出三个方面对表决权差异安排下的公司治理规则作出了详细规定。②

在设立阶段,《科创板上市规则》一方面将设立差异化表决权视为股东会特别决议事项,并将差异化表决权的设立时间限制在上市前;③另一方面限制特别表决权股份持有人身份,特别表决权股份持有人需满足"特别贡献"和"持续担任董事"两个条件。④ 此外,《科创板上市规则》规定特别表决权股份比例不得低于公司全部已发行有表决权股份的10%,特别表决权股份每股享有的表决权不得超过每份普通股份的表决权数量的10倍。⑤ 在运行阶段,科创板上市规则在以下五个方面对差异化表决权作出了限制:一是公司上市后禁止特别表决权股份所占比例或者表决权倍数超过原有水平;⑥二是设定普通股份最低比例,保障普通股份持有人召开临时股东大会的权利和提案权;⑦三是明确列举部分特殊事项,对其需回归一股一权进行表决;⑧四是要求持续披露差异化表决权相关信息;⑨五是明确禁止滥用特别表决权。⑩ 在退出阶段,《科创板上市规则》明确列举4种情形作为差异化表决权的退出机制的触发事件。⑪

(三)两种治理模式的法理基础

私人秩序治理模式由公司合同理论衍生而来,它以自由主义为理论根基。公共秩序治理模式则秉承法律父爱主义观念,认为应以监管干预克服公司自治失灵的

① 参见《科创板上市公司持续监管办法(试行)》第7条。
② 参见《上海证券交易所科创板股票上市规则》第4章第5节。
③ 参见《上海证券交易所科创板股票上市规则》第4.5.2条。
④ 参见《上海证券交易所科创板股票上市规则》第4.5.3条第1款。
⑤ 参见《上海证券交易所科创板股票上市规则》第4.5.3条第2款和第4.5.4条第2款。
⑥ 参见《上海证券交易所科创板股票上市规则》第4.5.6条第1款、第2款。
⑦ 参见《上海证券交易所科创板股票上市规则》第4.5.7条第1款。
⑧ 参见《上海证券交易所科创板股票上市规则》第4.5.10条。
⑨ 参见《上海证券交易所科创板股票上市规则》第4.5.11条和第4.5.12条。
⑩ 参见《上海证券交易所科创板股票上市规则》第4.5.13条第1款。
⑪ 参见《上海证券交易所科创板股票上市规则》第4.5.9条。

问题。

1. 私人秩序治理模式的理论依据

私人秩序治理模式的直接理论来源是公司合同理论(Contract Theory),该理论是自由主义思潮在公司法中的投影,而自由主义则以理性主义为其正当性基石。

法律经济学与公司法的结合产生了公司合同理论,[①]该理论将公司看作"一系列合同关系的联结"(a nexus for a set of contracting relationships)。[②] 股东只是其中提供股权融资并享有剩余索取权的合同当事方,公司债权人、公司员工等也都只是其他类型公司合同的当事方,公司管理层则处于各类合同关系的中心位置。[③] 包括公司治理规则在内的各类公司合同的具体条款由合同当事方协商产生。[④] 由此可见,私人秩序治理模式推崇自由主义,它尊重当事方的意思自治,允许公司的利益相关方自主协商、自由设计公司内部治理规则,监管者原则上不需施加强制性干预。

个人自由得以被尊重的前提是个人理性假设。[⑤] 法律规则设计的前提是假定作为主体的"人"具有充分理性。这一假定很大程度上受到了伦理学上"人"的概念的影响,伦理学上的"人""有能力在给定的各种可能性的范围内,自主地和负责地决定他的存在和关系,为自己设定目标并对自己的行为加以限制"。[⑥] 据此,法律假定每个人都是"自身利益的最佳判断者"。[⑦] 其知晓自己的真实所需,具备足够理性对其行为作出利弊得失判断。在这个意义上来说,个人自由应当得到尊重,因为每个人的行为都是最能满足其欲望的选择。因此,私人秩序可以说是公司法最为良善的治理模式。就公司治理规则的选择而言,监管干预不可能比私人秩序更好。[⑧]

2. 公共秩序治理模式的理论支撑

支持公共秩序治理模式的理论为法律父爱主义,而市场失灵理论和行为金融学理论则是法律父爱主义得以成立的坚实基础。

---

① 参见罗培新:《公司法的合同解释》,北京大学出版社2004年版,第21~22页。

② Michael C. Jensen, William H. Meckling, "Theory of the Firm: Managerial Behavior, Agency Costs and Ownership Structure", *Journal of Financial Economics*, Vol. 3, 1976, p. 310.

③ 参见[美]R. W. 汉密尔顿:《公司法》,刘俊海、徐海燕注,汤树梅校,中国人民大学出版社2001年版,第6~7页。

④ See Jonathan R. Macey, "Fiduciary Duties as Residual Claims: Obligations to Non-shareholder Constituencies from a Theory of the Firm Perspective", *Cornell Law Review*, Vol. 84, 1998 - 1999, p. 1272.

⑤ 参见胡田野:《公司法任意性与强行性规范研究》,法律出版社2012年版,第64页。

⑥ [德]卡尔·拉伦茨:《德国民法通论》,王晓晔等译,法律出版社2003年版,第45~46页。

⑦ 郭春镇:《法律中"人"的形象变迁与"人权条款"之功能》,载《学术月刊》2010年第3期。

⑧ See Lucian Arye Bebchuk, "Limiting Contractual Freedom in Corporate Law: The Desirable Constraints on Charter Amendments", *Harvard Law Review*, Vol. 102, 1989, p. 1827.

法律父爱主义,英文是“Legal Paternalism”,也常被称为法律家长主义,[①]其含义是法律可以为了当事人的利益而强制干预其行为。[②] 此时,无论当事人是否愿意,他都没有选择的自由。根据对个人自由的尊重程度的不同,学界一般将法律父爱主义分为软性法律父爱主义和硬性法律父爱主义,[③]前者认为在当事人因故实际作出的选择违背其真实意愿时,可以使用强制性法律规范矫正个人自治的不足;[④]后者主张不论当事人的真实意愿是什么,都应该使用强制性法律规范禁止当事人作出其他选择,因为该规范才是当事人的最佳选择。[⑤] 不过,软性法律父爱主义的观点在很大程度上契合自由主义的意涵,因此,有学者认为将其归为法律父爱主义其实并不恰当。[⑥]

法律父爱主义的理论源泉之一是市场失灵理论。典型的市场失灵现象包括垄断、外部性和信息不对称等问题。[⑦] 这些问题会造成市场机制低效配置资源,一般无法通过私人协调的方式予以解决,因此,需要国家干预以维护个人利益和公共利益。法律父爱主义的另一理论来源是行为金融学理论。该理论通过实验证明很多因素会干扰当事人的理性决策,比如“确认偏差”会使当事人在信息充分时也难以作出不带感情色彩的判断。[⑧] 此时,强制性法律规范能够弥补当事人的理性缺陷,避免其受损害或者让其获得更多收益。

## 二、匹配治理的理论提炼与科创板适用私人秩序治理模式的可行性

深入分析两种治理模式的法理基础会发现,它们的根本分歧是关于个人理性程度和模式适用场景的理论假设不同。在实践中,只有坚持匹配治理理念,结合证券市场具体环境妥当选用治理模式,方能达到差异化表决权的最佳治理效果。

### (一)理论基础:两种治理模式的理论假设分歧

根据前文对理论基础的梳理可以发现,私人秩序治理模式和公共秩序治理模式

---

① 比如参见孙良国:《法律家长主义视角下转基因技术之规制》,载《法学》2015 年第 9 期。

② See Kalle Grill,“The Normative Core of Paternalism”, *Res Publica*, Vol. 13, 2007, p. 441, Available at Springer link, Accessed July 14, 2019, https://doi.org/10.1007/s11158-007-9036-9.

③ 参见孙笑侠、郭春镇:《法律父爱主义在中国的适用》,载《中国社会科学》2006 年第 1 期。

④ See F. H. Buckley, *Fair governance: paternalism and perfectionism*, Oxford University Press, 2009, p. 14.

⑤ Ibid., p. 15.

⑥ 参见[美]乔尔·范伯格:《刑法的道德界限(第 3 卷):对自己的损害》,方泉译,商务印书馆 2015 年版,第 15 页。

⑦ 参见张守文主编:《经济法学》,北京大学出版社 2014 年版,第 10 页。

⑧ 参见[美]弗兰克·B. 克罗斯、罗伯特·A. 普伦蒂:《法律与公司金融》,伍巧芳、高汉译,北京大学出版社 2011 年版,第 82~84 页。

最终的目标是统一的,都希望维护个体权益,实践公平正义。但因为两种治理模式的理论基础对个人理性和适用情景的认知不同,导致在手段层面出现了“自由达致正义”还是“干预达致正义”的分歧。

1. 个人理性的认知分歧

私人秩序治理模式和公共秩序治理模式产生理论分歧的逻辑起点是对个人理性的认知差异。私人秩序治理模式假定行为主体具有充分理性,公共秩序治理模式则假定行为主体仅具有有限理性。充分理性的行为主体在交易中能够自我保护,并实现多赢,自由主义思想、法律不干预理念自然是恰当的。而有限理性的行为主体在交易中处于脆弱状态,如若法律不干预,行为主体将受到损害,为实现公平和正义,法律父爱主义是必需品。可见,行为主体的理性程度与治理模式的选择密切相关。行为主体理性强,最好选择私人秩序治理模式;反之,则应选择公共秩序治理模式。

当然,不同行为主体的理性程度千差万别,同一行为主体面对不同事物的理性程度高低不同,学习和经验积累可以提升行为主体的理性程度。基于理性的这 3 个特质,抽象地空谈行为主体理性强弱是错误的。因此,在具体制度层面考虑选择适用哪种治理模式时,最关键的要是结合实际情况判断行为主体的理性程度。

具体到上市公司治理领域,理性程度需结合“对象”和“主体”两方面因素加以判断。所谓“对象”因素是指投资者理性所指向的对象,如某项公司决议或者某项具体制度。对象的类别不同,投资者理性的高低程度也会不同。不过,对理性程度判断影响最大的是“主体”因素。所谓“主体”因素是指投资者整体,单一投资者的理性程度参差不齐,选择治理模式时需结合整体投资者的平均理性水平加以判断。证券市场投资者大致可以分为机构投资者和散户投资者。机构投资者的员工普遍受过系统专业的金融教育,经验丰富,因此机构投资者有较强的分析能力和决策能力,理性程度非常高。而不同的散户投资者在金融教育、投资经验等方面相差较大,因此其理性程度也有天壤之别,不过从总体来说,散户投资者平均理性程度要远低于机构投资者。所以,在证券市场上,机构投资者占比高,则整体投资者理性程度高,反之则低。

2. 具体情景的认知分歧

除对个人理性认识有分歧外,两种治理模式的理论基础还在对具体适用情景的认知上存在分歧。在与公共秩序治理模式的理论对比中可以发现,私人秩序治理模式隐含着如下设定:行为主体处于高度竞争的市场中,能够获取充分信息,且司法救济途径方便快捷。

在高度竞争的市场中,行为主体方能有选择的自由,如果市场被垄断,行为主体就没有选择的余地,而且行为主体与垄断者地位、能力不对等,只能任其宰割。同理,只有在信息充分的情景中,行为主体才能综合运用已知信息作出准确判断,否则,行为主体将因为信息不对称而处于脆弱状态。此外,违约救济途径是否畅通高效也非常重要,如果违约救济低效,就可能会增加违约率,使行为主体权益更难以得到维护。

可见,私人秩序治理模式只有处在恰当的环境中才能有效运行。但是在社会实践中,市场竞争不充分、信息不对称和救济途径不完善等问题时有发生,公共秩序治理模式就是以此为理论背景,试图克服这些障碍,以更完善地保护行为主体的权益。

(二)理论阐释:匹配治理理念

依据前述分析,两种治理模式的理论假设都有一定道理。问题的关键是分辨行为主体的个人理性和具体情景更贴近哪种理论假设,并据此选择治理模式。因此,本文认为在选择差异化表决权的治理模式时应坚持匹配治理理念,结合现实环境,选择恰当的治理模式。依循匹配治理理念的逻辑,如果个人理性程度高,证券市场竞争较强、证券信息披露充分、救济途径运作高效,此时就应当选择私人秩序作为差异化表决权的治理模式。反之,如果个人理性程度较低,证券市场竞争不充分、信息披露和救济途径存在缺陷,差异化表决权产生的风险更容易成为现实,那就应该选择公共秩序治理模式予以应对。

事实上,考察美国、我国香港特别行政区关于差异化表决权治理模式的选择就会发现,上述理论推导契合国际证券市场实践。如前文所述,美国选择私人秩序作为差异化表决权治理模式,是因为美国证券市场在投资者理性和具体情景两方面都满足私人秩序治理模式的要求。首先,美国证券市场中机构投资者的持股比例超过93%,[①]故投资者整体理性水平特别高。其次,美国证券市场吸引全球公司到美国上市,证券市场竞争充分,并建立了健全的强制信息披露制度。同时,美国完善的集团诉讼制度也为投资者提供了高效的救济渠道。[②] 我国香港特别行政区,香港交易所选择了公共秩序作为差异化表决权的治理模式。[③] 这一选择的正当性可以从投资者整

---

① 参见荀玉根:《策略专题报告:A股与美股的市场结构对比》,载新浪财经网:http://vip.stock.finance.sina.com.cn/q/go.php/vReport_Show/kind/lastest/rptid/4411092/index.phtml,最后访问日期:2019年7月14日。

② 参见郭雳:《美国证券集团诉讼的制度反思》,载《北大法律评论》2009年第2期。

③ 香港交易所应对差异化表决权的规则与科创板非常类似。参见《香港交易所主板上市规则》第8A章。

体的理性程度加以解释。2016 年的统计数据显示,机构投资者和散户投资者在交易量方面的占比大约分别是五成和两成,而且香港证券市场正朝向散户化趋势发展。[①]因此,我国香港特别行政区证券市场投资者整体理性程度可能与美国差别较大。依循匹配治理理念,香港交易所选择公共秩序治理模式可能更为妥当。

(三)科创板差异化表决权适用私人秩序治理模式的可行性

私人秩序治理模式的有效运行依赖于许多前提条件,这也是为什么目前仅有美国较为完整地采用了私人秩序治理模式,而无论是新加坡还是我国香港特别行政区都不约而同地选择了公共秩序治理模式。依循匹配治理理念,本文认为科创板差异化表决权可以选用私人秩序治理模式,因为科创板在个人理性程度和其他具体情景因素方面具备所需条件,可以让私人秩序治理模式高效运作。

1. 科创板投资者整体理性程度较高

我国证券市场是一个高度散户化的市场,2017 年自然人投资者在上交所累计开户为 19,435.8 万户,占比超过 99.6%,交易占比约 82%。[②] 由于散户投资者和机构投资者比例非常不协调,因此我国证券市场投资者整体理性程度较低。但是由于科创板实行投资者适当性管理,[③]鼓励散户投资者借由基金渠道投资科创板上市公司。这一措施极大地提高了科创板投资者的整体理性程度。

科创板相关规则规定,散户投资者只有同时满足"证券账户及资金账户内日均 50 万资产"和"2 年证券投资经验"这两项条件才能参与科创板交易。[④] 上交所的测算结果显示,按照这一标准,只有约 300 万户个人投资者才能参与科创板交易。[⑤] 再根据前文中 2017 年的数据计算,科创板适格散户投资者只占自然人投资者总户数的 1.54%。其他散户投资者则只能通过相关基金投资科创板上市公司。这意味着绝大多数散户投资者都被排除在科创板之外。而且可以合理推测,能够拥有 50 万证券投资资产的投资者大部分应该具有较高的理性程度和较强的风险承受能力。同时"2

① 参见郑磊:《香港股市的投资者结构》,载腾讯网:https://new.qq.com/omn/20171225/20171225A0L0OR.html,最后访问日期:2019 年 7 月 14 日。

② 数据参见上海证券交易所编:《上海证券交易所统计年鉴 2018 卷》,载上海证券交易所官网:http://www.sse.com.cn/aboutus/publication/yearly/documents/c/tjnj_2018.pdf,第 529 页、第 531 页,最后访问日期:2019 年 7 月 14 日。

③ 参见《上海证券交易所科创板股票交易特别规定》第 3 条、第 4 条。

④ 参见《上海证券交易所科创板股票交易特别规定》第 4 条。

⑤ 参见上海证券交易所:《上海证券交易所发布设立科创板并试点注册制配套业务规则答记者问》,载上海证券交易所官网:http://www.sse.com.cn/aboutus/mediacenter/hotandd/c/c_20190301_4729501.shtml,最后访问日期:2019 年 7 月 14 日。

年证券投资经验”的要求也进一步确保了参与交易的散户投资者的理性程度。因此,科创板通过大幅提高投资者门槛的方式彻底改造了投资者结构,使科创板投资者的整体理性水平达到了较高程度。

2. 科创板具备实施私人秩序治理模式的其他情景因素

如前文所述,证券市场竞争是否充分、信息披露是否全面和救济途径是否高效也是影响私人秩序治理模式可行性的重要因素。根据科创板的发展前景和现有规则,科创板也符合这 3 项情景因素的要求。

首先,虽然科创板首批上市公司只有 25 家,但是已经有 140 多家公司提交了在科创板上市的申请。[①] 由于科创板采取注册制方式审核上市,相信科创板可交易的公司股票会迅速增多,市场竞争的充分性也将很快提升。

其次,科创板建立了较为完善的信息披露制度,确保信息充分披露。第一,我国证券市场已经建立了强制信息披露制度,现有信息披露规则也较为完善。第二,科创板实施注册制,而注册制是由投资者自行判断证券价值,[②]这就要求信息充分披露,而科创板已经明确了“切实树立以信息披露为中心的监管理念,全面建立严格的信息披露体系并严格执行”的目标,[③]这将确保投资者获得充分信息。第三,科创板信息披露制度设计也更为精细,比如《科创板上市规则》要求上市公司充分披露行业信息、公司个性化信息,方便投资者决策。[④]

最后,科创板具备高效的司法救济渠道,中国证监会也加强了执法力度。就司法救济渠道而言,最高人民法院出台了保障科创板投资者权益的专门文件,极大地强化了对科创板投资者的专门保护力度。特别是文件中要求用好代表人诉讼制度、完善群体诉讼统一登记机制和建立多元化纠纷解决机制,[⑤]这些制度措施的落实将有效解决证券共同诉讼耗时费力问题,提高司法救济效率。就证券行政执法而言,中国证监会近年来打击证券违法行为的力度不断加强。从图 1 中的统计数据可以看出,中国证监会每年作出的行政处罚案件数量虽有起伏,但是整体呈现明显上升趋势。证券违法行为因而受到了有力打击。

---

① 参见上海证券交易所:《关于科创板首批公司上市安排的答记者问》,载上海证券交易所官网:http://www.sse.com.cn/aboutus/mediacenter/hotandd/c/c_20190705_4858654.shtml,最后访问日期:2019 年 7 月 14 日。

② 参见陈洁:《科创板注册制的实施机制与风险防范》,载《法学》2019 年第 1 期。

③ 《关于在上海证券交易所设立科创板并试点注册制的实施意见》第 13 条。

④ 参见《上海证券交易所科创板股票上市规则》第 5.2.1 条、第 5.2.2 条。

⑤ 参见《最高人民法院关于为设立科创板并试点注册制改革提供司法保障的若干意见》第 13 条、第 15 条、第 16 条。

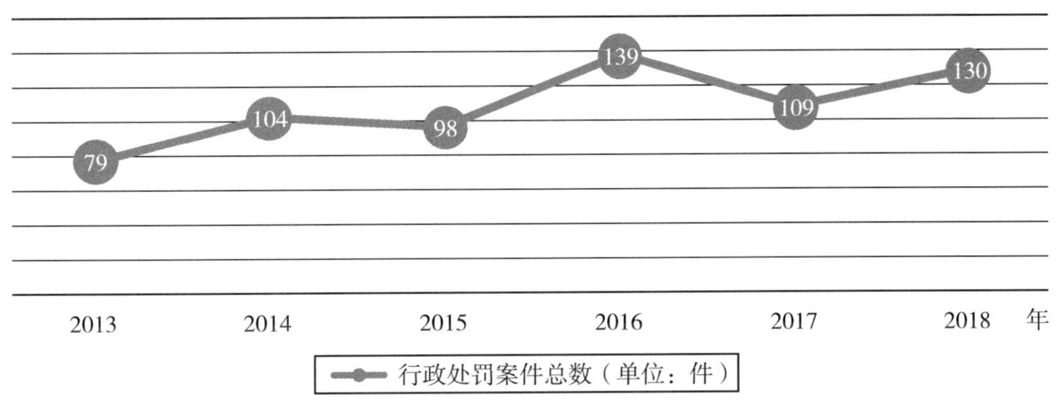


**图 1 证监会年度行政处罚案件数量变化(2013～2018)**①

## 三、私人秩序作为科创板差异化表决权治理模式的有效性与必要性

差异化表决权背离同股同权、一股一权的公司法原则,会对上市公司造成一定的治理风险。而私人秩序治理模式依靠特别表决权股份持有人的双重目标约束、普通股份持有人的理性和市场机制的约束,可以有效应对这一治理风险。同时,私人秩序治理模式的适用具有显著必要性,因为它可以满足市场上多样化的投融资需求,并能提升科创板竞争力。

### (一)差异化表决权治理风险的理性解读

上市公司采用差异化表决权最直接和最危险的后果是可能极大增强特别表决权股份持有人控制公司的能力,以至于公司监督机制失灵问题和代理成本问题更为严重,而这将给上市公司治理带来潜在风险。

#### 1. 差异化表决权的两类治理风险

差异化表决权结构会直接导致总股份占比不多的特别表决权股份持有人掌握表决权优势,从而让公司内外部监督机制失灵。从公司内部监督机制角度来看,特别表决权股份持有人能够左右股东大会决议,通过股东大会选举其满意的董事会和监事会成员,并控制公司董事会选出其可信赖的高级管理人员。最终,他们得以全面把控公司股东大会、董事会、监事会和经理层。按照公司法的分权制衡理念,股东大会、董事会、监事会和经理层本应分别扮演权力机构、决策机构、监督机构和执行机构的角

① 数据来源于中国证监会行政处罚决定页面,载中国证监会官网:http://www.csrc.gov.cn/pub/zjhpublic/index.htm? channel=3300/3313,最后访问日期:2019 年 7 月 14 日。

色,各司其职,相互制衡。[①] 但是,这一整套内部监督制衡机制都可能因差异化表决权而失效。从公司外部监督机制角度来看,敌意收购具有督促公司管理层为股东利益勤勉工作的作用,但是其发挥功能的关键是借由获得目标公司绝大多数表决权来替换管理层。由于特别表决权股份持有人往往拥有半数以上的表决权份额,这成为敌意收购无法逾越的障碍。因此,差异化表决权使外部监督机制可能不再有效。[②]

差异化表决权还会使表决权和剩余索取权过度分离,进而加剧代理成本问题。正如弗兰克·H. 伊斯特布鲁克(Frank H. Easterbrook)教授和丹尼尔·R. 麦希尔(Daniel R. Fischel)教授所指出的,理论上如果相同剩余索取权对应的表决权不同,享有更多表决权的股份持有人,既不会按表决权比例承担丧失剩余索取利益的风险,也不能按表决权比例分享剩余索取利益,正向激励和反向激励因此都会失衡,代理成本自然就会产生。[③] 特别表决权股份持有人可能会利用控制权攫取私人利益(private benefits)。[④] 而监督机制失效则会进一步恶化代理成本问题。

监督机制失灵问题和代理成本问题会导致上市公司治理出现巨大风险,这类治理风险并非只是理论假设,在美国的差异化表决权实践中就曾爆发过严重的公司治理丑闻。[⑤]

2. 正确认识治理风险

虽然差异化表决权确实会放大上市公司的治理风险,但是差异化表决权并非洪水猛兽,其产生的治理风险往往被其反对者所夸大。

一方面,差异化表决权产生的治理风险归根结底是由于控制权集中和表决权、收益权这两项权能分离造成的。但事实上,表决权信托(voting trust)、表决权拘束协议(voting agreement)等安排均能解决上市公司控制权的集中与投票权、收益权分离的问题,虽然有部分法律规范对这些现象予以规制,但是法律总体上对这些现象保持尊重和宽容的态度,并未予以禁止或者对其运用加以严格限制。[⑥] 尽管差异化表决权产

---

① 参见甘培忠、周游、周淳:《企业与公司法学》,北京大学出版社 2018 年版,第 199 页。

② 其他学者也持有相同观点,比如参见蒋学跃:《公司双重股权结构问题研究》,载《证券法苑》2014 年第 4 期。

③ See Frank H. Easterbrook, Daniel R. Fischel, "Voting in Corporate Law", *Journal of Law & Economics*, Vol. 26, 1983, p. 409.

④ See Ronald J. Gilson, Jeffrey N. Gordon, "Controlling Controlling Shareholders", *University of Pennsylvania Law Review*, Vol. 152, 2003, p. 787.

⑤ 参见张巍:《资本的规则》,法制出版社 2017 年版,第 219 页。

⑥ 关于表决权信托的相关内容可以参见梁上上:《论表决权信托》,载《法律科学》(西北政法学院学报)2005 年第 1 期。关于表决权协议的相关内容可以参见梁上上:《表决权拘束协议:在双重结构中生成与展开》,载《法商研究》2004 年第 6 期。

生的治理风险要严重些,但依然在可接受范围之内,不应过分高估差异化表决权的风险水平。

另一方面,股东异质化理论揭示,虽然同样具有股东身份,但是不同股东的需求有着显著差异。[①] 特别表决权股份持有人往往是控制公司的创始人,他们进入资本市场的目的是在保持公司控制权的同时,尽可能多融资以促进公司发展。普通股份持有人则是中小股东,他们进入资本市场的目的是最大化投资收益。中小股东一般会保持理性冷漠,很少使用表决权参与公司管理,因为关心公司经营产生的交易成本会显著高于收益,而一旦出现公司出现问题,中小股东会选择卖出股票。[②] 在这一意义上,表决权对中小投资者而言意义并不大,因此差异化表决权对中小股东投票权产生的实际影响不会像反对者宣称的那么严重。

(二)私人秩序治理模式能够有效应对治理风险

如前文所述,私人秩序治理模式主要是依靠投资者和公司管理层的自主协商形成双方均认可的治理规则。但是因为投资者人数众多,直接协商会产生极大的交易成本,因此实践中真实的协商方式是间接协商,即由公司管理层拟定条款。如果投资者买入公司股票,就认为双方达成了合意。如果特别表决权股份持有人和普通股份持有人都具有较强理性,且市场机制有效运行,这套私人秩序治理模式能够有效应对差异化表决权产生的治理风险。

1. 特别表决权股份持有人的自我约束

从特别表决权股份持有人角度来看,他们追求融资最大化目标和管理权力最大化目标,前一目标一定程度上会制约后一目标,因而会减弱差异化表决权的治理风险。

管理权力最大化目标意味着应减少公司治理规则对管理层的束缚,但这会推升公司治理风险,减少普通股份持有人预期投资收益,普通股份持有人的疑虑因此会增加,这不利于实现融资最大化目标。理性的特别表决权股份持有人会在一定程度上自行控制公司治理风险,并维持公司治理规则的平衡性。比如,如果普通股份持有人不认可特别表决权股份每股享有 20 份表决权,公司证券价格必然会降低,特别表决权股份持有人的预期融资目标就将落空。倘若特别表决权股份持有人希望实现公司

---

① 关于股东异质化理论的介绍可以参见汪青松、赵万一:《股份公司内部权力配置的结构性变革——以股东“同质化”假定到“异质化”现实的演进为视角》,载《现代法学》2011 年第 3 期。

② 参见孔东民、刘莎莎、黎文靖、邢精平:《冷漠是理性的吗? 中小股东参与、公司治理与投资者保护》,载《经济学》(季刊)2013 年第 1 期。

融资目标,那么他要么降低表决权倍数,要么在其他方面自我设限,以加强对普通股份持有人的保护力度,比如在章程中增设"固定时间型日落条款"(fixed-time sunset provision)[①]作为特别表决权股份的退出机制。

当然,特别表决权股份持有人也可以不作任何让步,而是通过发行更多普通股份的方式筹集到足够资金,但是这一行为反过来会稀释特别表决权股份的占比,减轻特别表决权股份持有人控制公司的强度,降低差异化表决权的治理风险。

2. 投资者理性自治与定价机制的约束

从投资者(普通股份持有人)角度来看,其追求预期投资收益最大化目标,如果投资者理性较强,且风险定价机制较为准确,那么投资者就可以有效规避风险。

证券市场通常是一个充分竞争的市场,理性投资者有选择的自由,在有其他更好选择时,其并不会购买风险大、收益低的公司股票。如果某家公司治理规则不能令投资者满意,他完全可以选择投资其他公司,甚至选择拒绝投资任何公司。

此外,私人秩序治理模式相信合同条款可以被有效定价,并反映到公司股票价格中。[②] 只要资本市场的价格发现功能正常发挥,类似于提高特别表决权股份表决权倍数的做法虽然会使投资者的投资风险升高,但是也会导致公司股票价格的折让。[③] 如果公司股价可以折价到合理价格,该公司仍然具有投资价值。投资者在合理价位买入该公司股票时,差异化表决权产生的治理风险已经被消化,投资者也就不会承受额外治理风险。如果投资者认为证券价格仍然偏高,则可以拒绝投资该公司而选择其他公司进行投资。

(三)科创板差异化表决权适用私人秩序治理模式的必要性

中国证监会易会满主席曾表示,设立科创板的主要目的是为科技创新提供资金支持。[④] 要实现这一目的,一方面,需要放宽科创类公司的上市门槛,便利其利用资本市场进行融资;另一方面,要提升科创板的国际竞争力,吸引优秀科创类公司到科创板上市,因为只有这样才能汇聚庞大投资资金。与公共秩序治理模式相比,只有私人

---

① 固定时间型日落条款的主要内容是公司上市若干年后特别表决权股份将自动转换为普通股份,相关介绍可以参见 Lucian A. Bebchuk, Kobi Kastiel, "The Untenable Case for Perpetual Dual-Class Stock", *Virginia Law Review*, Vol. 103, 2017, pp. 618 – 619.

② See Frank H. Easterbrook, Daniel R. Fischel, "The Corporate Contract", *Columbia Law Review*, Vol. 89, 1989, pp. 1430 – 1431.

③ See James D. Cox, "Corporate Law and the Limits of Private Ordering", *Washington University Law Review*, Vol. 93, 2015, pp. 261 – 262.

④ 参见顾志娟:《易会满:科创板主要目的是增强资本市场对实体经济包容性》,载新京报网:http://www.bjnews.com.cn/finance/2019/02/27/550944.html,最后访问日期:2019年7月14日。

秩序治理模式才能达到这两方面目的,因此将私人秩序作为科创板差异化表决权的治理模式是非常必要的。

1. 满足市场上多样化投融资需求

科创类公司的成长发展离不开融资支持。在进行首次公开募股(Initial Public Offering,IPO)之前,科创类公司一般都有着多轮融资历史,并已形成多样的股权结构。现代科创类公司已经形成了一整套完整的适应企业生命周期的融资模式:种子期以自有资金和政府融资为主,创立期以风险资本和债务融资为主,成长期以私人融资、风险投资和债务融资为主,成熟期则以债务融资、IPO 融资和股东追加投资为主。① 可见,在 IPO 之前科创类公司可能已经历多轮融资。等到 IPO 阶段,科创类公司的创始人所持有的股份很可能已经被稀释到很低程度,例如阿里巴巴在 2014 年 IPO 时,马云仅持有公司 8.9% 的股份。② 由于持股比例太低,创始人为保有对公司的控制权,所采取的差异化表决权安排可能会突破目前科创板设置的各类门槛,比如京东的特别表决权股份的表决权倍数是 20 倍,③这就突破了科创板设置的 10 倍表决权限制。

相比于公共秩序治理模式,私人秩序治理模式允许股东自行设计上市公司的治理规则,更能满足各方股东的需求。比如,科创板将特别表决权股份的表决权倍数限定为 10 倍,就会使某些公司的特别表决权股份持有人不满意,因为他们的股份占比较低,为保有公司控制权会希望将表决权倍数提高到 20 倍。如果监管规则不允许这类行为,作为对监管规则的回应,公司创始人可能会决定暂缓上市或者前往能够满足其意愿的交易所上市。

私人秩序治理模式同样对投资者有利。对于投资者而言,差异化表决权仅是其选择投资对象的许多项标准之一。相比于公司治理完善,但是已步入夕阳的公司来说,投资者更希望投资那些即使公司治理存在风险,但发展前景好的公司,因为后者能够给其带来更多回报。实践数据也表明差异化表决权的影响是很有限的,比如谷歌股票目前分为三类,其中 A 类股每股有 1 倍表决权,B 类股每股有 10 倍表决权,C

① 参见马秋君:《中国高科技企业融资问题研究》,北京科学技术出版社 2013 年版,第 48 ~61 页。

② 参见《阿里巴巴股权结构曝光:马云持股比例 8.9%》,载搜狐网:http://business.sohu.com/20140507/n399231628.shtml,最后访问日期:2019 年 7 月 14 日。

③ 参见宋建波、文雯、张海晴:《科技创新型企业的双层股权结构研究——基于京东和阿里巴巴的案例分析》,载《管理案例研究与评论》2016 年第 4 期。

类股没有表决权。[①] 尽管表决权倍数存在差异,但是目前A类股和C类股的股价几乎相同。[②] 因此,对投资者来说真正重要的是能够吸引到足够优秀的公司来科创板上市。

2. 提升科创板竞争力

有很多优秀的科创类公司在美国或我国香港特别行政区交易所上市。造成这一现象的原因很多,禁止差异化表决权是原因之一。[③] 虽然目前科创板取消了这一限制,但是现有规则仍属严苛,我国相关规则并无竞争优势。在这种情况下,无助于科创板与域外交易所竞争我国优秀科创类公司的上市资源。

如前文所指,美国的证券交易所对差异化表决权的限制非常少,科创板差异化表决权的现有规则很难与之竞争。然而,即使与同样选择公共秩序治理模式的香港交易所相比,科创板也无竞争优势。整体来看,科创板相关规则与香港交易所规则非常相似,但是在部分规则上更严格。比如,在"回归一股一权表决事项"上,香港交易所只列举了章程修改、类别股权利变动、独立董事选任、审计师选任和公司自愿清算这几项内容,[④]但是《科创板上市规则》在此基础上还增加了"公司合并、分立、解散或者变更公司形式"。[⑤] 在其他部分规则上,科创板的规定也要更严格些。具有差异化表决权的公司仍然会更倾向于选择在美国和我国香港特别行政区上市。

选用私人秩序作为科创板差异化表决权的治理模式,可以改变科创板在与美国和我国香港特别行政区交易所规则竞争中处于竞争劣势的尴尬,至少能够让科创板获得相对于香港交易所的竞争优势。只有吸引到优质上市资源,才能让投资者积极地到科创板投资,从而更好地实现科创板支持科技创新的目标。

## 四、科创板差异化表决权治理规则体系重构

既然私人秩序是科创板差异化表决权的最佳治理模式,那么对基于公共秩序治理模式构建起来的现有治理规则体系就应当予以重构。规则体系重构标准可维护投

---

① See Emily Chasan, "Google's Multi-Class Stock Structure Made Alphabet Move Unique", Accessed July 14, 2019. https://blogs.wsj.com/cfo/2015/08/12/googles-multi-class-stock-structure-made-alphabet-move-unique/.

② 美国时间7月15日收盘,A类股股价为1150.51美元,C类股股价为1150.34美元。

③ 阿里、京东、百度、美团、小米等一批优秀科创类公司都未遵循一股一权原则。

④ 参见《香港交易所主板上市规则》第8A.24条。

⑤ 《上海证券交易所科创板股票上市规则》第4.5.10条。

资者的选择自由，以实现股东利益最大化。具体来看，多数强制性规则都应删除或转换为缺省性规则，对少数与保护投资者选择自由密切相关的强制性规则才应予以保留。

（一）规则体系的重构标准

私人秩序治理模式的根本目标是实现股东收益最大化，[①]维护投资者自由选择的权利则是实现这一目标的直接抓手。美国针对差异化表决权实施的私人秩序治理模式只有少量强制性规则，而任由公司当事方自行设计治理规则。本文认为，这一做法并不妥当，应多设置缺省性规则，少设置强制性规则和赋权性规则，既为当事方的自由协商预留空间，也为当事方提供规则指引。

那么，哪些规则适合设计成缺省性规则和赋权性规则，哪些规则应该设计成强制性规则呢？这一问题又需要回归到投资者理性程度层面，参与科创板交易的投资者理性程度虽然处于较高水平，但是实践中私人秩序治理模式也会存在缺陷。监管者应当认真辨别差异化表决权设立、运行和退出各阶段的细节，对于私人秩序运行良好的情形，则设计缺省性规则或者赋权性规则；而对于那些私人秩序可能会存在缺陷的情形，则设计强制性规则予以应对。值得指出的是，虽然私人秩序治理模式和公共秩序治理模式下都存在强制性规则，但是两者在强制性规则的数量占比和设计理念等方面存在显著区别。

而对于缺省性规则和赋权性规则的设计选择，则需要考虑规则制定成本。赋权性规则将规则设计完全委诸当事方协商，这虽然最大限度给予了其创设最佳规则的空间，但是也需考虑到协商最佳规则本身也是会产生交易成本的。[②] 缺省性规则在为当事方提供规则模板的同时，也给予其“选出”（opt out）规则的自由。如果设计出的缺省性规则足够理想，“理性和知情的当事方就最有可能将之视为利益最大化的规则”，[③]这样的缺省性规则自然被采用的概率大，如此便能节约当事方的规则制定成本。如果有当事方不满意该规则，他们也可以自行设计。因此，就差异化表决权治理规则而言，精心设计的缺省性规则要优于赋权性规则。

---

① 公司合同理论认为公司目的是股东财富最大化。参见［美］罗伯特·W.汉密尔顿：《美国公司法》，齐东祥组织编译，法律出版社2008年版，第42页。

② 参见伍坚：《论公司法上的缺省性规则——兼评新〈公司法〉相关规定之得失》，载《法学》2007年第5期。

③ Lucian Arye Bebchuk, “Limiting Contractual Freedom in Corporate Law: The Desirable Constraints on Charter Amendments”, *Harvard Law Review*, Vol. 102, 1989, p. 1827.

(二)适度修改设立阶段规则

关于差异化表决权的设立阶段,本文认为应取消现有规则在无表决权股份、特别表决权股份持有人身份、多类别表决权股份上的限制,但应继续禁止上市后实施差异化表决权。

1. 允许发行无表决权股份

科创板禁止发行无表决权股份的规定,本文认为应予以删除。因为无论是从历史维度、理论维度还是实践维度,无表决权股份都有其存在的合理性,不应对其采取特殊对待的治理理念。

从历史维度来看,虽然早期 NYSE 和 NASDAQ 都禁止发行无表决权股票,但是在此期间 AMEX 一直允许无表决权股份的发行。而且自 1994 年开始,美国主要交易所都不再将无表决权股票视为另类,而是对其同等适用差异化表决权治理规则。这一历史变迁客观显现出无表决权股票并非洪水猛兽,有其存在的合理性。

从理论维度来看,虽然无表决权股份是一种激进的公司融资机制,其风险较含表决权股份要高,但是只要市场定价机制运作良好,作为丧失表决权的补偿,无表决权股份的发行价格一般也会低很多,这会降低投资者持股成本。对于部分风险偏好更高的投资者来说,无表决权股份风险虽大,收益也大,故具有合理性。而对交易所来说,只要确保投资者拥有是否买入无表决权股份的选择自由,就应该遵循“买者自负”原则,对其不予过多干涉。

从实践维度来看,上市公司一直有采用无表决权股票制度融资的需求,如 2017 年 Snap 公司上市时就发行过无表决权股票。① 目前美国市场上也几乎没有出现过因无表决权股票而生的公司治理丑闻。这说明,无表决权股票并没有想象中那么可怕,也有存在合理性。

2. 取消对特别表决权股份持有人的限制及允许发行多类别股份

科创板现行规则对特别股份持有人设置了较严格的限制,要求其满足“特别贡献”和“持续担任董事”两个条件。但是,这些限制是不必要的,因为差异化表决权产生的治理风险的程度高低,与特别表决权股份持有人对公司的控制强度密切相关,而与其是否对公司有“特殊贡献”,或者是否“持续担任董事”不存在必然关系。强加这些限制,反而会给科创类公司的融资徒增限制。因此,本文认为应取消对特别表决权

---

① See U. S. Securities and Exchange Commission, “Form S – 1 of Snap”, Accessed July 14, 2019, https://www.sec.gov/Archives/edgar/data/1564408/000119312517029199/d270216ds1.htm, p. 4.

股份持有人的身份限制。

如果可以接受无表决权股份并取消对特别股份持有人的限制，那么多类别股份也应被允许发行。科创板现行规则只允许将股份分为特别表决权股份和普通股份两类。正如前文多次论证过的，基于风险收益相匹配原则和有效市场定价机制，表决权倍数不同的类别股份也具有存在意义，只要发行多类别股份时也能确保投资者的选择自由即可。

3. 禁止上市后实施差异化表决权

将差异化表决权的设立时间限制在上市前，目的是保障投资者的选择自由。如果差异化表决权在公司上市前设立，投资者可以结合公司披露的信息理性考虑是否购买该公司股票。但是，如果公司上市后再实施差异化表决权结构，而市场认为这是利空信息的话，公司股价就会下跌，投资者即使卖出股票，也会蒙受损失。而且博弈论揭示，投资者可能会就此陷入"囚徒困境"，导致难以在股东大会上联合投票否决这一计划。[①] 这一"囚徒困境"是非常有可能发生的，因此差异化表决权设立时间的限制仍然应该保留，并继续作为强制性规则。

（三）改造运行和退出阶段规则

为了尽可能保障投资者权益，科创板在差异化表决权运行和退出阶段设置了很多强制性规则，其中部分规则的设置能够维护投资者选择自由，但是大多数规则只会起到相反效果。因此，本文认为应仔细梳理这些规则，并对限制投资者选择自由的规则加以改造。

1. 运行阶段相关规则的保留与转换

在差异化表决权的运行阶段，本文建议仍然禁止上市后提升特别表决权股份的比例或表决权倍数，也仍然禁止滥用特别表决权股份的行为，并坚持强制披露差异化表决权相关信息。此外，其他运行阶段的规则应转换为缺省性规则。

为防止上市后特别表决权股份持有人损害现有普通股份持有人利益，应当保留部分运行阶段的强制性规则。第一，上市后禁止特别表决权股份所占比例或者表决权倍数超过原有水平。这一规则是与禁止上市后实施差异化表决权规则一脉相承的，一旦特别表决权股份持有人在上市后继续提升其对公司的控制力度，公司股价就会下跌，现有普通股份持有人难以否决这一提议，又会失去选择自由，即使卖出股票

① 参见王灏文：《美国类别股法律制度探源：背景、进程及内在逻辑》，载《证券法苑》2018 年第 2 期。

远离该公司,也会承担股价下跌带来的损失。第二,禁止滥用特别表决权的规则应该予以保留,因为滥用特别表决权会直接侵害投资者利益,将这一规则设计为强制性规则是理所应当。第三,上市后持续披露差异化表决权相关信息的规则也应该予以保留,私人秩序治理模式能够有效运行的前提之一便是完善的信息披露制度,关于差异化表决权的相关信息,对投资者来说意义重大。

除上述规则外,科创板现有运行阶段的规则还有三项:一是限制特别表决权股份的表决权比例和表决权倍数的上限,二是限制普通股份表决权比例的下限,三是部分事项回归一股一权表决。这些强制性规则都应该转换为缺省性规则,这样处理的目的一方面是鼓励当事方选用,另一方面也给予其在章程中排除适用的自由。科创板设计这 3 项规则是希望将差异化表决权产生的治理风险限定在有限范围内。但是正如前文所论证的,投资者理性和市场定价机制可以平衡这些治理风险,因此这 3 项限制可以给当事方提供公司治理规则的参考,但其并不是必要的。取消这 3 项限制反而能够更好地满足科创类公司的融资需求,并吸引阿里巴巴、京东等优秀公司借助美国存托凭证(American Depositary Receipt,ADR)回国上市。

2. 退出阶段的规则改良

《科创板上市规则》第 4.5.9 条列举了 4 种情形作为差异化表决权的退出机制,本文建议这些情形都应从强制性规则转换为缺省性规则。因为这些情形不会限制投资者的选择自由,依靠投资者理性和市场定价机制可以有效平衡其风险。将这 4 种情形作为强制性规则,会限制部分科创类公司到科创板上市的意愿。

此外,本文建议增设"固定时间型夕阳条款",并将其设置为缺省性规则。研究显示,差异化表决权产生的积极影响在上市后一般可以持续 6 ~ 9 年。[①] 但是这一积极影响终将丧失。"固定时间型夕阳条款"则为普通股份持有人提供了一个再次选择的机会,等到该条款触发后,普通股份持有人可以投票选择是否继续实施差异化表决权。但是特别表决权股份持有人可能会拒绝"固定时间型夕阳条款",若将该条款设置为强制性规则,特别表决权股份持有人可能选择推迟上市或者去其他交易所上市。这对投资者来说也是损失。因此,本文建议科创板规则将"固定时间型夕阳条款"作为缺省性规则供当事方选择。

---

① See Martijn Cremers, Beni Lauterbach, Anete Pajuste, "The Life Cycle of Dual Class Firms" (May, 2018), European Corporate Governance Institute (ECGI) – Finance Working Paper No. 550/2018, Available at SSRN: https://ssrn.com/abstract=3062895, p. 39.

## 五、结　语

尽管我国科创板选择了公共秩序作为差异化表决权的治理模式，但是本文主张私人秩序治理模式才是更为合适的选项。这是因为科创板投资者具有较高理性，市场竞争和信息披露充分，救济渠道较为完善高效，依循匹配治理理念，私人秩序治理模式在科创板具有实施可行性。更为重要的是，虽然两种治理模式都能有效应对差异化表决权产生的治理风险，但是只有私人秩序治理模式才能满足市场上多样化的投融资需求，并提升科创板的竞争力。按照私人秩序治理模式，对科创板差异化表决权的现有治理规则体系应当予以重构，重构标准应是维护投资者选择自由，具体到规则层面，应当多设置缺省性规则，少设置强制性规则。

当然，选择私人秩序治理模式意味着对证监会和证券交易所提出了更高要求，监管者必须充分发挥监管能动性，让科创板实践更契合私人秩序治理模式的理论假设。第一，为确保投资者理性程度维持在较高水平，应当要求证券公司严格执行投资者适当性标准，并鼓励更多机构投资者入市交易。第二，以服务公司上市融资为出发点，打造更具包容性的科创板制度体系，提升科创板的服务质量，吸引更多优秀的国内科创类公司乃至海外公司前来上市，提高市场竞争程度。第三，应当特别强化对科创板信息披露违规行为的查处力度，着力提升信息披露的质量。第四，与法院合作提升证券民事诉讼的效率，为投资者提供更好的救济渠道。

# I 理论探究

INVESTOR

# 我国上市公司一致行动人概念的嬗变与功能异化

蒋学跃*

**摘　要**:立法上,我国一致行动人概念在法律层面借鉴美国模式,而在规章层面借鉴英国规范,最终导致概念体系的紊乱与不协调。在内涵上,我国一致行动人概念强调获得控制权的要素,使其嬗变为表决权拘束协议。在适用范围上,在监管加码的冲动下,特别是强调对实际控制人的监管,导致了其被泛化与滥用。在功能上,一致行动人已经从最初监管当事人规避举牌义务,异化为被当事人用来规避监管的工具。基于深入贯彻注册制理念的需要,未来应重构一致行动人的概念,强调获取控制权而非表决权,限缩适用范围,厘清与表决拘束协议的关系,使其回归监管权益披露的原初目标,更好地发挥证券市场并购的外部治理功能。

**关键词**:一致行动协议　表决权　实际控制人

## 一、概念溯源

我国一致行动人概念主要借鉴了美、英两国的相关规定,其他国家或地区如德、日和我国香港特别行政区则或多或少地与上述两国类似。①

(一)美国《证券交易法》中"一致行动人"的规定

在20世纪60年代,美国证券市场出现了利用爬行收购(二级市场持续增持)和公开要约方式收购上市公司的股份,美国国会在1968年颁布了《威廉姆斯法》修改了

---

* 深圳证券交易所法律部副主任研究员。

本文仅代表作者个人观点,不代表所在单位观点和意见。

① 参见谈萧:《一致行动人的比较法考察》,载《证券市场导报》2006年第6期。

1934年《证券交易法》,分别对公开市场收购和要约收购规定了举牌的义务。[①]

1. 大额持股举牌中的"一致行动人"

投资者可以公开市场或私下协商买入股票,然后向上市公司提出改组董事会的提议,以此获得控制权。美国《威廉姆斯法》的立法者认为,此时必须让市场知道谁在买及为什么要买,以确保其他投资者能够理性地作出卖出或者继续持有的决定。[②] 为此,美国《证券交易法》第13(d)(1)条规定了大额持股举牌义务。但由于投资者可能会利用"泊车交易方式"规避举牌义务。[③] 因此,美国《1934年证券交易法》第13(d)(3)条规定了"合并计算"的规则,即"两个以上的人员构成合伙、有限合伙、辛迪加或者其他集团,以获得、持有或者处置发行人证券的,该辛迪加或者集团应当视为本款所称的一个人"。[④]

这种"视为一个人"的规定表面上是一个合并计算的问题,实质上涉及的就是一致行动人的问题,但是美国《证券交易法》没有规定具体的认定标准,而完全交由司法判例和美国证券交易委员会(Securities and Exchange Commission,SEC)的判断。在1971年的"洗浴工业公司诉布洛特案"中,美国法院认为若干个人事先各自独立取得目标公司的股份,事后他们一旦达成控制目标公司的合意,这个"团体"就形成了,也就是说"获得目标公司的控制权的意思一致"可以作为判断一致行动人的一个标准。SEC在1977年制定的规则13b-5(b)(1)将法院上述观点成文化,认为当两个人或多人为收购、持有、表决或处置发行人证券的目的共同行动时,这一"团体"就在协议之日起形成,[⑤]其言下之意是,即使不是为了获得控制权而是单纯获得股份也可以构成一致行动人。在1981年的一起案件中,美国法院认为如果当事人同意一致购买目标公司的额外股份后,即使并没有形成关于控制目标公司的共同计划,但该团体仍然存在,就必须按照合并的持股数量履行信息披露义务。[⑥] 这意味着这里"一致行动"是对于"额外取得股份"的一致,即使没有在"获得控制权方面达成一致"也并不妨碍

---

① [美]托马斯·李·哈森:《证券法》,张学安等译,中国政法大学出版社2003年版,第507页。

② [美]罗伯特·C.克拉克:《公司法则》,胡平等译,工商出版社1999年版,第448页。

③ 泊车方式是指美国投资者通过多个股票经纪人买入同一家公司的股票,同时约定每个经纪人不超过5%,此外,投资者还对经纪人购入股票的损失承诺补偿。由于美国采取间接持有制度,因此,利用这种方式很容易规避举牌的义务,此时就属于美国《证券交易法》第13(d)(3)条规定的"合并计算"情形。参见张巍:《资本的规则》,中国法制出版社2017年版,第323页。

④ 英文原文:When two or more persons act as a partnership, limited partnership, syndicate, or other group for the purpose of acquiring, holding, or disposing of securities of an issuer, such syndicate or group shall be deemed a "person" for the purposes of this subsection。

⑤ [美]罗伯特·C.克拉克:《公司法则》,胡平等译,工商出版社1999年版,第452页。

⑥ [美]托马斯·李·哈森:《证券法》,张学安等译,中国政法大学出版社2003年版,第517页。

认定其为一致行动人。但是,无论是司法判例还是 SEC 的规则都明确表示,任何情况下个人或实体中的家庭、人身或营业关系本身并不必然导致一个团体的存在,而必须有一个一致行动(明示或默示)的协议或合意。[①] 这意味着,美国不会因为相互之间的人身、经济利益等关联关系而推定一致行动人的存在。

美国之所以将“额外获取股份”和“获得控制权”都作为判断一致行动人的标准,原因在于 SEC 的 13D – G 规则对于没有控制意图的“被动投资者”和机构投资者可以适用简式披露报告,[②]而对于有获取控制权的投资者适用详式披露报告,但二者都可能出现规避披露的可能。

2. 股权收购披露中的“一致行动人”

上述美国《证券交易法》第 13(d)条规定的大额持股举牌义务主要适用于爬行购买或私下协商购买股份的行为,由于这种购买不存在立法者所担心的利用公众股东集体行动困境而出现胁迫的问题,因此,这种披露义务触发点是达到5%的持股比例,且可以在事实发生后的 10 日内履行。如果投资者以获得控制权为目标发出股权收购(要约收购),[③]就可能会产生利用公众投资者集体行动困境而对其进行胁迫的问题,此时就必须适用美国《证券交易法》第 14(d)(1)条的规定,投资者需要提前举牌。[④] 同样,为了防止收购人通过私下达成合意规避监管,《证券交易法》第 14(d)(2)条规定了类似于“一致行动人”的合并计算规则。[⑤] 在实践中,股权收购中一致行动人的认定标准与美国《证券交易法》第 13(d)(3)条几乎一致。

---

① [美]路易斯·罗思:《美国证券监管法基础》,张路等译,法律出版社 2008 年版,第 449 页。

② 参见项剑、丛怀挺、陈希:《股东权益变动规则重构:以控制意图和冷却期为核心》,载《证券法苑》2017 年第 2 期。

③ 美国证券法学者倾向将要约收购称为股权收购,参见[美]罗伯特·C. 克拉克:《公司法则》,胡平等译,工商出版社 1999 年版,第 458 页。

④ 美国《证券交易法》第 14(d)(1)条规定:“任何人利用邮递、州际商业手段、工具、全国性证券交易所任何设施或者以其他方式对依据本法第 12 条注册的任何类别的权益证券、要求同样注册的保险公司任何类别的权益证券[本法第 12(g)(2)(G)条包含的豁免除外]或者《1940 年投资公司法》项下注册的封闭式投资公司发行的任何类别权益证券直接、间接发出收购要约、收购请求或者要约邀请,成交后可能直接、间接成为该类别证券 5% 以上股份受益所有权人的,应当在首次公布或者向有关证券持有人发出或者提供收购要约、收购请求或者要约邀请的副本时,向证券交易委员会申报说明书,说明本法第 13(d)条中规定的信息和证券交易委员会为维护公共利益或者保护投资者通过规则和条例规定的其他信息,否则,即构成违法。所有收购请求或者要约邀请,或者为该证券收购要约、收购请求或者要约邀请制作的广告,应当作为该说明书的组成部分一起申报,并且应当包含证券交易委员会通过规则和条例规定包含的信息。初步征集或者请求后发出的征集或者请求该收购要约的任何追加资料的副本,应当包含证券交易委员会为维护公共利益或者保护投资者通过规则和条例规定的必要、适当信息,并且应当在不晚于首次公布或者向有关证券持有人发送、提供该资料副本时申报证券交易委员会。所有说明书的副本,应当按照向证券持有人和证券交易委员会提供该资料的格式,在不晚于首次公布或者向有关证券持有人发送、提供时发送给发行人。”

⑤ 美国《证券交易法》第 14(d)(2)条规定:“两个以上的人员为获得、持有或者处置发行人的证券而构成合伙、有限合伙、辛迪加或者其他集团的,该辛迪加或者集团应当被视为本款所称的一个人。”

3. 评析

总体而言,美国在两个举牌义务中适用"一致行动人"概念,但都拒绝给出具体的认定标准,而是交由司法和监管机构根据具体情况加以认定。根据判例和监管机构的执法实践,只要当事人构成"获取股份"和"获得控制权"中任意一个"意思一致",即可认定为一致行动人,但是绝不因为相互人身关系或经营活动中存在关联关系而对一致行动人进行推定。上述一致行动人的认定标准贯彻了立法者的一个基本立场,即对待公司控制权的争夺采取中立,既不鼓励也不遏制,因此,执法者对于一致行动人的认定也采取保守和谨慎的态度。① 因此,采取推定则会不恰当地扩张一致行动人的范围,这不仅会误伤一些无辜的投资者(如不会寻求控制权的机构投资者),也会削弱证券市场控制权交易所具有的外部治理功能。

(二)英国关于一致行动人的规定

1. 英国《披露与透明度规则》中的一致行动人

英国《披露与透明度规则》在赋予(大额)持股人信息披露义务时,明确规定了一致行动人的概念。英国《披露与透明度规则》第5.4条规定,如果两个人或多方当事人之间签署一份合同,承诺通过共同行使表决权的方式执行一项以公司为对象的"长期共同方针"时,合同的每一个当事人都将被视为掌握了其他各方拥有的表决权,也就是将他们视为"一致行动人"。② 英国金融行为监管局(Financial Conduct Authority,FCA)负责上市公司的持股信息披露的监管执法,也相应承担着认定一致行动人的职责。③

2. 英国《城市法典》中的一致行动人

英国1968年《城市法典》明确规定了一致行动人(Persons Acting in Concert)的概念,该法典规定:"一致行动人包括根据协议或非正式协议积极合作,通过他们其中的任何一方购买一个公司的股份来获得或联合控制这个公司的各方,一致行动的各方在信息公开方面应被作为一个人对待。"④此外,英国《城市法典》还专门列举了将6种具有关联关系主体推定为一致行动人的情形。⑤ 但需要特别指出的是,这个"一致

---

① [美]罗伯特·C.克拉克:《公司法则》,胡平等译,工商出版社1999年版,第458页。

② [英]保罗·戴维斯:《现代公司法原理》,罗培新译,法律出版社2016年版,第969页。

③ 参见[英]保罗·戴维斯:《现代公司法原理》,罗培新译,法律出版社2016年版,第949页。

④ See City Code on Takeovers and Mergers C1.

⑤ 六种情形具体是:一个公司与其母公司或孙公司、合伙公司;一个公司和它的任何一个董事;一个公司和它的退休基金;一个人与他所经营的投资公司、单位信托或其他投资者;一个金融顾问与他的持股方面的顾客;目标公司的董事。

行动人”概念仅适用于公司收购的情况下，即一致目的是取得或巩固公司的控制权。[①] 英国的并购专家组（Panel on Takeovers and Mergers）负责并购执法活动，也承担着认定一致行动人的职责。[②]

3. 评析

英国分别通过两个不同的法律建立单纯持股与公司收购信息披露义务，其中都涉及一致行动人的规定，在这一点上与美国非常像似。对于单纯持股信息披露中的一致行动人，法律强调其“行使表决权的意思一致”，而对于公司收购的一致行动人，法律则强调其“将来获取控制权的意思一致”，但共同点都是为了规制当事人规避举牌义务的问题。但英美两国在一致行动人上存在三点不同：一是美国立法上没有明确定义一致行动人，而英国则对其有明确定义；二是美国在判例中强调一致行动人既可以是“行使控制权一致”，也可以“取得股份一致”，而英国仅强调“获得控制权方面的一致”；三是美国对是否构成一致行动人不作推定，特别是不推定关联人之间构成一致行动人，而英国则对一致行动人作推定，且将关联人推定为一致行动人，这可能会潜在地造成一致行动人与关联人的混淆。

（三）我国的一致行动人规定

1. 我国《证券法》的规定

我国1998年颁布的《证券法》（以下简称1998年《证券法》）通篇没有涉及“一致行动人”的概念，2005年修订的《证券法》（以下简称2005年《证券法》）相关条文间接涉及了“一致行动人”的概念。就功能角度而言，从具体条文表述来看，[③]特别是“投资者持有或者通过协议、其他安排与他人共同持有”的表述，我国2005年《证券法》第86条主要借鉴了美国《证券交易法》的相关规定，其“共同持有”的规定实质上承担了对一致行动人定义的功能，但没有明确对一致行动人作定义，也没有给出其具体的判断标准。但与美国将纯粹持股信息披露与公司收购信息披露分别规定一致行动人的做法不同，我国2005年《证券法》第86条没有区分纯粹持股和股权收购分别规定一致行动人问题。

---

① ［英］保罗·戴维斯：《现代公司法原理》，罗培新译，法律出版社2016年版，第1067页。

② 同上书，第1009页。

③ 我国《证券法》第86条规定：“通过证券交易所的证券交易，投资者持有或者通过协议、其他安排与他人共同持有一个上市公司已发行的股份达到百分之五时，应当在该事实发生之日起三日内，向国务院证券监督管理机构、证券交易所做出书面报告，通知该上市公司，并予公告；在上述期限内，不得再行买卖该上市公司的股票。”

2. 我国《上市公司股东持股变动信息披露管理办法》的规定

由于1998年《证券法》没有涉及一致行动人问题，而监管实践中却面临认定一致行动人的问题，因此，中国证监会制定的部门规章承担了对一致行动人进行定义的功能。2002年证监会颁布的《上市公司股东持股变动信息披露管理办法》(以下简称《持股信息披露办法》)第9条规定首次规定了"一致行动人"概念，从其"在行使上市公司表决权时采取相同意思表示"的表述来看，[①]其在很大程度上受到了英国《披露与透明度规则》的影响。与此同时，中国证监会在2002年颁布的《上市公司收购管理办法》(以下简称2002年《上市公司收购管理办法》)第62条规定"一致行动人"概念适用《持股信息披露办法》。由此，我国在部门规章层面建立起单纯持股和公股权收购的两种不同的举牌义务以及适用一致行动人的概念。

3. 我国《收购管理办法》的规定

2006年，中国证监会修改了《上市公司收购管理办法》(以下简称2006年《上市公司收购管理办法》)，并废除了《持股信息披露办法》。2006年《上市公司收购管理办法》第83条修改了《持股信息披露办法》关于一致行动人的定义，不再强调是"行使表决权方面保持一致"，而是仅强调"共同扩大其能够所支配的一个上市公司股份表决权数量的行为或者事实"。[②] 从几种推定情形的设置来看，[③]2006年《上市公司收购管理办法》主要是借鉴了英国《城市法典》的规定。此外，由于2006年《上市公司

---

① 《持股信息披露办法》第9条规定:"一致行动人是指通过协议、合作、关联方关系等合法途径扩大其对一个上市公司股份的控制比例，或者巩固其对上市公司的控制地位，在行使上市公司表决权时采取相同意思表示的两个以上的自然人、法人或者其他组织。前款所称采取相同意思表示的情形包括共同提案、共同推荐董事、委托行使未注明投票意向的表决权等情形;但是公开征集投票代理权的除外。"

② 2014年修订的《上市公司收购管理办法》第83条规定:"本办法所称一致行动，是指投资者通过协议、其他安排，与其他投资者共同扩大其所能够支配的一个上市公司股份表决权数量的行为或者事实……"

③ 2006年《上市公司收购管理办法》规定了12种推定情形:"……如无相反证据，投资者有下列情形之一的，为一致行动人:(一)投资者之间有股权控制关系;(二)投资者受同一主体控制;(三)投资者的董事、监事或者高级管理人员中的主要成员，同时在另一个投资者担任董事、监事或者高级管理人员;(四)投资者参股另一投资者，可以对参股公司的重大决策产生重大影响;(五)银行以外的其他法人、其他组织和自然人为投资者取得相关股份提供融资安排;(六)投资者之间存在合伙、合作、联营等其他经济利益关系;(七)持有投资者30%以上股份的自然人，与投资者持有同一上市公司股份;(八)在投资者任职的董事、监事及高级管理人员，与投资者持有同一上市公司股份;(九)持有投资者30%以上股份的自然人和在投资者任职的董事、监事及高级管理人员，其父母、配偶、子女及其配偶、配偶的父母、兄弟姐妹及其配偶、配偶的兄弟姐妹及其配偶等亲属，与投资者持有同一上市公司股份;(十)在上市公司任职的董事、监事、高级管理人员及其前项所述亲属同时持有本公司股份的，或者与其自己或者其前项所述亲属直接或者间接控制的企业同时持有本公司股份;(十一)上市公司董事、监事、高级管理人员和员工与其所控制或者委托的法人或者其他组织持有本公司股份;(十二)投资者之间具有其他关联关系。一致行动人应当合并计算其所持有的股份。投资者计算其所持有的股份，应当包括登记在其名下的股份，也包括登记在其一致行动人名下的股份。投资者认为其与他人不应被视为一致行动人的，可以向中国证监会提供相反证据。"

收购管理办法》废止了《持股信息披露办法》,导致我国举牌监管由单纯持股和股权收购两个部分,重新退回到仅规制股权收购举牌的监管模式中,继而使我国一致行动人的概念仅适用于股权收购举牌监管过程中。[①]

(四)简评

我国2005年《证券法》形式上借鉴了美国《证券交易法》的规定,采取了宽泛定义的做法,而2006年《上市公司收购管理办法》形式上借鉴英国《城市法典》,采取具体定义且设置了具体推定情形。这种不同层级法律移植对象的不同,导致一致行动人概念体系上的紊乱和适用上的诸多困惑。

1.法律层面关于一致行动人的规定与我国证券行政执法模式不匹配

美国采取的原则监管模式,即关注在股权收购举牌信息披露中容易被规避的实质,在法律上不对一致行动人作出明确定义,因为一旦给出具体的标准,就会被投资者再次规避。这种规定模式是与美国证券行政执法模式相衔接的,因为SEC的行政执法多数是在法院的监督下进行的,即SEC向法院提出当事人构成举牌义务的规避而应给予处罚的建议,法院行使裁量权认定案件中的一致行动人。但我国证券行政执法是法院事后监督(在行政诉讼中对行政处罚作司法审查),在依法行政的压力下,证券监管机构必须要有明确的规则,因此,2005年《证券法》缺乏明确对一致行动人定义的规范模式难以满足监管实践的需要,与我国证券行政监管模式不匹配。

2.过于强调表决权使一致行动人概念的泛化与扩张

2006年《上市公司收购管理办法》采用了英国具体定义"一致行动人"的模式,形式上满足了监管实践的需要,但同时存在英国法律关于一致行动人规定中存在的固有缺陷。首先,一致行动人定义过于强调"表决权行使的一致",而事实上应该将落脚点放在获得控制权方面,因为实践中某些投资者如公募基金在积极股东主义思潮下会积极行使表决权,但不一定谋求控制权,如果强调表决权的行使,会将这些投资者不当纳入一致行动人的范围,增加了信息披露的频度和成本;其次,强调表决权的行使还使一致行动人协议与表决权拘束协议混淆;最后,由于采取了关联人之间的一致行动推定,造成了一致行动人与关联人的混淆,进而导致了实践中一致行动人概念的泛化和滥用。

---

① 但这并非说2006年《上市公司收购管理办法》规定不合理,因为如前所述,美国区分为持股举牌和股权收购举牌的做法导致在监管实践中出现更多的困惑,因此,我国仅规定股权收购的举牌义务可以说具有相当程度上的合理性。

## 二、我国一致行动人概念的嬗变

如前所述,我国的一致行动人概念原本应仅适用于股权收购领域,但是我国一致行动人概念发生了嬗变,导致监管实践中其性质发生了变化。

### (一)一致行动人概念的嬗变:从"获得控制权一致"到"表决权行使一致"

如前所述,在股权收购领域,美国和英国的一致行动人概念都强调"获取控制权的一致",但都没有强调"行使投票权方面的一致"。但目前无论是从监管实践还是市场自发行为来看,我国的一致行动人概念都共同强调"行使表决权的一致",使我国的一致行动人概念在内涵上嬗变为"行使表决权的一致"。发生这种嬗变主要有以下几个方面的原因:

首先,由于历史上我国将单纯持股信息披露和股权收购平行规定了一致行动人的概念,而当时的《持股信息披露办法》对于一致行动人曾经强调"行使表决权一致";其次,2006 年《上市公司收购管理办法》虽然仅规定了股权收购的一致行动人,但由于受此前规定的影响,保留了"通过协议共同扩大其能够支配的表决权",仍然不恰当地使一致行动人与"表决权"发生了关联,为一致行动人概念的嬗变埋下隐患;最后,由于我国倚重于对"实际控制人"的监管,①使一致行动人中的"获取控制权的一致"被误读为"行使表决权的一致",②导致实践中我国的一致行动协议的概念已经演化为境外的股东协议和表决权拘束协议的概念,与一致行动人的概念设置初衷背离。③

### (二)一致行动人性质的蜕变:由事实问题转变为法律问题

境外一致行动人监管的目标是避免当事人利用分散持有规避举牌义务,其监管重点是,是否"构成"一致行动人,更大程度上是一种基于默契的事实问题。如果我国将一致行动人看作行使上市公司表决权一致,监管重点将转向当事人是否有一致行动协议,由此变成了一个法律问题,即一致行动协议是否违反法律的规定,是否有效。具体到一份当事人行使表决权的协议上来看,如果一方当事人与他人达成一致行使

---

① 我国证券法上的"实际控制人"概念本身也有滥用的问题,具体参见拙作《上市公司实际控制人概念存废论》,未刊稿。

② 有学者甚至认为一致行动人就是指在投票方面形成一致的股东,参见谈萧:《一致行动人的比较法考察》,载《证券市场导报》2006 年第 6 期。

③ 参见梁上上:《表决权拘束协议:在双重结构中生成与展开》,载《法商研究》2004 年第 6 期。

表决权的协议,当事人必然会在具体的协议中约定出现分歧时应如何处理,以及违约时的救济方法。[①] 但如果是关注的一致行动人利用协议规避监管,监管者根本无须关注当事人行使表决权的具体处理方法,而只需要关注这种协议的存在事实。这种差异也导致了中外监管方面的差异,我国证券市场监管中基本上都要求发行人的律师对一致行动协议内容的合法性和合规性出具意见,而美国则截然相反,基于协议或控制是对一个事实问题的认定,SEC 不允许发行人的律师就是否存在控制权表达任何意见,因为在具体情景中是否存在控制权,当事人比外部律师更有优势。[②]

## 三、适用范围的扩张:由收购领域扩张到其他领域

### (一)在股权收购中一致行动人问题

一致行动人的概念最初是用来解决投资者规避举牌义务的问题,因此,其适用范围应该是上市公司收购领域,如早期"宝延风波",[③]近几年的康达尔、上海新梅、成都路桥收购案等一系列股权争夺战中出现的"蒙面收购"问题。但与境外差别较大的是,在最应该适用"一致行动人"的上述案例中,双方当事人对于是否属于一致行动人的"合并计算"问题并没有产生任何争议,如上海新梅的收购方开南投资及王某某对于证券监管机构认定其为一人控制或存在一致行动关系而对其作出行政处罚并没有异议,而争议的焦点是原大股东要求限制收购人持有股票的表决权。[④]

### (二)在短线交易中适用一致行动人

我国《证券法》第 47 条规定了持股 5% 以上股东的短线交易收益上缴的义务,从条文本身来看,5% 股东应该是指直接持股和名义持股的问题,但无论是司法部门还是监管部门都倾向于适用于"一致行动人"对其合并计算,如"南宁糖业与马丁居里投资管理有限公司股票交易"一案中,南宁市中级人民法院认定 3 个被告是一致行动人,因此构成短线交易。[⑤] 更有甚者,有人认为一致行动人反向买卖股票(如 5% 以上

---

① 当然,上市公司股东之间的表决权拘束协议也可能对上市公司治理产生影响,因此,监管过程中也必然会涉及表决权协议的效力、履行和违约救济问题,对此相关问题的讨论,参见拙作:《上市公司股东表决权拘束协议若干问题探讨》,未刊稿。

② [美]路易斯·罗思、乔尔·赛里格曼:《美国证券监管法基础》,张路等译,法律出版社 2008 年版,第 339 页。

③ 参见吴高臣:《论上市公司收购中的一致行动的法律规制》,载《法律科学》2001 年第 4 期。

④ 参见姚瑶:《公司收购中违反大额持股申报义务的法律责任——基于上海新梅案的分析例证》,载《河北法学》2017 年第 1 期。

⑤ 参见马晓:《上市公司并购重组监管制度解析》,法律出版社 2009 年版,第 102 页。

的股东买入股票,其配偶卖出股票)也构成短线交易。[①] 在交易所的自律监管过程中,还产生了一致行动人之间转让股票是否构成短线交易的疑问。[②] 这一适用与境外存在较大差异,一方面,由于英国没有短线交易,自然不会产生适用一致行动人的概念;另一方面,美国《证券交易法》第16(b)条规定仅规定了10%受益所有权的短线交易,并没有规定合并计算的问题,也就是不适用一致行动人概念。[③]

(三)减持环节适用一致行动人概念

中国证监会2017年5月发布的《上市公司股东、董监高减持股份的若干规定》(证监会公告〔2017〕9号)以及上海、深圳证券交易所发布的相关实施细则都明确规定了"大股东与其一致行动人的持股合并计算",使一致行动人概念由公司收购信息披露中扩张到股票减持领域。

与我国不同的是,美国在二级市场减持会涉及"关联人"概念,而关联人会与我国所谓的"一致行动人"发生重叠。根据美国SEC的"规则144"的要求,如果是上市公司关联人持有的股票则构成限制性股票,其向二级市场出售,必须满足严格数量和提前信息披露的要求。[④] 这里的关联人包括直接或间接地控制发行人,或者直接间接地被发行人控制,或者与发行人共同被一人控制。根据SEC规则405规定,控制是指直接或间接影响管理决策的能力。此时,如果几个股东签署控制上市公司的协议就有可能成为控制上市公司的主体,其减持公司股份就会受到限制。例如,一个投资者在上市前入股,如果其没有与其他股东签署一致行动协议,那么可以适用"规则144"关于上市后6个月后可以出售股票的规定,既没有数量限制,也没有提前通知义务。相反,如果其签署了一致行动协议,则需要遵循每3个月1%的减持股票数量限制和提前通知的义务。

(四)在确定实际控制人时适用一致行动人概念

我国《证券法》中广泛使用了"实际控制人"的概念,证券的发行、信息披露、二级市场减持等各个环节都无一例外地贯穿了对"实际控制人"概念的强调。[⑤] 由于我国的一致行动人涉及控制权的问题,因此,在对实际控制人的监管过程中普遍适用一致

---

① 参见袁钰菲:《上市公司股东之间一致行动关系认定的法律问题研究》,载《证券法苑》2017年第1期。

② 如一个持股5%的股东与另外一个股东是一致行动人,其中一个股东将其买入1%的股份在3个月内转让给另外一个股东,有人认为构成短线交易。

③ 参见[美]托马斯·李·哈森:《证券法》,张学安等译,中国政法大学出版社2003年版,第623页。

④ 数量是每3个月卖出的总数不能超过发行人总股本的1%或提交144表格前4周内平均的1周交易量;如果3个月内拟卖出5000股或超过5万美元金额,股东需要提前向SEC提交144表格,履行通知义务。

⑤ 我国《证券法》中"实际控制人"的概念出现了13次。

行动人的概念。与我国不同,美国证券法上无实际控制人的概念,自然也不存在适用一致行动人概念的问题。美国1934年《证券交易法》第12(b)条[1]和美国1933年《证券法》19(a)条[2]都仅仅要求发行人披露与其存在控制关系的相关主体,但并不要求发行人披露是否存在实际控制人的问题。SEC根据《证券交易法》的授权制定了S-K条例,其中第101条、第401条、第403条、第404条、第601条都涉及控制关系的披露问题,但并不将其作为判断发行人控制权稳定以及持续性经营的依据。

## 四、功能的异化:从被动认定到主动利用

由于一致行动人概念最初是用来解决规避举牌义务问题的,因此,一致行动人更多的私下达成协议或形成默契,因此,美国法院曾经明确宣布"(一致行动人之间)明示或默示的合意并不需要书面协议"。[3] 换言之,一致行动人为了规避举牌义务会极力避免签署一致行动人协议,但事实却相反,我国证券市场中一致行动人协议非常普遍。[4] 出现这一反常现象主要是因为我国证券监管的传统是重视对控制权和控制人的认定和监管,贯穿于首次公开募股(Initial Public Offering,IPO)、并购重组审核以及持续性监管过程中,当事人借助主动签署一致行动协议而满足发行审核相关规定、规避重组监管、巩固控制权,使一致行动人的功能发生异化。

### (一)满足发行审核要求

《首次公开发行股票并上市管理办法》(以下简称《首发办法》)第12条要求"发行人最近3年内……实际控制人没有发生变更",理论上这是一个依据个案的具体判断问题,并且在一般意义上股权分散不应该成为上市的阻碍,但是证监会《首次公开发行股票上市管理办法》第12条"实际控制人没有发生变更"的理解和适用——证券

---

① 美国《证券交易法》第12(b)条规定:"证券交易委员会为维护公共利益或者保护投资者,通过规则和条例要求的确属必要或者适当的,与发行人,与直接、间接控制发行人、直接、间接被发行人控制或者直接、间接与发行人一起受共同控制的任何人,以及与该证券本金、利息或者本金兼利息的担保人相关的以下详细信息。"

② 美国《证券法》第19(a)条规定:"为本法之目的,证券交易委员会有权通过规定列明所需信息的格式规范,有权规定资产负债表和损益表中需显示的项目及细节,并有权规定在编制账户、资产与负债的评估或估价、确定贬值和损耗、区分经常性收入与非经常性收入、区分投资收入与营业收入,在证券交易委员会认为必要或需要时编制直接或间接控制发行人、被发行人控制或与发行人共同直接或间接接受控制的任何人的合并资产负债表或损益账户时需遵循的具体方法。"

③ [美]托马斯·李·哈森:《证券法》,张学安等译,中国政法大学出版社2003年版,第516页。

④ 仅2019年1月1日至5月15日,WIND资讯中关于上市公司和新三板的一致行动协议(涉及签署、续签、到期、解除)的公告多达51个。

期货法律适用意见第 1 号认为首发办法第 12 条的规定的立法本意是保持控制权的稳定性,实际控制人的认定是股票发行审核委员会的关注重点,[①]实践中如果拟上市公司的股权较为分散,可能构成上市的障碍。此外,拟上市公司的原第一大股东的股权可能随着创业投资机构的进入而不断被稀释,导致其相对持股比例下降,也有可能被认定为实际控制人的变更。在具体审核中,如果没有实际控制人,股东可能需要更长的锁定期。[②] 为此,实践中保荐人一般会让前几大股东通过签署一致行动协议的方式,满足审核要求。[③] 但是,确实存在因为后续触发要约收购义务而主动解除一致行动协议的情形。[④]

(二)规避重组上市监管

根据 2006 年《上市公司收购管理办法》第 13 条的规定,重大资产重组中涉及实际控制人变更的,则需要依据 IPO 的审核标准,如果是创业板的上市公司,实际控制人的变动本身就会成为一种法律障碍。在实践中,部分公司采取现有大股东借助一致行动协议,形式上实现控制人不变,以此规避重组上市的审核规定。以 2013 年创业板的“天瑞仪器并购宇星科技案”为例,宇星科技作价 29 亿元,按发行价每股16.01 元计算,发行数量约为 1.8 亿股,高于天瑞仪器总股本,这意味着,控制权变更与购买资产总额两项硬指标或将双双“触线”。上市公司控股股东及实际控制人刘某贵持有公司 6552 万股股份,占上市公司现有总股本的 42.57%。而重组完成后,刘某贵的持股股权则将降低为 32.33%。为保持绝对控股,刘某贵与妻子杜某某、妹妹刘某珍,以及公司总经理应某达成一致行动人,合计持股超过 8.78%。在 3 位一致行为人的协助下,刘某贵合计控制上市公司表决权比例超过 41%,超过权策管理、安雅管理、太海

---

① 中国证券监督管理委员会第十八届发审委 2019 年第 9 次会议审核拉卡拉支付公司首次公开发行的公告中,股票发行审核委员会提出了以下问题:“发行人现有股东中联想控股股份有限公司为发行人第一大股东,持股比例超过了 30%。请发行人代表说明:(1)未认定联想控股为实际控制人的原因及合理性;(2)在联想控股为财务投资人的情况下,未将第二大股东兼创始人孙陶然及其弟弟孙浩然认定为实际控制人的理由及其合理性;(3)孙陶然与戴启军等 4 个主要管理层股东是否构成一致行动人;(4)若认定无实际控制人,是否会对公司治理、管理层决策及股权的稳定性带来不利影响,如存在该不利影响,公司如何进行管理;(5)主要股东是否存在未来单独或联合谋求发行人控制权的安排和计划。请保荐代表人说明核查依据、过程,并发表明确核查意见。”

② 证监会 2019 年 3 月 25 日发布的《首发业务若干问题解答》(以下简称《首发问答》)规定:“对于发行人没有或难以认定实际控制人的,为确保发行人股权结构稳定、正常生产经营不因发行人控制权发生变化而受到影响,审核实践中,要求发行人的股东按持股比例从高到低依次承诺其所持股份自上市之日起锁定 36 个月,直至锁定股份的总数不低于发行前股份总数的 51%。”

③ 参见密尔克卫 2018 年 6 月 25 日公布的《招股说明书》中披露。

④ 参见荃银高科在 2013 年 9 月 6 日的公告,称公司的原 7 名股东因为签署一致行动协议,导致后续股份增持要履行要约收购义务,因此,决定解除一致行动协议。

联、福奥特、和熙投资5名交易对方持有上市公司的股份比例,仍为上市公司实际控制人。①

(三)巩固控制权的现实需要

由于我国《公司法》采取股东大会中心主义,因此,上市公司的股东主观上存在通过一致行动协议巩固控制权的内在需求。此外,我国《公司法》不允许设立双重表决权股,留给董事会设置反收购措施的空间较小,反收购主要倚重于股东的表决权,因此,客观上也促使了上市公司股东通过签署一致行动协议来巩固控制权。在金科股份的相关股东的一致行动协议从签署到解除反复过程中,应该最能反映巩固控制权的诉求。2011年5月金科股份借壳ST东源,因为满足要约收购豁免问题,因此,重组方签署一致行动协议构成2006年《上市公司收购管理办法》第63条第3项的豁免要求。但是公司借壳上市后,各方感觉一致行动协议对其后续的减持和信息披露产生了较大负担,因此于2014年陆续签署《一致行动解除协议》,特别是大股东黄某云与其女儿黄某诗在2014年12月12日签署《解除协议》,用协议方式解除了天然的一致行动关系。各位股东陆续减持,但2018年由于遭遇到融创的收购威胁,黄某云与其女儿黄某诗于10月28日又重新签署了《一致行动协议》,协议签署后,黄某云先生及其一致行动人持有公司总股本的29.9925%,巩固了对公司的控制权。新三板公司会有更多激励利用一致行动协议巩固控制权的情况,因为新三板公司的股东无要约收购的义务,如新三板挂牌公司雷克斯2019年3月13日发布公告称,甲方持有57%的股份,乙方持有38%的股份,二者签署一致行动协议并没有导致控制人的变动,只是为了提高经营决策效率。

## 五、建　　议

鉴于我国一致行动人概念已经出现了滥用和功能异化,与其设置初衷相悖,故提出如下建议。

(一)重构概念

我国法律和部门规章借鉴了不同国家的规定,分别采取了原则定义和规则定义

① 相关案例参见袁钰菲:《上市公司股东之间一致行动关系认定的法律问题研究》,载《证券法苑》2017年第1期。除采用一致对象协议遵守形式上控制权不变的要求外,还有通过新增股东放弃控制权以及事实上的一致行动人宣布不是一致行动人的发生实现规避借壳的监管,参见《爱使股份跨界并购游久时代》,载吴清总编,黄红元、卢文道主编:《证券法苑》(2017年第19卷),法律出版社2017年版,第203~216页。

的两种方法,我国一致行动人概念体系发生紊乱。

1. 在《证券法》中采取英国的一致行动人概念

鉴于我国的执行机制与英国更加相似,[①]建议采取英国的模式,将2006年《上市公司收购管理办法》的相关规定上升为《证券法》层面的规定,但为了便于及时补充新推定情形,建议在我国《证券法》中增加"证券监管机构可以就一致行动人具体推定情形作出规定"的授权规定。

2. 修改一致行动人的定义,不再强调表决权的构成要素

我国2006年《上市公司收购管理办法》过分强调"表决权",使一致行动协议容易被误解为就是表决权拘束协议或者股东投票协议。在实践中,签署表决权拘束协议或股东投票协议可能会导致成为一致行动人,但一致行动人概念本身是为了解决股东规避举牌义务问题的,主要针对的是代持和分散持有的问题,如果强调表决权行使,会不恰当地扩大一致行动人的认定范围。此外,无论是我国现行《证券法》,还是正在修改的《证券法(三读稿)》,我国股权收购的举牌义务已经成为世界上最严的规定。如果我们还扩张对一致行动人的认定,将会形成叠加效应,证券市场的股权收购的外部治理功能可能会被彻底摧毁。[②] 因此,应该将一致行动的定义修改为:"一致行动是指投资者通过协议、其他安排,与其他投资者共同扩大对一个上市公司控制权的行为或者事实。"如此,一些如公募基金的机构投资者虽然可能会对一些议案积极行使表决权,但因为其并不寻求控制权,而也已就不应该将不同基金管理人持有的股份作为一致行动人合并计算,则一方面可以减少机构投资者的信息披露成本,另一方面也可能培育机构投资者的积极股东主义,提升上市公司治理水平。[③]

(二)限缩适用范围,在短线交易采用权益的概念

由于在二级市场减持和短线交易过程中可能会出现投资者借用他人账户而产生真实持有和名义持有不一致的问题,因此,现有监管政策采用扩张适用一致行动人概念的方式去解决这一问题。我们认为过度扩张了一致行动人概念的适用范围,在堵住了部分规避行为的同时也增加了市场交易阻力,对整个市场效率和功能产生了负

---

① 英国的持股信息和股权收购监管的执法机关分别是FCA和专家组。

② 我国大额持股举牌问题最终需要从收购方、管理层、中小股东三个视角进行反思,而不是继续加码收购人的义务和责任。对于这一问题探讨,详见张巍:《美国的上市公司敌意收购防御及其对中国的启示》,载《证券法苑》2017年第1期。

③ 有建议借鉴美国经验,区分是否获取控制权规定不同的信息披露义务,如机构投资者和被动投资者就可以享受较为宽松的披露义务。参见项剑、丛怀挺、陈希:《股东权益变动规则重构:以控制意图和冷却期为核心》,载《证券法苑》2017年第2期。

面效应,因此,可以借鉴美国法律中的"受益所有权"概念,修改我国《证券法》第47条,不再采用持有5%以上的股东概念,而是采取拥有5%以上权益的投资者概念。

(三)出台表决权拘束协议指引,厘清其与一致行动人之间的关系

由于我国上市公司收购领域中目标公司可供采取的反收购措施的空间受限,实践中股东有利用签署表决权拘束协议巩固控制权的现实需要,但由于表决权拘束协议是一个法律问题,涉及合规性,目前不少表决权拘束协议存在合规隐患,如约定董事会的表决意向以及缺乏违约责任的约定,最终将不利于上市公司的规范运作。因此,建议证监会参照《上市公司章程指引》的做法,颁布《表决权拘束协议指引》,一方面,可规范表决权协议;另一方面,可厘清表决权拘束协议与一致行动人协议的关系。

(四)逐渐淡化实际控制人的确定问题,减少一致行动人概念的功能异化

由于我国现有一致行动人概念被误读为行使表决权方面的一致,加之监管实践中促使发行人确定实际控制人,使一致行动人概念由原本监管持股和公司收购举牌义务的功能,异化为当事人主动规避监管的工具。在目前发行审核监管过程中已经发生了积极的变化,如《首发问答》以及上海证券交易所发布的《科创板发行上市审核问答》都已明确一致行动协议并不是确定实际控制人的唯一标准。[①] 未来随着注册制改革的不断推进,为了深入贯彻注册制理念,[②]应逐渐淡化对实际控制人认定,将其逐渐还原为一个事实问题,即发行人需要完整、准确披露相关事实,但无须外部律师和保荐人确定实际控制人问题,这可以在很大程度上减少一致行动人功能的异化。

① 《首发问答》第9条规定:"法定或约定形成的一致行动关系并不必然导致多人共同拥有公司控制权的情况,不应为扩大履行实际控制人义务的主体范围或满足发行条件而做出违背事实的认定。通过一致行动协议主张共同控制的,无合理理由的(如第一大股东为纯财务投资人),一般不能排除第一大股东为共同控制人。实际控制人的配偶、直系亲属,如其持有公司股份达到5%以上或者虽未超过5%但是担任公司董事、高级管理人员并在公司经营决策中发挥重要作用,除非有相反证据,原则上应认定为共同实际控制人。"

② 参见清澄君:《注册制是一致制度,更是一种理念》,载微信公众号"比较公司治理"2019年3月2日。

# 论中国敌意收购法律法规的完善

唐林垚*

**摘　要**：由《公司法》《证券法》《上市公司收购管理办法》和合而成的预防性立法，长期无法为中国敌意收购争端提供有效的制度供给和清晰的问题解释，造成字面上"股东会中心主义"法律法规在实践中的适用倒错。列举范式无力法典化董事会信义义务的广阔内涵，毋宁以严格无漏洞的董事会中立规则取而代之，辅以全面强制要约收购规则以彰显对目标公司少数股东保护之周全。

**关键词**：敌意收购　信义义务　股东会中心主义　董事会中立规则　强制要约收购规则

上市公司控制权争夺，是世界各国公司治理演变中的一个共同话题。敌意收购及其背后的资本力量，在创造财富转移之际也带来了新的风险和问题。域外经验表明，敌意收购规制不外乎在创造财富的效率与规避风险的公平之间寻找最佳平衡。①

从1993年第一起公司控制权争夺"宝延风波"至今，中国敌意收购已经走过26年的历史。不可否认，在这26年的监管历程中，从单纯照搬国外证券市场监管措施到结合英美收购制度起草《上市公司收购管理办法》，中国证券市场呈现出"螺旋式递进"的态势。本文从认知主义的立场出发，主张现实问题的有解性，试图通过对复杂法律法规的梳理，为敌意收购领域司法实践及特定裁判提出见解，以强化敌意收购领域司法审判的可预见性及法律稳定性。

---

* 中国社会科学院法学研究所助理研究员，博士后。

本文系中国博士后科学基金资助项目阶段性成果，资助编号：2019M650947。

① See Linyao Tang, "Power Allocation in Hostile Takeover Regulation: Rethinking Chinese Fiduciary Duty, Board Neutrality Rule and Shareholder Rights", *Tohoku Law Review* 47, 2017, p. 115.

## 一、问题的起源及背景

在2006年股权分置改革完成后,中国A股市场实现了上市公司所有股份的"全流通"。虽然还有很大一部分限售股因为各种原因尚未解禁,但是各大上市公司的控股股东及大股东因为不同原因逐步减持手中股份,让中国上市公司股权逐步分散。① 一般而言,敌意收购在股权分散的资本市场中更容易产生,因此也必然将成为中国A股市场上的常态,《上市公司收购管理办法》应运而生。

综观《上市公司收购管理办法》颁布后的监管变化,虽然历经数次修订,但是并没有解决利益群体对敌意收购法律的变革需求,监管部门的规则供给也完全没有实现预期目标。② 近5年中国上市公司控制权争夺呈现爆发态势,除饱受关注的"万宝之争"之外,"宝银系"举牌新华百货、"宝能系"举牌南玻A、"宝能系"举牌格力电器、胡氏兄弟举牌西藏旅游、京基集团举牌康达尔、开南系举牌ST新梅、浙民投天弘举牌ST生化等近年来集中爆发的敌意收购实践,预示着上市公司控制权争夺在中国资本市场上拉开帷幕。究其原因,在于:第一,股权分置改革以及限售股的逐年解禁,令中国上市公司股权结构日益分散;第二,证券发行制度改革在摸索中前行,上市公司控制权价值凸显;第三,保险资金入市限制松绑,互联网融资渠道发展迅猛,充足的资金加持初具规模的机构投资者;第四,股票市场长期萎靡不振,上市公司市值长期处在低位。敌意收购频发,也引发了实务界及学术界关于敌意收购规制与监管改革的讨论:中国敌意收购法律法规,究竟应该以董事会的商业判断至上、施行严厉监管以维护公司内部稳定、推动实体经济良性发展、防止利用金融杠杆的金融巨鳄肆意妄为,抑或应当强调股东合法权益不可侵犯并放松政府监管、听任收购人撤换不效率的管理层、尊重市场和资本的力量?

在半市场经济条件下,曾一度广泛借鉴欧美立法体例的中国敌意收购规制逐渐自成体系,在实践中形成了函矢相攻、适用倒错的路径依赖。一方面,中国目前针对敌意收购的规则囊括了强制要约、行政审批、提前披露、资金担保等诸多加重收购者负担的措施。在这样的制度环境中,"野蛮人"要杀出一条血路来挑战上市公司的现

① See Robin Hui Huang, "Private enforcement of securities law in China: a ten-year retrospective and empirical assessment," *American Journal of Comparative Law* 61.4, 2013, pp. 757 – 758.

② 参见唐林垚:《国情与惯例的结合:我国上市公司之收购、要约及豁免》,载《经济法论坛》2017年第2期。

有管理层还真要有一番能耐。因此,很多敌意收购人在上市公司控制权争夺过程中不断尝试突破收购法规的约束,不断试探违规时行政监管方的反应。[①] 例如,敌意收购人增持股份之际,已经习惯于同其一致行动人合并发力,利用各种手段突破和规避披露红线及"慢走规则"。另一方面,被收购人该如何应对来自"野蛮人"的挑战,也没有确定的路径可循,很多看似完善的硬性法律被收购人巧妙规避或突破,而当事人和法院都难以找到确凿无疑的法律依据和评判准绳对收购人的行为定性。鉴于此,目标公司内部人不得不利用自身的信息优势和权力优势,通过在公司章程中置入反收购条款的方式建立防御网,巩固自身控制权。现行法律法规无法为敌意收购僵局和冲突提供清晰的司法回应和有效的解决路径,加之《上市公司收购管理办法》文字过于晦涩,几乎所有的敌意收购争端都以监管部门(直接或不直接)的介入收场。

那么,到底是哪些法律和制度设计限定了敌意收购和反敌意收购在中国资本市场的开展和进行呢?目前已经初具中国特色的敌意收购规制,还需要进行哪些法律配套制度的改进,才能为资本市场中博弈的各方提供公平、公正且清晰、明确的游戏规则?

## 二、中国敌意收购法律法规梳理

我国《证券法》在 2005 年修订后,确立了中国证券行业监管以行政监督为主、自律监管为辅的监管体制。即中国证监会为监管核心,辅之以证券交易所和证券业协会有限的自律监管。[②] 就理论上而言,在收购领域,中国证监会具有排他性的监管权利,不过,法院也不同程度地参与到敌意收购的争端解决中。2005 年以来,证监会逐渐降低了收购活动规制的行政干预,消除了部分行政审批要求并下放一定的规制权力给证券交易所。2006 年,中国证监会组成了一个专门解决收购相关事务的特别委员会——上市公司并购重组审核委员会。这个委员会主要由金融和法律专家组成,以按时计酬制任命,其主要功能是深入研究和探讨收购中的争议,并向中国证监会提供关于收购规制的专业意见。

除了证监会的行政规制,敌意收购活动主要受我国《公司法》《证券法》《上市公司收购管理办法》等法律法规的约束和建议。

---

① 参见傅穹:《敌意收购的法律立场》,载《中国法学》2017 年第 3 期。

② 我国《证券法》第 7 条、第 8 条。

（一）我国《公司法》

我国《公司法》在收购监管中有着重要作用，因为我国《公司法》决定了股东会和董事会之间的权力分配。公司控制权转移，本质上属于“公司重大事项”，因此，厘清股东会和董事会谁应具有在敌意收购中采取防御措施的实质权利至关重要。

1. 股东会中心主义的字面立法

我国《公司法》规定，股东会是公司的权力机构，公司股东会也因此被赋予了修改公司章程、行使决定公司的投资计划及经营方针，审议并批准董事会和监事会的报告、更换及选举非由职工代表担任的监事和董事，审议并批准公司的利润分配方案和年度财务预算方案，对公司清算、解散、分立、合并等事项作出决议，对发行公司债券和改变（减少或增加）注册资本作出决议等职权。[①] 从职权内容来看，中国公司治理是偏向“股东会中心主义”的，股东会是公司重大事项的决策机构。

与之相对应的是，董事会在我国《公司法》上的角色定位主要是“对股东会负责”，其职权主要包括制定公司内部基本管理制度、决定解聘或聘任公司财务负责人和经理、召集股东（代表）大会并报告工作、决定公司的投资方案及经营计划、执行股东会的决议和计划、制定公司的利润分配方案和年度财务预算方案、制定清算解散分立合并等事项的方案、制定公司发行公司债券及减少或增加注册资本的方案以及决定和调整公司内部管理机构的构成等职权。[②] 从字面上来看，董事会的主要职权始于建议权，终于决策权——为公司重大事项制定方案，报股东会审批后，再执行股东会的决议。

收购中防御手段的采用，无论是通过修改公司章程的方式来设置前置性防御手段，还是在事后采取发行新股、寻求“白衣骑士”、回购股份等措施，本质上都涉及公司重大事项。因此，防御手段的采用，同其他公司重大事项一样，均应当由董事会制定方案，报股东大会决议，决议通过后再由董事会执行。从这一点出发，股东大会对敌意收购防御手段的采用具有最高决定权，董事会不应在得到股东大会授权前私自采取任何防御手段。

2. 有限的投票杠杆机制

除了决定股东会和董事会权力分配的上述规定外，我国《公司法》还有诸多强制规定，禁止特定防御手段的使用。例如，我国《公司法》明确规定，股东出席股东大会

---

① 我国《公司法》第98条、第37条。

② 我国《公司法》第46条。

会议,所持每一股份有一表决权。股东大会选举监事、董事等公司核心人员,要么依照股东大会的决议,要么依照公司章程的规定,采取累积投票制。① 显而易见,一股一投票权的强制规定直接禁止了中国上市公司采用"双重股权结构"以及各类放大股票投票权的杠杆机制。不过,在实践中,通过金字塔层层控股以及循环持股等手段,公司内部人仍然可以达到少数股权控股结构的效果。

3."毒丸"的禁止

股份的发行,必须严格遵守公平、公正的原则,相同类型的每一股份应当享有同等权利——同类股份权利相等、同批股份价格相等。② "同股同权"的严格规定禁止任何具有"区别对待"性质的股票的发行。因此,中国上市公司董事会在敌意收购中无法采取"毒丸计划"等防御手段。

4.股份回购的限制

股份回购,理论上也是可行的反收购防御手段之一,其实质是利用公司资本同收购人竞逐公司股票。然而,我国《公司法》严格限定了公司回购股份的情形,使公司董事会通过股份回购防御敌意收购困难重重。可以说,通过回购公司股票来减少公司注册资本,是最吃力又不讨好的防御方式。因为首先,公司董事会必须报股东会决议通过、编制资产负债表及财产清单,还必须履行通知债权人的手续,在经历至少30日的公告期间后才能进行股份回购。更重要的是,回购的公司股份必须在10日内注销,股票总数的减少,反而可能会放大收购人所持公司股份的比例。而公司回购股份奖励给本公司员工,又不得超过已发行股份总额5%的上限。③

(二)我国《证券法》

我国《证券法》详细规定了协议收购及要约收购的程序,对收购人信息公开提出了明确要求,同时兼顾股东平等对待规则。

1.信息披露义务以及"慢走规则"

我国《证券法》在第三章"证券交易"中,禁止内幕交易、操纵市场、虚假陈述以及诈骗等行为。我国《证券法》中法定的上市公司收购方式包括协议收购、要约收购以及其他合法方式收购。④ 无论是通过何种方式收购上市公司股份,都必须严格满足《证券法》规定的信息披露义务以及"慢走规则"。当收购人及其一致行动人持有或

① 我国《公司法》第103条、第105条。
② 我国《公司法》第126条。
③ 我国《公司法》第142条。
④ 我国《证券法》第85条。

者通过协议收购或者其他安排的方式获得5%目标公司已发行的股份时，须在3日之内，向上市的证券交易所和国务院证券监督管理机构提交书面报告并通知该目标公司，同时予以公告；在通知和报告的期限内，不能继续买卖该目标公司的股票。此后，但凡收购人所持该目标公司已发行的股份减少或增加5%，都必须按照前款规定履行法定报告和公告义务。并且，在上述期限以及作出报告、公告后48小时内，不能继续买卖该上市公司的股票。[①]《上市公司收购管理办法》依照我国《证券法》第86条规定，重复了收购人在收购中必须遵守的信息披露义务。[②] 在此基础上，分别就收购人获得目标公司股份低于20%以及超过20%情形分别提交简式权益变动报告书和详式权益变动报告书的内容和格式作出详细规定。[③]《上市公司收购管理办法》还同时规定了违反信息披露义务的后果，具有信息披露义务的收购人在改正违法行为前"不得对其持有或者实际支配的股份行使表决权。"[④]

2. 强制要约收购规则

我国《证券法》规定了强制要约收购规则。当协议收购或其他收购人式获得目标公司30%股份后，收购人拟进一步增持目标公司股份的，就必须向目标公司全体股东发出收购要约。[⑤] 我国《证券法》并没有规定强制要约收购的豁免规则；而《上市公司收购管理办法》弥补了这一缺陷，为要约收购的豁免规定了一系列情形，包括在同一实际人控制的不同主体之间转让股份、困难企业的重组等。[⑥]

3. 要约收购程序规范及股份转让限制

为了防止胁迫式要约，我国《证券法》规定了固定的要约期间，以及要约撤销禁止，同时，股东平等对待原则已经渗透要约收购规则的方方面面。首先，收购要约中要约发起人约定的收购期限最短不得少于30日，最长不能超过60日。[⑦] 其次，在上述承诺期限内，收购人严格禁止撤销其收购要约。再次，收购人如果需要变更要约内容，哪怕是极细微的改动，也必须立刻公告，并详细载明变更事项。[⑧] 最后，收购要约提出的各项收购条件，适用于被收购公司的所有股东。[⑨]

---

① 我国《证券法》第86条。

② 《上市公司收购管理办法》第13条。

③ 《上市公司收购管理办法》第14条、第16条、第17条。

④ 《上市公司收购管理办法》第75条。

⑤ 《上市公司收购管理办法》第88条、第96条。

⑥ 《上市公司收购管理办法》第62条。

⑦ 我国《证券法》第90条。

⑧ 我国《证券法》第91条。

⑨ 我国《证券法》第92条。

为了防止绿邮诈骗以及拆卸套利,我国《证券法》禁止收购人在收购完成后12个月内转让所获取的目标公司股票。① 另外,我国《证券法》规定了一系列股份转让限制,主要针对5%以上的持股者,以限制上市公司中大型股东、高级管理人员、董事及监事在收购中踩准时间节点,大量、反复买卖目标公司股票以牟取暴利等行为。②

4. 发行新股的业绩回顾要求及行政审批程序

发行新股,本是欧美各国最常见的敌意收购防御手段,但我国《证券法》对发行新股有着近乎苛刻的规定。这些规定使中国上市公司董事会不能随心所欲发行股份。

我国《证券法》中各项业绩回顾要求使管理层完全不可能通过发行新股的手段来防御敌意收购。③ 当收购人对目标公司发起攻击时,往往目标公司的股票价格处在低谷,而发行新股要求目标公司"具有持续盈利能力,财务状况良好",这些条件在目标公司股票低迷不振时难以满足。同时,发行新股募集到的资金还必须严格按照招股说明书中罗列的用途使用。因此,目标公司发行新股必须有"正当目的"。即使上述条件均被满足,上市公司发行新股还必须经过一系列行政审核手续,首先是中国证监会股票发行审核委员会的实质审查,然后是中国证监会的二次核准。虽然该过程会历经不超过"三个月"的时间,但最终能否获得批准不以当事人意志为转移。④

我国《证券法》并没有对收购中目标公司董事会可以采取的防御手段等进行列举式规定,也没有规定董事会在采取防御手段时应当履行的信义义务。在中国,董事会信义义务的真空只能留给和收购相关的实体法律进行填补。我国《证券法》规定,国务院证券监督管理机构应在我国《证券法》的原则下,制定和推行上市公司收购的具体措施和方法,⑤依照这条规定,中国证监会颁布了《上市公司收购管理办法》。

(三)《上市公司收购管理办法》

《上市公司收购管理办法》是目前规范上市公司收购活动的核心规则。

1. 不严格的董事会中立规则

从字面上来看,《上市公司收购管理办法》倾向于限制董事会在敌意收购中采取防御手段:"收购人作出提示性公告后至要约收购完成前,被收购公司除继续从事正常的经营活动或者执行股东大会已经作出的决议外,未经股东大会批准,被收购公司

① 我国《证券法》第98条。
② 我国《证券法》第47条。
③ 我国《证券法》第13条。
④ 我国《证券法》第22条、第24条。
⑤ 我国《证券法》第101条。

董事会不得通过处置公司资产、对外投资、调整公司主要业务、担保、贷款等方式,对公司的资产、负债、权益或者经营成果造成重大影响。”①

2. 由忠实义务和勤勉义务构成的信义义务

敌意收购中董事会行为的限制,还体现在《上市公司收购管理办法》对董事会信义义务的相关规定:“被收购公司的董事、监事、高级管理人员对公司负有忠实义务和勤勉义务,应当公平对待收购本公司的所有收购人。被收购公司董事会针对收购所做出的决策及采取的措施,应当有利于维护公司及其股东的利益,不得滥用职权对收购设置不适当的障碍,不得利用公司资源向收购人提供任何形式的财务资助,不得损害公司及其股东的合法权益。”②

从上述条款不难看出,中国上市公司董事会在敌意收购中应当遵守的信义义务被划分为忠实义务和勤勉义务。这同英美信义义务的理念相一致:1742 年,英国哈德威克伯爵大法官在慈善有限公司诉萨顿案的判决中指出,公司委员会(董事会)是公司股东的受托人和代理人,应该“忠诚”和“理性勤奋”地履行自己的职责。③

《公司法》通过一系列禁止性规定,反向规定了忠实义务的具体要求,包括不得收受贿赂、不得侵占公司财产、不得挪用公司资金、不得未经股东会同意将公司资金借贷给他人或为他人提供担保、不得进行自利交易、不得违反保密义务以及竞业禁止等。④ 违反忠实义务的后果是“所得的收入归公司所有”。⑤ 然而,《公司法》中并没有明确定义勤勉义务的内涵,在《上市公司收购管理办法》中,也找不到相应规定。好在《上市公司章程指引》对勤勉义务的内涵给出了详细建议,包括不越权行使职责、公平对待公司股东、不妨碍监管层行使职权等内容。⑥《上市公司章程指引》还特别允许上市公司可以根据自身情况,在章程中增加对本公司董事勤勉义务的要求。⑦

## 三、现行法律法规的反思与完善

从法律的实质内容来看,中国敌意收购现行法律法规同时借鉴了美国、英国以及

---

① 《上市公司收购管理办法》第 33 条。

② 《上市公司收购管理办法》第 8 条。

③ *The Charitable Corporation v Sutton*, (1742) 26 ER 642.

④ 我国《公司法》第 147 条、第 148 条。

⑤ 我国《公司法》第 148 条。

⑥ 《上市公司章程指引》第 98 条。

⑦ 《上市公司章程指引》第 98 条。

欧盟的相关法律法规。

### (一)全而不精的预防性立法

第一,同英国《公司法》及英国《城市收购及合并守则》的精神相一致,我国《公司法》体现出较强的"股东会中心主义"特征,股东大会是公司的权力机构。理论上,公司重大事项必须经股东大会决议后,董事会方能执行。第二,同英国和欧洲的实践相类似,我国《公司法》和《证券法》的诸多规定,直接禁止了很多敌意收购防御手段的使用,例如毒丸等。第三,在要约收购的规制及投资者保护上,我国《证券法》同美国《证券交易法案》非常相似,广泛禁止内幕交易、操纵市场、虚假陈述、胁迫式要约、绿邮诈骗以及拆卸式套利,并详细规定了投资人和收购方的信息披露义务及"慢走规则"。第四,同美国特拉华州法院一样,中国法律尤其关注董事会在敌意收购中的信义义务。第五,在英国《城市收购及合并守则》和《欧盟收购指令》的基础上,我国《证券法》发展出了具有中国特色的强制要约收购规则以及不严格的、漏洞重重的董事会中立规则。

然而,这个看似无所不包、统筹兼顾的预防性立法,在面对资本市场收购与上市公司控制权纷争的现实问题时,却无法提供有效的制度供给和清晰的问题解释,在敌意收购中公司重大事项的决策以及要约收购的价值判定,究竟应该尊重董事会和管理层的商业判断,还是严格坚守公司与股东利益最大化的原则?上市公司少数股东与公司债权人和利益相关者的权益孰轻孰重?目标公司收购防御手段的采取,应当交由董事会进行商业判断,还是留给股东大会进行表决?在面临敌意收购争端时,中国证监会和法院到底谁说了算?目标公司章程中的反收购条款的合法性应当如何界定?事实表明,现行敌意收购相关规定漏洞重重,甚至相互矛盾,为市场带来了不确定性。

### (二)股东会中心主义在实践中的虚化

从字面上来看,我国《公司法》奉行股东会中心主义,认为公司是股东投资的产物,赋予其公司重大事项的最终决策权。然而,在股份有限公司尤其是上市公司中,由于众多中小散户(小股东)完全不参与公司治理,上市公司管理层或大股东实际上是公司重大事项的最终决策人。董事会、管理层同股东会之间的代理问题是如此严重,以至于我国《公司法》上的相关规定在实践中造成股东会中心主义的虚化。

在敌意收购防御手段等事项决策上,股东会大权旁落最为明显。在中国,反收购防御手段的方案,几乎都是由董事会"代为提出",股东会一直深受信息不对称之害,往往可能会就对自己可能不利的方案也投以赞成票。为了在“事前”遏制敌意收购的发生，巩固自身对上市公司的控制权，中国上市公司董事会纷纷在各自的上市公司章程中置入反收购条款。在“万宝之争”发生后不到两年的时间内，超过 600 家 A 股上市公司章程中增设了反收购条款。[①] 很多上市公司章程中的反收购条款，本质上是以牺牲全体股东的利益为代价，给敌意收购人股东套上枷锁、设置不正当障碍。诸多限制股东决策自由、损害被收购公司股东权益的条款本身是对《公司法》《证券法》《上市公司收购管理办法》赤裸裸地违反，在股东大会上却得以顺利通过。

股东会中心主义的虚化在事后防御手段的采用上，也同样明显。在多起敌意收购争端中，董事会采取防御手段既未事先获得股东大会的授权，也不寻求股东大会的事后追认。法律界专家学者屡屡在敌意收购的争端中出现，论证反收购条款以及事后防御措施的合法性，[②]这从侧面展现出相关法律法规的不完善。停牌在备受关注的“万宝之争”中成为万科防御宝能敌意收购的撒手锏。“万宝之争”的最终落幕，并不是敌意收购对垒双方通过规则较量后分出高下，而是源于时任中国证监会主席刘士余公开表态斥责“野蛮人强盗式收购”。[③] 两个月之后，原中国保监会对“宝能系”及姚振华给予了顶格处罚。行政干预平息敌意收购争端展现出中国敌意收购规制的一个非常重要，但又长期悬而未决的问题，即在敌意收购争端中，到底应该谁说了算；监管部门和法院的分工与职权，至今尚未明晰。以往的敌意收购案例还暴露出一个重要问题，中国证监会对不履行信息披露义务的收购人采取的惩处措施过轻——一般以轻微罚款了事，而且不限制违法所得股份的表决权。[④]

（三）宽泛的信义义务规则

中国法律通过一系列正向和反向规定，试图界定上市公司董事会信义义务的内涵。但是，《公司法》和《上市公司收购管理办法》中关于上市董事会信义义务的规定过于宽泛和笼统。

《上市公司收购管理办法》第 8 条规定：“被收购公司的董事、监事、高级管理人员

---

① 参见周芬棉：《600 多家公司修章程引入反收购条款》，载《法制日报》2017 年 5 月 25 日，第 6 版。

② 例如，2016 年 7 月，北京市竞天公诚律师事务所会同北京大学企业与公司法研究中心邀请国内包括江平、崔建远、孙宪忠、陈甦、赵旭东、施天涛在内的 13 位权威法学专家，召开了“万科股权争议论证会”，就 2016 年 6 月董事会决议效力、一致行动人等相关法律问题进行了研讨。1998 年 7 月，大港石油和爱使公司分别约请有关专家、学者对爱使公司董事会面临大港石油敌意收购时在公司章程中置入反收购防御条款的合法性进行论证，双方莫衷一是。

③ 参见傅克友：《刘士余痛批“野蛮收购”痛在何处》，载《每日经济新闻》2016 年 12 月 5 日，第 5 版。

④ 例如，1993 年宝安集团敌意收购延中实业时不履行信息披露义务违规增持股份，最终以证监会 100 万元行政罚款了事；2017 年，胡氏兄弟违反信息披露义务违规增持西藏旅游股份，安徽证监局分别对胡彪、胡波兄弟给予警告，并分别处以 50 万元和 40 万元的罚款。

对公司负有忠实义务和勤勉义务,应当公平对待收购本公司的所有收购人。"《公司法》通过一系列禁止性规定定义了忠实义务,而《上市公司章程指引》对勤勉义务的定义给出了建议。

虽然在法律文本中篇幅宏大,但是这些法律法规和建议依然无法清晰阐释董事会信义义务的内涵,对法律从业者而言依旧含混不清。[①]《上市公司收购管理办法》第8条语言本身就非常笼统,规定董事会"应当公平对待收购本公司的所有收购人",应当"维护公司及其股东的利益",应当不得"滥用职权对收购设置不适当障碍",应当不"损害公司及其股东的合法权益"。在敌意收购中,董事会行为的公平与否如何界定?公司和股东合法权益的实质内涵到底是什么?哪些障碍算得上是"适当的障碍"?这些问题的解答,有助于消除中国公司控制权交易市场上的不确定性,却缺乏相关的司法解释及判例指导作为回应。

在中国的实践中,尽管敌意收购至今在一定程度上被认为是不道德的,但绝大多数董事会、管理层采取的防御手段也由于各种各样的原因颇具争议。立法者要对信义义务的内涵作出准确解释和判断,需要以大量的本地判例为基础,需要以积年累月的实践为代价,在短期难以实现。

从美国的实践来看,厘清上市公司董事会、管理层在敌意收购中的信义义务从来就不简单。在1829年"珀西对米劳顿案"中,法院意识到"采取一项错误策略导致公司受损,如此项错误系谨慎之人也可能犯下此错误者,不能因此要求董事负责"。[②]1926年,特拉华州法院在"波戴尔诉通用气电公司案"中指出,董事会行使职权只要满足信义义务的要求就不必对公司经济损失承担责任。[③] 1931年"科尔诉国家信贷协会案"确立了"判断董事会是否履行信义义务的关键是董事会是否在履行职责时怀抱'诚实'和'善意'。"[④]1988年格罗"保对匹罗特案"最终形成商业判断规则完整的判定标准,要求董事在行使职权时必须:(1)秉诚行事;(2)为公司的最佳利益考虑;(3)在调查了解的基础上行使职权;(4)不浪费公司资源;(5)忠诚无私。[⑤]

董事会信义义务的内涵,在一系列敌意收购判例中得以扩张和限缩。在1985年

---

① 参见罗培新、李剑、赵颖洁:《我国公司高管勤勉义务之司法裁量的实证分析》,载张育军、徐明主编:《证券法苑》(第3卷)(七),法律出版社2010年版,第372~407页。

② *Percy v. Millaudon*,8 *Mart*. (N. S. )68.

③ *Bodell v. Gen. Gas &Elec. Corp.* ,132 A. 442(Del. Ch. 1926),aff'd,140 A. 264(Del. 1927).

④ *Cole v. National Cash Credit Association*,156 A. 183,188(Del. Ch. 1931).

⑤ *Grobow v. Perot*,539 A. 2d 180(Del. ,1988).

的“优尼科对美萨石油案”中，特拉华州法院意识到，在敌意收购中，公司董事会必然面对利益冲突——因为收购方极有可能在收购成功后取代公司董事会和管理层，此时，公司董事会的利益和公司利益并不一致。鉴于此，在商业判断规则适用之前，法院预置了考察董事会行为的优尼科测试：首先，董事会必须证明，有充足的理由相信，收购人收购目标公司将对公司的长期政策和利益造成损害；其次，董事会必须证明，其所采取的防御手段以受到的威胁为限。① 1986 年的“露华浓对麦克·安德鲁斯、福布斯控股案”为目标公司董事会面对敌意收购时防御手段的使用划定了边界，建立了乌尼坎规则——当目标公司的出售已经不可避免，或者已经开始进行之后，董事会的义务从保护或者维持公司运行转换成为股东争取最高出售价格。② 1989 年“派拉蒙通信公司诉时代公司案”，特拉华州法院扩张了董事会在敌意收购中采取防御手段的空间，即使公司已经不可避免地将被出售，董事会也可以出于对股东、债权人、顾客、员工、社区甚至公司文化存续的考虑而采取合理防御手段。③ 1994 年“派拉蒙公司对 QVC 电视公司案”阐明了露华浓义务触发的条件是当“公司控制权将发生实际转移时”，并在一定程度上限缩了董事会采取防御手段的自由裁量权——与第三方签订有合并协议，并不是采取防御手段的合理理由。④ 1994 年“乌尼坎公司对美国通用公司案”在优尼科测试的基础上，建立了乌尼坎标准，进一步限缩了敌意收购中防御手段的使用：董事会采取的防御手段不能“苛刻”，不能排除股东通过正常投票代理权争夺获得公司控制权的权利，同时，不能对股东群体造成胁迫。⑤

诚然，这一系列判例的内涵可以通过文字的方式进行概括，但是，法院审判的灵活性和周全性却是不可替代的。以优尼科测试、露华浓规则和乌尼坎标准为核心的法院审判，对信义义务的界定明显更灵活准确，因为法院可以根据现实情况以变应变。信义义务的内涵过于复杂，本身应该一案一议，因此死板的法律规定必然过于宽泛，徒增敌意收购中的不确定性。特拉华州法院在积年累月的判决中形成了尊重董事会商业判断的法律环境，这至少为美国上市公司董事会采取防御手段提供了信心和决心。

---

① *Unocal v. Mesa Petroleum Co.*, 493 A. 2d 946 (Del. 1985).

② *Revlon, Inc. v. MacAndrews & Forbes Holdings, Inc.*, 506 A. 2d 173 (Del. 1986).

③ *Paramount Communications, Inc. v. Time Incorporated*, Fed Sec L Rep (CCH) 94,514; affd 571 A. 2d 1140 (Del. 1989).

④ *Paramount Communications, Inc. v. QVC Network, Inc.*, 637 A. 2d 34 (Del. 1994).

⑤ *Unitrin, Inc. v. American General Corp.*, 651 A. 2d 1361 (Del. 1995).

从美国的实践来看,厘清上市公司董事会、管理层在敌意收购中的信义义务从来就不简单。在1829年"珀西对米劳顿案"中,法院意识到"采取一项错误策略导致公司受损,如此项错误系谨慎之人也可能犯下此错误者,不能因此要求董事负责"。[①] 1926年,特拉华州法院在"波戴尔诉通用气电公司案"中指出,董事会行使职权只要满足信义义务的要求就不必对公司经济损失承担责任。[②] 1931年"科尔诉国家信贷协会案"确立了"判断董事会是否履行信义义务的关键是董事会是否在履行职责时怀抱'诚实'和'善意'。"[③]1988年"格罗保对匹罗特案"最终形成商业判断规则完整的判定标准,要求董事在行使职权时必须:(1)秉诚行事;(2)为公司的最佳利益考虑;(3)在调查了解的基础上行使职权;(4)不浪费公司资源;(5)忠诚无私。[④]

董事会信义义务的内涵,在一系列敌意收购判例中得以扩张和限缩。在1985年的"优尼科对美萨石油案"中,特拉华州法院意识到,在敌意收购中,公司董事会必然面对利益冲突——因为收购方极有可能在收购成功后取代公司董事会和管理层,此时,公司董事会的利益和公司利益并不一致。鉴于此,在商业判断规则适用之前,法院预置了考察董事会行为的优尼科测试:第一,董事会必须证明,有充足的理由相信,收购人收购目标公司将对公司的长期政策和利益造成损害;第二,董事会必须证明,其所采取的防御手段以受到的威胁为限。[⑤] 1986年的"露华浓对麦克·安德鲁斯、福布斯控股案"为目标公司董事会面对敌意收购时防御手段的使用划定了边界,建立了乌尼坎规则——当目标公司的出售已经不可避免,或者已经开始进行之后,董事会的义务从保护或者维持公司运行转换成为股东争取最高出售价格。[⑥] 1989年"派拉蒙通信公司诉时代公司案",特拉华州法院扩张了董事会在敌意收购中采取防御手段的空间,即使公司已经不可避免地将被出售,董事会也可以出于对股东、债权人、顾客、员工、社区甚至公司文化存续的考虑而采取合理防御手段。[⑦] 1994年"派拉蒙公司对QVC电视公司案"阐明了露华浓义务触发的条件是当"公司控制权将发生实际转移时",并在一定程度上限缩了董事会采取防御手段的自由裁量权——与第三方签订有

---

① *Percy v. Millaudon*, 8 *Mart*. (N. S.) 68.

② *Bodell v. Gen. Gas &Elec. Corp.*, 132 A. 442 (Del. Ch. 1926), aff'd, 140 A. 264 (Del. 1927).

③ *Cole v. National Cash Credit Association*, 156 A. 183, 188 (Del. Ch. 1931).

④ *Grobow v. Perot*, 539 A. 2d 180 (Del., 1988).

⑤ *Unocal v. Mesa Petroleum Co.*, 493 A. 2d 946 (Del. 1985).

⑥ *Revlon, Inc. v. MacAndrews & Forbes Holdings, Inc.*, 506 A. 2d 173 (Del. 1986).

⑦ *Paramount Communications, Inc. v. Time Incorporated*, Fed Sec L Rep (CCH) 94, 514; affd 571 A. 2d 1140 (Del. 1989).

合并协议,并不是采取防御手段的合理理由。[①] 1994年"乌尼坎公司对美国通用公司案"在优尼科测试的基础上,建立了乌尼坎标准,进一步限缩了敌意收购中防御手段的使用:董事会采取的防御手段不能"苛刻",不能排除股东通过正常投票代理权争夺获得公司控制权的权利,同时,不能对股东群体造成胁迫。[②]

诚然,这一系列判例的内涵可以通过文字的方式进行概括,但是,法院审判的灵活性和周全性却是不可替代的。以优尼科测试、露华浓规则和乌尼坎标准为核心的法院审判,对信义义务的界定明显更灵活准确,因为法院可以根据现实情况以变应变。信义义务的内涵过于复杂,本身应该一案一议,因此死板的法律规定必然过于宽泛,徒增敌意收购中的不确定性。特拉华州法院在积年累月的判决中形成了尊重董事会商业判断的法律环境,这至少为美国上市公司董事会采取防御手段提供了信心和决心。

(四)漏洞百出的董事会中立规则

董事会中立规则,最早出现于英国《城市收购及合并守则》,之后被照搬进《欧盟收购指令》中。董事会中立规则的实质,是让董事会在敌意收购中保持中立,未经股东会授权不得采取任何事后防御手段。例如,《欧盟收购指令》第9条规定:"董事会一旦得知要约收购的存在,除非获得股东大会的明确授权,董事会除了寻找潜在的另外要约收购方以外,不得采取任何有可能挫败收购的行动或发行任何可能为收购人的收购行为制造障碍的股份。"[③]没有股东大会的批准和明确授权,几乎所有事后防御手段,包括"毒丸计划"、股份回购、发行新股等,都视为对董事会中立规则的违反。

《上市公司收购管理办法》第33条是一个不严格、不周全的董事会中立规则。该条款虽然试图明确董事会在收购中的义务,但是对董事会行为的限制却非常笼统、模糊。首先,第33条适用的时间段是"收购人作出提示性公告后至要约收购完成前",这意味着该法条只适用于收购要约发生后的董事会行为,对敌意收购的事前防御并不适用。其次,"……董事会不得……对公司的资产、负债、权益或者经营成果造成重大影响",意味着本法条只约束可能造成重大影响的防御手段。所以,只要董事会采取的防御手段是在要约收购发生之前,或者不对公司的经营成果、权益、负债、资产造成重大影响,那么就不需要征求股东大会的批准。

---

① *Paramount Communications, Inc. v. QVC Network, Inc.*, 637 A. 2d 34 (Del. 1994).

② *Unitrin, Inc. v. American General Corp.*, 651 A. 2d 1361 (Del. 1995).

③ Council Directive 2004/25, Art. 9, 2004 O. J. (L142) 8 (EC).

不完善的董事会中立规则虽然在字面上禁止董事会在敌意收购中采取防御手段,却在实践中为董事会规避股东会批准采取防御手段提供了依据。列举范式无力法典化董事会信义义务的广阔内涵,毋宁以严格无漏洞的董事会中立规则取而代之。立法者可以参考《欧盟收购指令》的立法本意,结合中国国情,建立严格的董事会中立规则,如“未经股东大会批准,董事会在敌意收购中一律不得采取任何防御手段”。在该规则之后,立法者可以根据中国资本市场的实际情况,补充允许采取防御手段的例外情形。

《上市公司收购管理办法》第33条:通过对禁止采取的防御手段进行列举式概括,却反而让董事会在列举情形之外有机可乘——法律漏洞由此产生。在未来的敌意收购法律中,董事会严守中立、在收购中保持克制的规定应该是一概适用、默认适用的,应仅对董事会可以采取防御手段的例外情形进行详细的列举式规定。

(五)宽松的“强制要约收购规则”

我国《证券法》第88条和第96条是“强制要约收购规则”,其实质是收购人获得30%目标公司股份还将继续收购的,必须通过要约收购的形式实现股份增持。英国同欧盟成员国的强制要约规则,是“全面强制要约收购规则”,要求收购人一旦获得目标公司一定数量的股份后,向目标公司在外流通的所有股份发起要约收购。[①] 之所以这样规定,是确保上市公司中的少数股东在敌意收购中获得同大股东、控股股东等一样的待遇,确保他们在敌意收购中有确定无疑的退出和套现通道。然而,我国《证券法》上的“强制要约收购规则”,既不是单独的全面要约,也不是单独的部分要约,而是全面要约与部分要约共存并行。[②]

在机构投资者不甚成熟的中国,“全面强制要约收购规则”比“强制要约收购规则”更能够保护中国上市公司中的少数股东。毕竟,如果允许收购人通过要约收购的方式,任意选择预收购的股份比例,那么少数股东必然有一部分股份难以卖出,当收购人获得控制权后,如果公司股价走低,少数股东的权利必然受到侵害。[③] 不过,欧盟各成员国的经验也表明,“全面强制要约收购规则”将极大地提高敌意收购人的收购成本,因此将对敌意收购的产生具有非常强的抑制作用。所以,一方面,全面强制要约收购规则的触发门槛不宜过低,过低的触发门槛会进一步减少潜在的敌意收购供

① Council Directive 2004/25, Art. 5, 2004 O. J. (L142) 8 (EC).

② 唐林垚:《我国要约收购及触发点的保留与改进——兼析与欧美上市公司收购规则的比较》,载《政法论丛》2018年第3期。

③ 参见唐林垚:《我国上市公司要约收购制度评析》,载《社会科学》2017年第10期。

给；另一方面，全面强制要约收购规则的触发门槛也不宜过高，因为过高的门槛将让该规则形同虚设。鉴于中国上市公司股权分布较为复杂，立法者可以借鉴欧盟成员国丹麦和爱沙尼亚"全面强制要约收购规则"的门槛设定——不规定详细的触发比例的数字，只规定当"收购人获得公司多数投票权时"触发，而"收购人获得公司多数投票权"的门槛可以交由公司股东大会以决议方式在公司章程中进行规定，并报证监会或证券交易所审查即可。

## 四、结　　语

敌意收购规制不仅是中国面临的难题，也是亚洲国家乃至全世界共同面临的难题。敌意收购规制外延宽广，涉及古今中外，跨越公司法、证券法、经济法、金融法等领域，当前的研究主要聚焦于公司法和证券法层面，学界重点关注敌意收购规制模式和法律迭代，尤其是股东会和董事会、目标公司和收购人在敌意收购中的行为约束与力量均衡，体现出较强的波斯纳所宣扬的"实用主义"的特征：研究者偏重寻求"处理现实问题的进路"，聚焦于"什么东西是有效和有用的……它是向前看的，它珍视与昔日保持连贯性，但仅限于这种连续性有助于我们处理目前和未来的问题"。①

在敌意收购规制领域，理性的、向后看的、非经验的视野和方法也必不可缺，未来的研究应在宏观上充分把握具体规范的关系，并在微观上结合历史事件和市场回馈展开体系化与法律解释的工作。只有这样，我们才能真正探寻出具有中国特色的、高度市场化的敌意收购规制范式和良性路径依赖，最终实现公司控制权市场的帕累托最优。

① ［美］理查德·波斯纳：《法理学问题》，苏力译，中国政法大学出版社2002年版，第4～5页、第13页、第19页。

# 投资者的“核准制”

## ——科创板视角下投资者适当性制度的再审视

王雨乔[*]

**摘　要**:个人投资者对我国资本市场的发展与完善,乃至我国整体经济实力的作用都是不言而喻的。但我国个人投资者数量庞大,个体间在资产、能力方面均存在较大差异,非理性投资行为屡见不鲜。为平衡中小投资者与证券经营机构之间的实质不平等,投资者适当性制度作为我国资本市场转轨过程中的适应性规定应运而生。科创板的推行,使科创企业的高风险蔓延至证券市场,进一步凸显了保护中小投资者的现实需求。面对机遇与挑战并存的科创板,唯有确立科学的立法理念、构筑适当的准入门槛,建立起针对投资者的“核准制”,才能在投资者保护和满足投融资需求之间找到更合理的边界。

**关键词**:投资者适当性　个人投资者　科创板　市场准入　适当性匹配

现代私法制度推崇契约自治理念,在契约自治的安排下,证券投资者具有决定是否投资及选择投资方式和内容的权利,契约法保障了投资者最大限度的投资自由,契合投资者的价值诉求。但是,资本市场中各主体的制度安排往往仅仅着眼于局部利益的最大化,不同主体间的利益冲突带来残酷的零和博弈,证券公司的逐利行为难免会损及中小投资者的权益。故而,证券市场产生了保护中小投资者的现实需求,为平衡投资者、证券公司及监管机构三者之间的不对等关系,投资者适当性制度应运而生。投资者适当性规则源起于美国,最初在我国不具有广泛适用的基础,随着融资融券业务、分级基金业务,新三板、创业板等不同业务和交易板块在我国的相继推出,我

* 复旦大学2018级经济法学硕士研究生。

国在投资者适当性规则的“本土化”道路中不断前行。科创板的破竹而出,为我国资本市场增添了创新与活力,同时也提出了投资者保护的难题,这为投资者适当性规则培育了深厚的适用土壤。科创板不同于主板、创业板等现存板块,科创企业具有极大的创新能力和资金需求,这要求科创板的投资者须具备较强的风险识别和承受能力,投资者适当性制度则成为保护投资者远离科创风险的“堤坝”。如何在科创板中更好地发挥投资者适当性制度的双重作用,是我国资本市场亟待解决的现实问题。

## 一、破旧立新:科创板的设立及投资者适当性之于科创板的必要性

### (一)溯源:投资者适当性制度的源流及嬗变

投资者适当性制度[①]源起于20世纪的美国,指的是“证券金融机构所提供产品和服务与投资者财务状况、投资目标、风险承受能力、投资需求、知识和经验等的匹配度。从法律关系角度,投资者适当性制度调整的是投资者、证券商以及监管者三方的法律关系,而不仅仅是投资者、证券商之间的法律关系”。[②] 具体而言,“适当性”追求的是证券投资者与证券机构和金融商品之间的“动态匹配”,将“合适的商品推荐给合格的投资者”,[③]是这一制度的终极目的。

随着金融自由化和金融创新的浪潮,投资者与证券公司间的天平日渐倾斜,证券市场中进而产生了保护投资者与打破这一不平等局面的现实需求,投资者适当性规则正是源于这一市场均衡的要求。美国采取从自律监管组织的道德指引到以明确立法的形式确立这一规则的方式,我国的投资者适当性规则最早就以规范性文件的形式确立,2005年中国银行业监督委员会(现为中国银行保险业监督委员会)颁行《商业银行个人理财业务管理暂行办法》,要求商业银行在推介投资产品时应当“了解客户的风险偏好、风险认知能力和承受能力,评估客户的财务状况,提供合适的投资产品由客户自主选择,并应向客户解释相关投资工具的运作市场及方式,揭示相关风险”,该规定在当时银证分业的背景之下,只适用于货币市场。

---

① “投资者适当性制度”在我国既有研究中有多种表述,如“投资者适当性管理制度”“投资者适当性规则”等,在我国现存的法律文本中,多称为“投资者适当性管理制度”,这一称谓具有浓厚的管制色彩。但本文认为,这一制度并非是自上而下的管制,应对其“去行政化”更适宜,故本文称之“投资者适当性制度”。

② 张付标:《证券投资者适当性制度研究》,对外经济贸易大学2014年民商法博士学位论文,第24页。

③ 曾洋:《投资者适当性制度:解读、比较与评析》,载《南京大学学报》(哲学人文科学社会科学版)2012年第2期。

而后,随着我国创业板市场、融资融券交易、股指期货交易等市场、业务、产品的陆续推出,投资者适当性制度在证券市场中生根发芽。中国证券业监督管理委员会(以下简称中国证监会)2016年5月26日正式发布了《证券期货投资者适当性管理办法》(以下简称《适当性管理办法》),其作为部门规章,适用范围包括整个证券期货市场,[①]该办法已成为当前证券监管制度中投资者适当性制度的基本法。根据《适当性管理办法》的规定,投资者适当性制度是"经营机构在向投资者销售产品或提供服务时,应当履行了解产品、了解投资者并在投资者分类的基础上差别履行信息告知、风险警示、适当性匹配等适当性义务,将适当的产品或服务销售或提供给适合的投资者,并承担违反义务的法律责任"。[②]

从根本上说,投资者适当性制度是在证券销售和推荐领域平衡投资者和证券公司之间权利义务关系的一项投资者保护制度,旨在架构起投资者与证券公司之间的桥梁,向明显具有优势的经营机构施加判断其所提供的产品或服务对于特定的投资者是否适当的义务,从而为投资者在提起自己权利救济时增加一个砝码,只有"卖者尽责",才"买者自负"。[③]

### (二)聚今:科创板背景下的投资者适当性制度

#### 1.科创板的基本定位

2018年11月5日,习近平总书记在首届中国国际进口博览会开幕式上宣布,将在上海证券交易所设立科创板并试点注册制。2019年1月30日,中国证监会发布了经党中央、国务院同意的《关于在上海证券交易所设立科创板并试点注册制的实施意见》,至此,科创板作为我国资本市场的又一重要交易板块正式落地。

科创板是"科技创新板块"的简称,主要服务于符合国家战略、突破关键核心技术、市场认可度高的科技创新企业。与既存的主板、创业板、新三板均不同的是,科创板的融资企业限定于特定的行业之中,为鼓励高成长型的科创企业迅速成长,科创板设置了多样化且低于主板要求的财务标准,且规定了高于创业板的上市门槛,以便筛选出具有一定规模的创新驱动型优质企业,进一步完善我国的多层次资本市场体系。

科创板作为一个独立的板块,与原有的交易板块相互隔离,定位于加大直接融资

① 《适当性管理办法》第2条规定:"向投资者销售公开或者非公开发行的证券、公开或者非公开募集的证券投资基金和股权投资基金(包括创业投资基金,以下简称基金)、公开或者非公开转让的期货及其他衍生产品,或者为投资者提供相关业务服务的,适用本办法。"

② 参见李东方、冯睿:《投资者适当性管理制度的经济和法律分析》,载《财经法学》2018年第4期。

③ 同上。

对于新兴产业和创新型企业的支持,落实创新驱动发展战略,同时拓宽我国资本市场的广度和深度,对上海国际金融中心和科技创新中心的建设具有重大意义。①

2. 科创板中的投资者适当性制度

根据《上海证券交易所科创板股票交易特别规定》(以下简称《特别规定》)第二章之规定,科创板股票交易实行投资者适当性管理制度。②《特别规定》分别从适当性条件、综合评估、会员义务、风险揭示、投资者义务五个方面作出具体规定。其中,最核心的是建立了科创板投资者准入制度,为机构投资者和个人投资者分别制定了相应的投资"门槛",只有达到了规定的资产规模并且具备了相当的投资经验,方能获得直接投资于科创板的"入场券"。

如果说科创板对于机构投资者的筛选尚留有一定自由裁量权,那么对于个人投资者的要求则更为苛刻,具体规定为:"个人投资者参与科创板股票交易,应当符合下列条件:(一)申请权限开通前 20 个交易日证券账户及资金账户内的资产日均不低于人民币 50 万元(不包括该投资者通过融资融券融入的资金和证券);(二)参与证券交易 24 个月以上;(三)本所规定的其他条件。不满足上述资产要求和未达到上述投资经验的个人投资者,便无法拥有直接投资于科创企业的机遇"。

3. 与既存的投资者适当性制度之对比

当前,我国投资者适当性制度的相关规定散见于中国证监会和交易所制定的各项规章,每推出一项新的创新业务或一个新的交易市场,便制定一个新的投资者适当性规则,这样亦步亦趋式的立法模式极大地损害了对于投资者适当性制度规定的统一性,各规定之间缺少统一的标准,彼此差异较大,特别是关于投资者准入门槛方面的规定更是有林林总总的分类和要求(见表 1)。

**表 1　我国关于投资者适当性制度的相关规定**

| | | | |
|---|---|---|---|
| 创业板 | 《创业板市场投资者适当性管理暂行规定》 | 无 | 自然人投资者需具备 2 年以上的股票交易经验 |
| 融资融券 | 《关于开展证券公司融资融券业务试点工作的指导意见》 | 证券资产不低于 50 万元,金融总资产不低于 100 万元(此为最初试点时的规定,有例外) | 具有 3 年以上的投资经验(此为最初试点时的规定,有例外) |

① 参见陈洁:《科创板注册制的实施机制与风险防范》,载《法学》2019 年第 1 期。

② 《特别规定》第二章是对投资者适当性管理制度的规定,其中,第 3 条为一般性规定,第 4 ~8 条为具体规定。

续表

| | | | |
|---|---|---|---|
| 股指期货 | 《股指期货投资者适当性制度实施办法》 | 申请开户时保证金账户可用资金余额不低于人民币50万元 | 具有累计10个交易日、20笔以上的股指期货仿真成交记录,或者最近三年内具有10笔以上的商品期货交易成交记录 |
| 科创板 | 《上海证券交易所科创板股票交易特别规定》 | 申请权限开通前20个交易日证券账户及资金账户内的资产日均不低于人民币50万元 | 参与证券交易24个月以上 |

整体而言,综合对投资者的资产要求和投资经验要求,科创板为个人投资者设置的“门槛”最高,直接拦截了大批想要直接投资于科创板的中小投资者。据此而言,科创板视野下的投资者适当性制度客观上形成了对投资者的“审核制”,为科创板筛选出具备风险识别能力和承受能力的成熟投资者,同时也将资历尚浅和实力薄弱的中小投资者拦在门外。科创企业具备其他板块企业不具备的高创新能力和盈利潜力,但风险总是与创新相伴而生,中小投资者是否能够承受科创企业所带来的不确定性或大额亏损预期,都是投资者适当性制度需要考量的。在科创板中设定更高的门槛,也不失是对中小投资者的更好保护。

## 二、改弦更张:科创板注册制背景下对个人投资者的机遇与挑战

### (一)发行方式改革倒逼投资者保护制度之完善

注册制与核准制的二元选择,素有争议,我国的新股发行审核机制,历经了由审批制到核准制的转变,并仍处在迈向注册制的历史变革中。注册制改革的呼声从未停止,但直至科创板的设立才在实践中真正确立了注册制的局部施行。

在科创板注册制背景下,中国证监会不再对企业进行实质审核,转而由交易所承担起审核企业发行新股申请的内容是否遗漏以及程序是否符合规定的职责。上海证券交易所作为自律管理组织,主要负责上市审核,以发行人、中介机构提供的相关信息披露文件为基础,审查申请文件的真实性、准确性、完整性,并通过公布问询的方式接受市场的监督。① 由此可见,注册制“政府的归政府,市场的归市场”。② 科创板内

① 参见夏东霞、范晓:《科创板注册制背景下对中介机构“看门人”角色的再思考》,载《财经法学》2019年第3期。

② 参见陈洁:《科创板注册制的实施机制与风险防范》,载《法学》2019年第1期。

发行的证券品质如何交由投资者自行判断,中国证监会不对其进行任何担保或背书。

打开了上市的闸门,奉行自由主义思潮的科创板极大地满足了科创企业的融资需求,为其开辟了更畅通的上市渠道。但科技创新型企业所独有的高风险与高收益并非是所有投资者所能承受之重,建立健全与放宽实质审核相对应的配套措施刻不容缓。诚然,“阳光是最好的防腐剂”,通过“增强信息披露可以促成更加健康、有序的证券业”。[①] 但仅仅依靠信息披露和形式审查,可能会出现证券监管部门对没有任何投资价值的证券也无权干涉。判断证券有无利好,甚至会否出现操纵市场等违法行为,都完全依赖投资者的个人判断。中国证监会的“前端隐退”和中介机构“看门人”的角色缺失,[②]都凸显了现行制度对投资者保护的不足。

注册制改革不是一蹴而就的,改变已有的市场生态需要一个渐进的过程。放宽证券市场“前端”的同时,监管者也要应对投资者施以事中、事后的关怀。一方面,应当从资产规模、投资经验等方面制定标准,限制能力弱小、经验不足的投资者贸然踏入科创板的大门。科创板作为我国健全多层次资本市场的又一重要举措,成立之初凭借其独属的行业领域和企业的高成长性,必然赢得大批投资者的青睐。科创板的设立初衷,是为了给予科技创新型企业更大程度的支持,但创业板的前车之鉴警醒着我们,应该加大对投资者的保护力度,避免中小投资者再次成为“野蛮人的食粮”。可以说,注册制改革倒逼投资者保护制度的健全与完善。设立科创板的市场准入制度,不等同于合格投资者制度,后者立足于保护中小投资者这一基点,既要避免中小投资者受到科创板交易的高风险的侵蚀,又要为个人投资者留有投资的空间。

(二)个人投资者交易安全与科创企业融资需求之悖

作为符合国家战略目标,实现技术升级的关键举措,科创板旨在为新兴科创企业疏通融资渠道。科创企业商业模式新颖、技术迭代迅速、业绩波动和经营风险显著高于其他类型企业,这些企业之所以能够进入资本市场,成为广大投资者的投资标的,有赖于科创板规则的一系列改革和突破,而投资者适当性制度也是其中不可或缺的一部分。[③]

当前,科创板对个人投资者的“硬性”标准已经明文规定,“50 万元 +2 年投资经

---

① See Susanna Kim Ripken, The Dangers and Drawbacks of the Disclosure Antidote: Toward a More Substantive Approach to Securities Regulation, 58 *BAYLOR L. REV.* 151 (Winter 2006).

② 参见蒋大兴:《隐退中的“权力型”证监会——注册制改革与证券监管权之重整》,载《法学评论》2014 年第 2 期。

③ 浦泓毅:《科创板开户门槛是对投资者“规则敬畏”的试金石》,载《上海证券报》2019 年 4 月 23 日,第 2 版。

历”的准入门槛体现了监管层保护投资者的良苦用心,但投资者适当性制度目标的实现除了需要监管层面主动进行管理外,还需要投资者自身对规则自觉遵从。如果投资者能够主动遵守投资者适当性制度,那么该制度的落实自然会事半功倍。

科创板重在支持“新”企业、“新”科技,它们依靠创新驱动获取收益。为支持科创企业融资,科创板的制度安排很大程度上便利了科创企业的发行和上市,凸显了股权融资对科创企业的包容性。首先,科创板放宽了企业的准入门槛,根据《科创板首次公开发行股票注册管理办法(试行)》规定的发行条件来看,其主要规定了持续经营时间 3 年以上、组织机构健全、业务具有独立性等指标,而没有设置企业盈利能力等财务指标,这意味着即便是尚在亏损的企业依然可以在科创板上市。其次,科创板首次承认类别股制度的有效性,允许“同股不同权”的企业在境内上市。最新出台的《最高人民法院关于为设立科创板并试点注册制改革提供司法保障的若干意见》第 6 条之规定从审判的角度认可科创板上市公司在上市前经股东大会特别决议作出的差异化表决安排,尊重科创板上市公司构建与科创新特点相适应的公司治理结构,在司法的层面上首次肯定了“同股不同权”的公司治理安排。最后,根据《上海证券交易所科创板股票上市规则》之规定,科创板的退市制度十分严格,较目前主板市场的退市制度严厉得多。因此,在科创板推出之初,投资者面临着科创板企业市值被高估,股价泡沫大等种种投资风险。尤其是个人投资者,是否所有“硬件”达标的个人投资者都在“软件”上跟随上了科创板的脚步,都能够理解科创板的特点和风险?“硬件”未达标的个人投资者是否仍在寻求垫资,千方百计地“挤入”科创板?正因为有这些问题的存在,科创板在追求市场的资金支持之时,不能仅仅局限于硬性指标,理应担负起科创板投资者适当性教育的责任,应当以实质重于形式的要求,切实将投资者的权益纳入考量范畴。

科创板的投、融资均要放眼长远,而非重在一时。资本市场是为投资者服务的,要为不同风险偏好的投资者提供不同风险等级的产品。针对高风险与高收益并存的科创板,应加强投资者适当性制度的配套完善,循序渐进,力争在科创板市场实现投融资平衡,一、二级市场平衡,在保护投资者权益的基础上实现科创企业融资。

(三)刺破投资者“面纱”助推“隐名”投资

科创板的投资者适当性制度区分出了科创板的“合格投资者”,事实上也形成了对绝大多数的个人投资者[1]投资权利的限制。不可否认,投资者皆具有平等的交易权,但不同的投资者风险偏好、风险承受能力等不同,其在市场中享有的具体权利义务也应有所差别。[2] 限制部分投资者的交易权,可视为对其的变相呵护之举。

根据《上海证券交易所科创板股票交易特别规定》,个人投资者参与科创板的交易,必须满足申请权限开通前20个交易日日均50万元证券账户及资金账户资产加上2年投资经验的硬性指标,且需要经过适当性综合评估,只有个人投资者的资产状况、投资经验、知识水平、风险承受能力和诚信状况均达到标准后,才能获得科创板的入场券。不难看出,这一规定无论是较之域外的纳斯达克市场,还是我国现存的交易板块,都是颇为严苛的。但施行投资者适当性管理制度,并不是完全将中小投资者拦在了科创板的大门之外,未达到规定标准的个人投资者虽不能直接投资于科创板,但仍能够通过间接投资的方式分享科创板这杯羹。如采取投资于公募基金或者其他金融产品等方式,将自有资金间接投资于科创板发行企业,通过更专业的公募基金之手参与到科创企业之中,不失为一种保全自身的选择。

按照公募基金的设计管理,个人投资者同样可以参与其中,从而分享科创板和注册制的制度红利,而不必受到科创板高门槛的限制。无论是政策留白还是证券公司的产品设计,都对个人投资者将自有资金投入科创板起到了助推作用。当前科创板的发行如火如荼,众多创新型企业纷至沓来,争相在科创板发行,以求得更充裕的资金,而资金的融入端却是面对高门槛望而却步的中小投资者,因此公募基金通道为疏通投融资的双方起到了关键作用。借助公募基金的渠道,部分无法直接投资的个人投资者实现了“隐名”投资。

除却科创板为投资者设立的准入门槛使相当数量的个人投资者无法拥抱科创板外,个人投资者通过公募基金进行间接投资更具优势,一方面是由于科创板企业在首发募集时是优先向机构投资者进行配售的,这无疑为公募基金在科创板企业首次募集发行时增添优势;另一方面则是由科创板固有的高风险所致,科创板前5天内没有涨跌幅的限制,普通投资者通过公募基金进行投资可以起到分散风险的作用。因此,“隐名”投资的方式能够帮助普通投资者在拥抱科创板红利的同时尽可能地规避风险。此所谓“隐名”投资,并非对投资者适当性制度的突破或违背,而是该制度之中的应有之义,为科创板设置准入门槛的初衷是为了保护信息和能力均处弱势的个人投

① 现A股市场中达到科创板规定条件的个人投资者仅仅300万人(约)。

② 参见张付标、李玫:《论证券投资者适当性的法律性质》,载《法学》2013年第10期。

资者,但其通过间接持有的方式进行投资则与进行普通的公募基金投资所含的风险无显著差别,因此科创板下的投资者适当性制度并不禁止"隐名"投资;相反,大大助推了多类科创板基金的发展。[①]

## 三、他山之石:英美投资者适当性管理制度

### (一)源起:美国的投资者适当性规则

美国率先孕育出投资者适当性这一制度。在美国 80 余年的发展历程之中极具戏剧性,期间经历了自律规范—行政规范—自律规范的螺旋式上升发展过程,[②]该规则与信息披露、防止欺诈并称为美国联邦证券法的"重要哲学问题"。[③]

投资者适当性规则最初以自律规范的形式存在,美国证券交易商协会(National Association of Securities Dealers,NASD)以公平交易条款的形式确立了最早的投资者适当性规则,这一规则设立的初衷在于保护证券经纪商免受无良投资者的纠缠,但客观上起到了保护投资者的作用。20 世纪 30 年代美国联邦《证券法》颁布之后,美国证券交易委员会(The U. S. Securities and Exchange Commission,SEC)对证券经纪商苛以投资者适当性要求,适当性自此成为证券经纪商的一项重要义务。2007 年,金融业监管局(The Financial Industry Regulatory Authority,FINRA)的成立确立了统一的投资者适当性规则体系,即"Regulatory Notice11 - 25"及"了解你的客户"(Rule 2090)、"客户适当性"(Rule 2111)。据此,投资者适当性规则可分为两个方面:一是"了解你的客户"(Know Your Customer),即要求投资公司在了解客户"必要信息"(essential facts)的基础上"合理勤勉"(reasonable diligence)地管理投资者的账户。了解客户规则并不构成投资者适当性规则的内容,而是作为适当性义务规则的基础性(Foundational)规则存在,是适当性义务规则中将"适合的产品出售给合适的投资者"的第一步。[④] 二是"客户适当性"(suitability obligation),这要求投资公司或者相关利

① 目前可以参与科创板股票投资的基金主要包括科创板主题基金、战略配售基金、以及其他类型的公募基金,如 FOF 基金。

② 参见武俊桥:《证券市场投资者适当性原则初探》,载张育军、徐雨主编:《证券法苑》(第 3 卷),法律出版社 2010 年版,第 131 ~ 159 页。

③ 参见赵晓钧:《中国资本市场投资者适当性规则的完善——兼论〈证券法〉中投资者适当性规则的构建》,载《证券市场导报》2012 年第 2 期。

④ See Robert N. Rapp, New Rules Heighten Stockbroker "Suitability" Obligation, Securities and Capital Markets, July 9, 2012.

益人尽到“合理的勤勉”职责，通过获取特定客户的“必要信息”来确定特定投资者的投资类型。

目前，美国已经形成了比较完善的投资者适当性规则体系，其发端于证券经纪业务，后逐渐适用于整个证券市场体系中的多项证券业务，并不断充实与完善，形成了一个庞杂且周密的投资者保护制度。除了了解客户的义务、对投资者进行分类的义务、合理销售和推荐产品和服务的义务之外，还包括林林总总的7项补充规定。可以看出，美国的投资者适当性规则基本实现了投资者从入市、交易到退出过程的全覆盖，不仅仅限于对投资者进行“事前”保护，更加注重对投资者的“事中”保护。由此可见，美国证券法将投资者适当性制度从根本上认定为证券经纪商的一项义务，一方面通过规制经纪商的行为，形成证券经纪商提供服务或产品的行为规范指引，从而保护证券投资者在整个交易过程中的权益；另一方面，赋予投资者追究证券经纪商违约行为责任的权利，从事后保障投资者获得赔偿的权利。整体而言，美国作为投资者适当性这一规则的起源地，拥有较为完善的规则体系与追责系统，是投资者维护自身权益的良器。

（二）绽放：欧盟的投资者适当性规则

欧盟的投资者适当性制度起步虽晚，但开辟了一条不同于前人的道路，同样值得我国借鉴和思考。为了在欧洲经济区各成员国间打造一致性的监管规则，欧盟的投资者适当性规则在欧盟《金融工具市场指令》（Markets in Financial Instruments Directive，MiFID）之中雏形初现。这部法律文件涉及面很广、内容十分重要，奠定了欧洲建立单一、有效金融市场的基石，其突出的创新制度之一便是建立了以投资者分类为依托的投资者适当性制度。

欧盟制定MiFID的目的在于加强欧洲证券市场的一体化过程中的投资者保护力度。为了吸引更多投资者加入欧盟的广阔市场，作为投资者利益的“忠实守护者”的欧盟MiFID规定了投资者分类与适当性评估等诸多内容。

依据MiFID的相关条款，欧盟将接受金融服务的客户总体上分为零售客户（retail client）和专业客户（professional client）两大类，[①]又在专业客户中专门突出了合格对手方（eligible counterparties）的特殊地位。因此，一般认为欧盟的投资者适当性制度将客户分为零售客户、专业客户和合格对手方三类，但这三者之间的关系并非

① 参见王莹丽：《欧盟金融投资者适当性制度简介及其借鉴》，载《上海金融》2012年第9期。

泾渭分明,如被认定为零售客户的投资者完全可能同时满足合格对手方的条件。此外,三者之间在满足一定条件时也可以互相转化,例如,专业客户可以选择“放弃”专业资格,申请被认定为零售客户,以求得更高程度的保护。总之,从零售客户到专业客户再到合格对手方,投资公司对其履行的义务有所区别且依次减弱,三类客户受到的保护程度也依次减弱,有效地实现了投资者实际利益保护的需要。① 同时,欧盟监管当局对各类客户进行适当性评估,依据客户的投资需求、交易经验以及自身职业等信息,对证券经纪商提供的产品或服务是否适合该客户作出判断。

MiFID 确立的投资者适当性制度有别于其他国家和地区之处在于,该制度契合了欧洲经济体作为一个统一体既需要确立统一规则,又不能忽视共同体内部各成员国的差异的要求,MiFID 依据各成员国的投资者自身的专业水平、资产状况、投资经验、风险承受能力等情况,将其详细划分为不同种类,并对其进行适当性评估,针对不同类别的客户分别进行不同程度和种类的保护,引导客户谨慎地从事证券投资。从某种意义上来说,欧盟的投资者适当性制度将投资者放在第一位,该制度全然以投资者的利益为中心来进行构建,真正实现了以投资者为本位的投资者适当性制度。

以指令的形式确立的投资者保护制度,各国监管当局可以以国内立法的形式将其转化为国内基本法并获得法律效力。兼具了效力层级与灵活性的欧盟投资者适当性规则,在欧盟资本市场的认知程度和权威性大大提高,在欧洲经济体内被广泛推行。

## 四、正本清源:科创板视角下投资者适当性制度之“适当性”完善

### (一)边界厘定:软化投资者的入市门槛,由合格投资者迈向理性投资者

科创板为个人投资者设立了资产条件和投资经历方面的准入门槛,以市场准入制度为着眼点,规定了投资者适当性制度,但是投资者适当性制度不等于合格投资者制度,合格投资者制度仅仅只是投资者适当性制度的一个侧面。完整的投资者适当性制度由了解客户、了解产品及服务、适当性销售三者共同构成。其中,将适当的产品或服务推荐给适当的投资者才是该制度的核心与关键。科创板中投资者适当性制度的构建应当加强对科创企业的发展前景及投资风险的分析、介绍,并以提高投资者

① 参见赵晓钧:《中国资本市场投资者适当性规则的完善——兼论〈证券法〉中投资者适当性规则的构建》,载《证券市场导报》2012 年第 2 期。

与金融产品和服务的匹配程度为终极目标,“审核”投资者并非目的,而是手段,保护投资者才是这一制度的价值追求。

科创板的上市公司与现存的其他板块上市的公司不同,无论是行业属性,创新能力,甚至挂牌难度都迥然有别,我们不能一味模仿其他板块的规定,或是机械类推得出科创板对投资者的“应然”要求。如果对投资者进入科创板规定过高的入市门槛,恐将限制资金的流入与股权的分散。新三板便是前车之鉴,囿于500万元金融资产的门槛,致使不受限制的账户寥寥无几,真正在市场上活跃交易的投资者仅仅几万户。[①] 科创板虽然汲取了新三板中门槛过高的经验教训,适度放宽了对金融资产方面的准入要求,减轻了投资者的资产压力,但是,科创板设置了长达24个月交易经验的准入要求,无疑将大批投资者拒之门外。虽然科创板规则中并未限制个人投资者借助公募基金等通道形式间接参与科创板投资事业中,但经由科创基金之手辗转,会受到基金规模的固有限制,且间接投资的方式本身也已经大大减损了投资者的积极性,不利于科创板在成立初期聚集投资者的资金。

投资者适当性制度是我国资本市场的重要基础性制度之一,对科创板市场而言更是如此。科创板和科创企业作为新生事物,无疑是当下资本市场的弄潮儿,但“50万元金融资产”的门槛以及“24个月交易经历”的规定过于僵化,使投资者适当性制度异化为对投资者的“核准制”。科创板中开创性地将证券发行制度由核准制改革为注册制,是我国资本市场逻辑转换和监管哲学变革的关键之举,将证券发行还权于市场。在交易的前端实现了市场化运行,但对投资者变相施行“核准制”,却又为投资者套上了行政管理的枷锁。诚然,投资者适当性制度归结到底是一项保护投资者权益的制度,但客观上着实产生了限制投资者交易自由的效果。

既然我们已经意识到核准制(融资端)非市场化的弊病,亦不能忽视投资者适当性制度(投资端)的市场化进程。科创板中的投资者适当性制度应当最大限度地还权于投资者,由投资者自我判断证券的价值与品质。监管者仅承担兜底判断的职责,对证券市场发行人以及证券公司的违法行为加以制止和惩治,而不能让监管者替代投资者进行价值判断,并完全依靠“核准制”剥夺投资者的投资权限。具体而言,“合格投资者”的立法理念应当向“理性投资者”转变,[②]不能将考察对象局限于投资者的财务能力和投资经验,而应当侧重于考量投资者的风险认知能力,引导投资者理性投资

① 参见邢会强:《新三板市场的合格投资者制度及相关制度改革》,载《环球法律评论》2018年第6期。

② 参见邢会强:《我国资本市场改革的逻辑转换与法律因应》,载《河北法学》2019年第5期。

是投资者适当性制度的一大要务,但深究到底,对投资者的财务条件限制与会否遭遇投资风险无涉,如果对投资者的投资比重进行限制,也许是保全投资者资产的更优路径。"一刀切式"地剥夺资产规模较小的投资者的投资权限,而保留资产雄厚的投资者的投资权,会否导致投资者的全部资产都折损于科创板中,又是不得不面临的难题。不可否认,达到"50万元+24个月投资经历"这一要求的个人投资者具备一定的证券市场投资经验,也具有相当的投资策略和辨识眼光,但较之专业的证券公司和融资者仍有差距,且资本市场上瞬息万变,任何投资者都难以保证其投资行为万无一失。因此,单凭财务条件和投资经历的限制难以隔离科创板暗藏的投资风险,也许会给"成熟"投资者造成更大的损失。笔者认为,在科创板投资者适当性制度中,适当降低投资者的准入门槛,但对投资者的投资比例加以限制,引导投资者理性投资,将"合格投资者"转变为"理性投资者",也许是更为适宜科创板市场生态的要求。

(二)具体判断:借助金融科技工具,以科技识别科创企业投资者的"精准画像"

精准界定"合格投资者"是投资者适当性制度的重要组成部分,更是投资者适当性制度得以运行的前提。对于投资者的界分是否"适当",是投资者适当性制度能否发挥保护投资者的作用的关键。

科创板的投资者适当性要求聚焦于投资者的财务条件和投资经验,依据硬性的准入门槛界定投资者是否为"合格投资者",但"合格投资者"与"非合格投资者"的边界是相对的,这种边界的划定取决于投资者对于证券投资行为的识别能力与承受能力。构建投资者适当性制度的本质在于保护部分成熟投资者"独立"投资的权利,同时否定部分中小投资者"独立"行事的权利。其对中小投资者的保护是不争的事实,但其强制性手段之合理性尚有争议。既然将投资者与风险彼此隔离是投资者适当性的制度追求,那么投资者适当性制度的确立应围绕投资者风险认知和风险承受能力这一核心要素而展开进行。欲准确判断投资者的风险认知能力和风险承受能力,仅仅依据现有规定,即财务状况和投资经验二项指标,显然不足。投资风险承受能力的评判标准失当将导致投资者保护制度目的落空,[①]手握巨资的投资者与其对市场风险的认知能力高和承受能力强不能画等号。但如若扩大对投资者信息的收集范围,如对其职业身份、家庭收入、风险偏好、投资需求等多类信息均进行汇集,可以加强监管者对投资者的了解和界定,但投资者之间的个体差异巨大,仍难以凭借几类核心指标

① 参见曾洋:《投资者适当性制度:解读、比较与评析》,载《南京大学学报》2012年第2期。

就可对投资者的个人资质进行准确评定。笔者认为,在金融与科技不断渗透与融合的大趋势下,对于个人投资者风险承受能力的评估,同样可以借助监管科技之手,依托大数据、云计算精准定位投资者的风险识别能力和风险承受能力。

科创板定位于为科技创新企业服务,科创板之下的投资者适当性制度同样可以依托科技创新手段,对投资者进行"精准定位"。时下,大数据、云计算、人工智能、机器学习等科技手段的异军突起,使金融科技日益渗透进我们生活的方方面面,我们可在大数据技术运用的基础上进一步量化分析投资者交易行为等产生的动态数据集合,以确立相应评估其投资风险系数和相应的风险承受能力的指标,对投资者进行"精准画像"。① 通过大数据挖掘等技术相互结合,对客户的个人数据进行深度分析,从而全面认识客户的风险偏好和投资偏好,同时大数据也将每个产品或服务刻上数据化标签,并通过适配算法为客户提供个性化的金融产品,提供"适当性"的服务。② 此种评估手段或方式,不但可以应用于申请开通科创板股票交易权限前的适当性评估,还可以帮助监管机构实现贯穿科创板市场交易过程中以及交易后续的适当性管理。

具体而言,可以凭借区块链的去中心化系统进行投资者的个人数据收集,通过人工智能分析系统对投资者进行细化与分类,上到整体的投资规模,下至个人投资者的历史单笔投资记录,架构起一套科学而完善的数据收集与分析系统。同时,畅通监管部门与科技系统的沟通机制,打造互联互通平台,实现科技与监管领域的深入融通,依靠双重专业优势,更好地分析投资者的风险识别和风险承受能力,勾勒出投资者的"精准画像"。

### (三)制度构建:以"事中"保护为核心,构建以保护投资者为本位的投资者适当性制度

顾名思义,投资者适当性制度要求将"适当"的产品或服务推荐给"适当"的投资者,对投资者和产品进行适当性匹配是投资者适当性制度的核心。换言之,投资者适当性制度的重心应当在于对投资者的"事中"和"事后"保护,而非对"合格投资者"的事前界定。

投资者适当性制度孕育于金融市场创新的大背景下,科创板作为我国多层次资

---

① 参见杨东:《"精准画像"保护投资者合法权益》,载《证券日报》2019 年 3 月 19 日,第 A2 版。

② 参见韦洪波等:《金融科技在普惠金融的应用发展研究——大数据在证券经纪业务客户精准服务中的应用》,载《创新与发展:中国证券业 2017 年论文集》,中国财政经济出版社 2018 年版,第 936 页。

本市场中的全新交易板块,更应重视对一级、二级市场中的投资者保护,而不单单是打出保护投资者的旗号。完整的投资者适当性制度理应包含三部分的内容:一是合格投资者制度;二是了解客户和资料保存义务;三是适当推荐义务。反观科创板投资者适当性制度的现行规定,无论是《上海证券交易所科创板股票交易特别规定》(以下简称《特别规定》)中的大幅笔墨,还是监管者的宣传及市场的回应,均集中于对投资者的入市门槛议论纷纷,而并非以对科创板内交易的产品与投资者的适当性匹配为制度架构的重心。尽管《特别规定》中明确了证券公司事前的风险揭示的义务,以及提出匹配性意见的义务,但仍是以总括性规定的形式加以确立,未通过具体的指标予以细化,相对于可以明确量化的事前准入制度,科创板在对投资者的"事中"保护上还存有很大的进步空间。

尽管从域内域外的相关规定来看,投资者适当性适度的现有安排已形成一致的模式,但这不能使其适当性不证自明。投资者适当性制度自身也需要一个"适当性"的安排。具体而言,科创板中的投资者适当性制度应当奉行以投资者为本位的制度理念,在市场准入端,应从根本上摒弃"小投资者歧视"的制度根源,以适当性评估机制逐步替代僵硬的入市标准,让投资者适当性制度回归证券法的"三公原则"。交易过程中,则应将投资者与金融产品和服务的适当性匹配作为投资者适当性制度的核心制度安排,要求证券经营机构"筛选"出适合投资者的金融产品或服务,而非一味地"筛选"投资者。经营机构有专业的能力,丰富的信息,完全可以胜任投资者的"看门人",凭借自身的专业知识和对投资者的精准判断,为投资者提供推荐最为适宜的金融产品或服务,从而将与投资者风险承受能力不匹配的产品或服务和投资者彼此隔离,这才是适当性义务的本意所在。交易结束后,应对证券经营机构苛以严厉的主体责任,将"卖者有责"的理念落实到推介机构应承担的具体责任之中,避免投资者适当性义务流于形式。同时,为了切实保障投资者的权益,完善投资者的法律救济途径,赋予投资者受到侵害时的维权武器,以便投资者能够及时、合法地维护自身权益。总之,应当将投资者适当性制度贯穿于科创板市场的交易始终,力求做到对各个层面的投资者保护全覆盖。投资者保护没有终点,投资者适当性制度仍将处于不断完善的道路之中。

中小投资者是我国资本市场最广泛的资金供给者,保护以个人投资者为核心的中小投资者是我国投资者适当性制度应有之义,也是该制度得以有效实施所不可或缺的。在科创板出台的大背景下,资本市场暗流涌动,投资者们纷纷跃跃欲试,保护投资者的现实需求更为迫切,因此,投资者市场下制度亦当审时度势,为投资者“过滤”风险,为其“筛选”出最具“适当性”的金融产品,最终构建与科创板相容的“适当性”制度。

# 市场实务

INVESTOR

# 多元化解证券期货纠纷协调对接机制发展现状与完善建议

## ——以诉调对接为研究重点

上海市高级人民法院课题组*

**摘　要**:近年来证券期货纠纷日益频繁和复杂,多元化纠纷解决机制被各方高度重视并大力推进,但囿于相关协调对接机制尚不完善,其功能还远未充分发挥。本文从多元化解证券期货纠纷协调对接机制的价值和特点出发,分析和研究其现状和存在的问题,借鉴域外相关经验,从而提出完善建议。在框架设计上,建议建立我国证券期货纠纷专业调解机制的集中模式。具体措施上,建议增加证券期货纠纷专业调解的数量,进一步扩大"诉转调"的通路,建立强制调解与单方承诺调解机制、示范判决引导调解机制、调解中财产保全机制、调解协议督促履行和辅助履行机制,完善调解协议司法确认制度,做好诉调对接机制的综合保障和持续发展工作等。

**关键词**:证券期货　多元化　纠纷解决　协调对接

近年来,我国证券期货行业迅速发展,已成为全球重要的证券期货市场之一。与此相适应,证券期货纠纷数量也呈爆发式增长态势。以上海市为例,2016 年至 2017 年上海法院共受理一审证券期货纠纷 2831 件,同比增长 240%,同时大量重大、疑难、复杂的证券期货纠纷不断涌现,影响了行业的健康发展和社会的和谐稳定。为及时有效保护投资者的合法权益,维护公开公平公正的资本市场秩序,多元化解证券期货纠纷协调对接机制的建立和完善势在必行。

---

* 本课题承接方为上海市高级人民法院。课题负责人:郭伟清;课题组成员:张新、史伟东、徐晓骁、沙洵、沈竹莺、杨晖。

本文为中证中小投资者服务中心(以下简称投服中心)"多元化解证券期货纠纷协调对接机制研究"课题成果。

## 一、多元化解证券期货纠纷协调对接机制的价值与特征

建设多元化解证券期货纠纷协调对接机制,系指通过有效的制度设计,使多种纠纷解决的方式形成有机结合、协调运作的系统。对接机制既涉及调解机构内部与外部的对接问题,也涉及不同的司法机关、仲裁、调解机构等之间的对接问题。

### (一)多元化解证券期货纠纷协调对接机制的价值

证券期货纠纷具有涉众广、类案多、专业性强等特点,受政策规范性强,立法滞后性较明显,因此相对于烦冗的诉讼程序而言,更适宜交由熟悉市场业务和监管政策的专业组织进行调解。然而目前,此类纠纷仍主要通过诉讼方式解决,一方面导致法院案件积压,司法资源重复性消耗;另一方面又使专业调解组织难以全面施展拳脚。因此,建立证券期货纠纷诉调对接机制的核心目标之一是切实提高专业调解在证券期货纠纷多元化纠纷解决体系中的比重。多元化解证券期货纠纷对接协调机制的价值体现在以下几个方面(以诉调对接为例):

1.提升纠纷解决专业性

高度专业性是证券期货纠纷案件的一大特征,证券期货交易产品结构复杂,交易规则高度专业化和集中化,市场创新程度高,新类型交易产品层出不穷。随着改革开放的不断深入,股票、债权、基金、衍生品已经成为证券市场的四大交易品种。以证券交易为例,近年来相继推出融资融券、"沪港通"、"沪伦通"等新型交易产品和交易模式;期货方面,也有金融期货交易、贵金属、原油期货交易等。这些新类型证券期货交易模式对金融创新起到了极大的推动作用,而随着市场细分的不断深化,各类创新交易模式所带来的专业化程度也在不断加深。目前,我国法院的法官,大部分都是法律专业出身,相对缺乏金融专业背景知识,对于金融专业知识的掌握程度还不够高,尤其是在证券期货领域,专业化的审判人才还比较匮乏。在此情况下,法院与证券期货行业监管部门和专业调解机构开展矛盾纠纷化解机制合作,依托监管部门和专业调解机构在证券期货方面的专业知识,可以有效借助外力,为矛盾化解提供专业化意见建议,提供矛盾化解思路,使矛盾纠纷在专业化条件下得以化解。

2.降低纠纷解决成本

维权成本始终是中小投资在维护自身合法权益中需要考虑的重要因素。由于证券期货交易的远程化、电子化特点,投资者分布在全国各地,而且证券期货案件很多

都由特定法院管辖，导致此类纠纷多为异地诉讼。异地诉讼势必导致维权成本的增加，比如交通、住宿、误工费用、诉讼费用等各类费用，加之中小投资者本身在法律、金融专业化知识上的弱势，需要专业化的诉讼代理人协助其维权，也在一定程度上推高了维权成本。专业调解机构可以通过远程调解、异地调解、集中调解等方法，贴近投资者进行纠纷处置，对批量纠纷进行集约化调解，有利于减少中小投资者的来回奔波，有效降低中小投资者的维权成本。

3. 提升纠纷解决效率

程序正义是法院处理各类纠纷案件的基本原则之一，严格按照我国《民事诉讼法》规定的审判程序解决矛盾纠纷是法院所必须遵循的规则。一般认为，诉讼程序较为漫长复杂，在审判程序上分为一审、二审和审判监督程序，一个案件进入法院后，按照我国《民事诉讼法》的规定，从立案到终审判决，时间基本都在半年以上，甚至更长。加之有的案件当事人在诉讼中存在不诚信诉讼行为，故意怠于诉讼、拖延诉讼的情形层出不穷，有的债务人甚至在法院判决后拒绝履行判决，导致案件还要进入执行程序。诉讼和执行程序对于急于得到经济补偿的中小投资者来说显然过于漫长。专业调解机构的优势在于，其可以省去法律规定的举证、开庭等一系列法定程序的时间，双方当事人可以按照调解机构制定的快速纠纷解决机制直接协商，同时借助调解协议的司法确认机制，其利益实现的效率得到了有效的提升，完全符合市场经济条件下对解纷化解效率的要求。

（二）多元化解证券期货纠纷协调对接机制的特征

从制度设计目标及其核心价值出发，构建多元化解证券期货纠纷协调对接机制应注重塑造以下基本特征。

1. 开放性

多元化解证券期货纠纷协调对接机制的开放性体现在多个方面：首先，纠纷解决的主体既包括司法机关、行政机关等具有国家属性的主体，还包括行业组织、专业机构等在内的民间主体；既包括组织形态的主体，也包括自然人主体；既包括法律机关和法律职业主体，也包括各种社会力量。其次，纠纷解决的方式可以是诉讼方式，也可以是调解、仲裁等非诉讼方式。再次，所解决的纠纷涉及的范围非常广泛，除了包括民事纠纷、行政纠纷等，还包括各种新型的社会诉求。最后，纠纷解决的依据除了成文的法律规范，还包括监管规定、交易规则、行业惯例等。

2. 灵活性

多元化解证券期货纠纷协调对接机制具有较大的灵活性:首先,基于其丰富的纠纷解决方式,当事人可以根据与发生冲突方的关系、纠纷的具体情况等来选择合适的方式;其次,较之诉讼方式,解纷程序的开始、结束等都可以由当事人自主确定;最后,只要不违背法律的基本原则,当事人可以对其权益作出灵活的处理或交易,也更易于当事人达成共识,有利于纠纷的实质性解决。

3. 有效性

多元化解证券期货纠纷协调对接机制作为一个内部协调、有机运作的整体系统,应能满足社会纠纷解决的需求,各种类型的纠纷都应能在系统内找到适配的化解方式或方式的组合,相对于诉讼程序更侧重于通过裁断达到纠纷化解的法律效果,多元化纠纷解决机制更侧重于在法律框架内,不拘一格地达到纠纷化解的社会效果,而这也是多元化纠纷解决机制的题中之意。证券、期货纠纷的特点,决定了以专业化调解机构为依托,能够有利于证券、期货纠纷的有效化解。

## 二、我国多元化解证券期货纠纷协调对接机制的现状和问题

### (一)多元化解证券期货纠纷协调对接机制现状

近年来,在市场主体的不断呼吁和最高人民法院、中国证监会的大力推行下,全国各地纷纷推进多元化解证券期货纠纷协调对接机制建设。

例如,上海市证券期货监管部门、行业协会、投服中心、上海市证券基金期货业纠纷联合人民调解委员会等与法院签署合作协议,开展诉调对接工作。截至2018年11月底,通过上海市证券基金期货业纠纷联合人民调解委员会共处理金融纠纷2766件,达成和解2301件;投服中心接受上海法院委托、委派调解案件912件,正式受理316件,调解成功226件。针对证券期货纠纷诉前解决,开辟了专项绿色通道,当事人可以在第三方机构的调解下达成调解协议,并通过绿色通道申请司法确认,赋予其强制执行力。对于起诉到法院且立案前适宜调解的纠纷,由诉调对接中心委托有关调解组织先行调解。对于诉讼中的纠纷,双方当事人愿意调解的,也可委托和邀请专业机构进行调解。同时积极开展证券支持诉讼的制度探索。2015年7月,上海一中院审结全国首例由投服中心支持诉讼的"匹凸匹金融信息服务公司虚假陈述责任纠纷案",标志着我国证券支持诉讼制度开始"破冰"。

2013 年 9 月，深圳证监局和深圳证券交易所联合推动，深圳国际仲裁院、深圳市证券业协会、深圳市期货同业协会、深圳市投资基金同业公会等机构在现行法律框架之下，共同设立调解中心。该中心探索结合自行协商、法院诉讼、专业调解和商事仲裁“四位一体”的独创机制。据公开数据显示，截至 2017 年 8 月 31 日，深圳证券调解中心受理各类咨询共计 2312 宗，咨询当事人涉及深圳以外地区的占比超过 70%，其中已办结案件 513 宗，调解成功 477 宗，调解成功率近 93%，和解金额合计逾人民币 5.68 亿元。从 2013 年 9 月到 2018 年 9 月，共受理的投诉 3150 宗，其中相当一部分的投诉没有进入正式的调解程序当中，正式受理的是 690 多宗，调解完结的是 620 宗，成功调解率 80%，调解金额 30.32 亿元。调解中心还实现了调解和仲裁的“无缝对接”。当事人经调解中心达成和解协议的，可申请深圳国际仲裁院进行仲裁，按照和解协议的内容依法快速作出仲裁裁决，使和解协议的内容具有可强制执行的法律效力。如一方当事人不履行和解协议或仲裁裁决书，另一方当事人或证券调解中心可以将相关情况告知行业自律组织或监管部门，列入诚信档案。对于拒不履行或不积极履行和解协议的会员，行业自律组织可以根据行业自律规范进行惩戒。

中国证监会下属的投服中心自 2016 年开始，承担了建设全国性证券期货纠纷调解中心的任务。据初步统计，截至 2018 年 11 月末，投服中心纠纷案件登记数、受理数、成功数及投资者获赔金额均占证券系统内纠纷调解的 50% 以上，诉调对接案件数量已占到证券系统内全国诉调对接案件的 90%。目前，投服中心已经构建全国性、全市场的调解网络，与中国基金业协会以及全国 31 个省、市、自治区签署了合作协议。通过与相关法院的合作，投服中心已初步构建起诉证结合的调解效力保障机制。投服中心相继完成了首单证券期货纠纷调解协议的司法确认、首单公证确认、首单诉前委派调解、首例资本市场小额速裁案等一批具有代表意义的证券期货纠纷专业调解案件。

（二）现有多元化解证券期货纠纷协调对接机制存在的问题

从相关实践来看，现有的多元化解证券期货纠纷对接机制已经有了长足发展，但与满足证券期货市场纠纷解决需求之间仍存在较大差距，若干体制机制障碍需要研究解决。

首先，多元化解证券期货纠纷协调对接机制的总体框架仍需进一步理顺。从相关国际经验来看，金融纠纷的解决途径越来越趋向于专业化、集中化、系统化的发展方向,英、美、日等成熟市场经济国家采用的“调查员模式”“保护机构模式”“纠纷解决中心模式”等无不体现出这一倾向。而我国证券期货纠纷调解机构仍处于“多头组织、分散管理”的状态,既不利于建立调解机构向专业化、系统化发展,也不利于行政机关、司法部门、仲裁机构等与专业调解机构形成有效对接。

其次,多元化解证券期货纠纷协调对接机制的适用范围仍需进一步扩展。与为数众多的证券期货纠纷相比,通过专业调解机构化解的纠纷数量仍十分有限,尚未能发挥其纠纷化解“主渠道”的功能。如何借鉴金融市场发达国家和地区的成功经验,引入“单方强制调解”“金融消费者调解费用减免”等行之有效的机制,畅通“委托调解”“委派调解”等诉调对接渠道,切实增强专业调解机构的引流能力,仍是当前亟须破解的现实问题。

再次,多元化解证券期货纠纷协调对接机制的制度设计仍需进一步优化。多元化解证券期货纠纷协调对接机制并非多种纠纷解决渠道的简单相加,而应通过发挥各方优势,优化资源配置,产生良性互动,从而发挥“1 + 1 > 2”的效果。例如,在涉众性证券期货纠纷中,法院可以作出“示范性判决”,指引调解机构的集中调解工作;在具有典型性的证券期货诉讼中,专业调解机构可以通过“支持诉讼”的方式参与案件审理,助力中小投资者维权;在处理专业性、前沿性较强的证券期货纠纷案件时,专业调解机构可以作为第三方出具评估意见,帮助法院解决专业问题;法院对专业调解机构主持达成调解协议,可以通过司法确认赋予其强制执行效力。上述各项制度均需在实践中不断探索和完善。

最后,多元化解证券期货纠纷协调对接机制的保障力度仍需进一步完善。多元化解证券期货纠纷协调对接机制的顺畅运行,有赖于一整套基础制度和配套措施的支撑。例如,调解机构的职能定位和运行机制应有相应法律规则及实施细则作出规定,多元化解证券期货纠纷协调对接机制的实施应有相应的组织和人员保障措施,多元化解证券期货纠纷协调对接机制的高效运行需要现代化信息技术的支撑等。

## 三、多元化解证券期货纠纷诉调对接机制的框架设计

多元化解证券期货纠纷诉调对接机制的框架设计,首先是要确立作为纠纷解决主渠道的专业调解机构的构建模式及其职能定位,在此基础上理顺其与其他纠纷解决途径之间的关系。

专业调解机构的性质定位上，目前世界上金融纠纷专业调解机构有纯粹民间调解机构、“半官方”调解机构、行政主导调解机构等不同类型。从机构设置、物质组织保障、调解效力等多重因素考虑，我国现阶段构建证券期货专业调解制度应当选择“半官方”调解模式为宜。在“半官方”模式下，金融监管机构需要制定各地使用的统一调解规则、对调解业务进行具体指导，并负责与司法部门及法院进行协调，处理好证券期货调解与行政调解、仲裁、诉讼等其他纠纷解决机制之间的衔接关系。

专业调解机构的模式选择上，按照现有机构的情况，宜采用全国性的集中化的专业调解机构。首先，基于证券期货纠纷的涉众性特点，建设全国性的证券期货专业调解机构，可以很好地涵盖全国各地的投资者的维权需求，降低投资者维权成本。其次，鉴于目前我国金融案件的司法审判仍然要遵循民事诉讼法的一般管辖规定，在一定区域内实施集中管辖。作为证券期货专业调解机构的设立也应该考虑与司法资源配置的协调问题。最后，在金融交易要素市场的集中化设置的模式下，证券期货纠纷的集中调解具有客观基础与现实可能。无论是从国际金融市场的发展现状或是我国当前及今后的金融市场的发展趋势看，金融市场交易的集中化已经成为主流。金融交易要素市场（包括交易所、交易系统、交易平台）结合互联网大数据系统的发展，一方面使金融交易资源的配置更加集中；另一方面借助互联网技术、普惠金融政策的推进，金融消费投资成为普通百姓消费生活的重要组成部分。集中化设置证券期货纠纷调解机构，可以与这些金融交易要素市场的设置相匹配，化解潜在的系统性风险。

专业调解机构的法律依据上，建议首先由《证券法》以专节或者专条的形式对全国证券期货纠纷调解机构进行原则性规定，使其“于法有据”，并授权国务院或者中国证监会予以细化规定；其次，由中国证监会根据《证券法》的授权，牵头制定有关调解中心设立、运行及监管的部门规章；最后，由专业调解机构根据具体情况制定更加细化的业务细则规定。

在与其他组织之间的关系上，专业调解机构需要理顺与相关行政监管机构、司法部门、自律监管机构及其他调解机构之间的关系。例如：在案件调解过程中，发现违法违规行为的，应当将相关线索或者情况尽快移交有权部门，由其对线索进行分析稽查、对违法违规的会员进行处罚或者按其他程序予以处理；要建立专业调解机构协同参与资本市场治理的法律机制，通过与交易所、中证监测、工商、税务、司法等系统的信息联网，共同打造资本市场诚信建设体系；与行政自律监管和公证仲裁司法机关双向衔接，丰富调解协议效力保证的方式途径等。

## 四、完善证券期货纠纷诉调对接机制的具体措施

充分发挥证券期货纠纷诉调对接机制的作用,有赖于各项细节措施的全方位完善,重在增强专业调解机构引流能力、畅通诉调对接流程、保障调解协议履行等。

(一)增强证券期货纠纷专业调解的引流能力

1. 扩大"诉转调"的通路

最高人民法院发布的《关于人民法院进一步深化多元化纠纷解决机制改革的意见》中指出要健全委派、委托调解程序。委派调解是指法院在登记立案前将纠纷引导至其他调解组织进行的调解,委托调解是法院在登记立案后或者审理过程中,将纠纷引导至其他调解组织进行的调解。在实践中,诉前委派调解较常见,但诉中委托调解的数量仍有待提高,其中既有技术层面的原因,也有诉讼参与主体心理层面的原因。就技术层面而言,诉前调解多由立案庭或诉调对接中心独立负责,经过多年建设已形成较完善的工作机制,从诉前引导、委派调解到调解不成转为诉讼立案,均有规范化、制度化的操作流程,但诉中调解是在案件分配给各审判业务庭之后方启动调解程序,不仅需要不同庭室之间的衔接与配合,也需要在案件办理系统中增加"诉转调"的专门程序,涉及流程对接、案卷递转、审限管理等多方面的工作。就心理层面而言,一方面,已经经历了较长诉讼周期的当事人可能会担心将案件送出去调解会拖延时间;另一方面,已经对案情和双方诉求有充分了解的法官也可能对委托调解心存顾虑。如果案件有调解可能,那么法官出于案结事了的职业本能,自然会积极促进双方进行调解。法官的中立形象、专业素养以及"调判结合"的原则,有效保障了司法调解的成功率,但如果法官出面调解未能成功,其出于审理程序连贯性和审理期限等考虑,会更倾向于径行判决,而非再委托院外组织进行调解。因此,要增加诉中委托调解的数量,需要建立相应的制度保障,减少当事人的顾虑,减轻法官的思想负担,对自愿选择诉中委托调解的当事人给予一定的优惠激励。

2. 推行强制调解与单方承诺调解

美国、英国、德国、日本等国家均不同程度地规定了强制调解制度。强制调解是指针对特定类型民事纠纷,不以当事人双方自愿为前提,使调解成为诉讼立案的前置程序或裁判前置阶段的一种特殊的民事调解制度。其强制性主要表现在两个层面:一是调解环节的启动具有强制性,不被当事人是否具有调解意愿左右;二是对不履行

调解义务的当事人采取罚款等强制性制裁措施。由于强制调解具有上述两个强制性因素，与传统调解差异显著，曾一度引起广泛讨论。不可否认，对于一些更宜以非诉方式解决的纠纷而言，强制调解在节约司法资源、高效化解纠纷、缓解社会矛盾方面优势明显，又未过多地干预当事人的自由意愿，因此具有较大的制度价值。因此目前的主流观点认为我国应当在民事诉讼制度中引入强制调解制度。但是，我国尚未在法律层面规范强制调解，欲以此方式化解证券期货纠纷则面临法律依据缺失的问题。此外，需要注意的是，强制调解制度并非一纸立法就能实现，还必须辅以完备的社会调解体系，需要大量的调解组织以容纳从诉讼中分离而来的大量纠纷，亦需要大批高素质的调解员提供优质的调解服务。尤其是专业性较强的证券期货纠纷，对调解组织的专业能力和调解质效提出了更高的要求。

在目前缺乏法律依据的情况下，尚不宜直接引入强制调解制度来化解证券期货纠纷，仍应坚持以当事人自愿为前提启动调解程序。但鉴于证券期货纠纷的一方当事人多为上市公司和证券期货经营机构，统一受证券行政监管和行业自律监管，因此在调解意愿的表达上可以采取事前委托、批量委托等便捷方式，即由上市公司和经营机构与行业内的专业调解组织达成协议，允诺将未来可能涉诉的证券期货纠纷交由该调解组织调解，上市公司和经营机构一旦涉诉，法院仅需征求对方当事人的同意，即可将案件交由该调解机构调解。此外，证券期货行业的监管部门还可以通过行政手段引导或要求上市公司和经营机构在投资者申请调解时予以配合，以顺利启动调解程序，加快调解进程。

3. 利用经济杠杆予以奖惩激励

为鼓励当事人以调解方式了结纠纷，《诉讼费用交纳办法》已经对调解、撤诉结案的受理费作出了减半收取的规定。因此对于当事人自愿将诉讼案件导向专业调解组织的情形，设置的相应优惠措施应当与之结合，以收取的预交诉讼费用的半价为限。考虑到受理费的减免应当与诉讼成本和司法资源的投入程度相适应，还应当根据不同的诉讼阶段以及结案的不同方式就受理费的减免作阶梯式规定。具体而言，在法庭审理前经专业调解组织达成和解协议而申请撤诉的，可以免于收取受理费；对达成调解协议并要求法院制作民事调解书的，案件受理费可以按照规定标准的1/4（全额诉讼费的1/8）收取；在法庭审理后经专业调解组织达成和解协议而申请撤诉的，按照规定标准的1/4收取，要求法院制作民事调解书的，按照规定标准减半收取（全额诉讼费的1/4）。

同时,对于承诺接受调解后无正当理由拒绝参加调解,在调解组织提出合理可行的调解方案后拒绝接受(例如,法院先行作出示范性判决后再由调解组织调解的同类纠纷),或者拒不履行已经达成的调解协议的当事人应当有所惩戒。最高人民法院在《关于人民法院进一步深化多元化纠纷解决机制改革的意见》第38条规定:"一方当事人无正当理由不参与调解或者不履行调解协议、故意拖延诉讼的,人民法院可以酌情增加其诉讼费用的负担部分。"诉讼费用除了案件受理费外,还有当事人因诉讼而支出的其他费用,例如,因交通、住宿、就餐、误工、证人出庭作证、律师代理而发生的必要费用等。

(二)提升证券期货纠纷专业调解的质量

1. 以示范判决引导调解

最高人民法院、中国证券监督管理委员会联合发布的《关于全面推进证券期货纠纷多元化解机制建议的意见》第13条要求建立示范判决机制。示范判决的目的是为涉众证券诉讼的处理树立裁判样板。涉众诉讼是指诉讼标的同类及一方当事人众多的诉讼,虚假陈述、内幕交易、操纵市场等证券期货纠纷即为典型的涉众证券纠纷。在涉众证券案件调解过程中,如果当事人无法就事实或者处理结果达成合意,则调解将陷入僵局。从投资者诉大智慧公司证券虚假陈述责任纠纷案件的委派调解中可以看出,在法院尚未对实施日、揭露日和基准日作出认定前,当事人接受专业调解的意愿并不强烈。此时应当发挥示范性判决的引导作用,由法院先就具备共同事实、证据或者法律争点的案件作出示范判决,之后其他案件可以参照示范判决的结果进行调解。

2. 探索建立法律适用辅助机制引导调解

法律的规定和评价是影响当事人调解策略的重要因素。司法调解之所以具有较高的成功率,除了法官个人的工作能力和调解经验外,十分重要的原因就是司法调解伴随着诉讼程序推进而展开,以判决为备位,随着案情日益明朗,双方当事人经过法庭充分交锋和法官依法释明法律后,逐渐对案件走势有了更清晰的预判,这会促使理性的当事人调整诉讼策略,考虑调解方案,涉诉之初坚持不同意调解的态度可能由此转变,调解谈判中明显不合理的诉求可能由此趋向合理。由于专业调解与司法调解在程序上相对独立,各成体系,当事人难以预见纠纷若诉诸法律将会产生何种结果,可能会不甘于接受调解方案。此时,如果可以由法院以权威第三方的身份出具法律适用意见,释明法律适用标准,将有利于当事人正确认识法律风险,促成调解。需要注意的是,法律适用意见仅就法律适用问题进行释明,原则上不涉及事实认定,亦不作假设性裁判。此外，也可由专业调解组织与知名律所、法律服务机构签订合作协议，由后者为当事人出具法律意见书，亦可有效辅助当事人判断法律风险。

(三)确保证券期货调解协议的履行

1. 建立调解中财产保全制度

调解的目的是高效便捷地实现权利救济，调解协议能否实际履行事关当事人的切身利益。由于我国传统的人民调解以家事纠纷、小额财产纠纷、相邻关系纠纷、劳动争议类纠纷为主，标的较小且当事人之间较为熟悉，具有较强的人情牵绊，因此调解协议的履行通常不存在障碍。但在商事调解中，纠纷标的额一般较大，当事人之间亦不存在较密切的社会联系，因此为确保经过多方努力达成的调解协议不因当事人或其他原因陷入履行困难，防止当事人假意调解，借机转移财产、逃避责任，有必要建立调解中财产保全制度。目前，我国并未对人民调解中的财产保全作出规定，可能会使当事人对调解心存顾虑，因此应当允许当事人在调解过程中向法院申请财产保全。如果当事人直接向调解组织提交调解申请，可以向调解组织所在地的人民法院申请保全；如果由法院委派、委托调解，当事人可以向委派、委托的人民法院申请保全。需要注意的是，财产保全系司法强制执行的保障，如果调解协议由当事人自动履行完毕，或者当事人申请人民法院对调解协议进行司法确认但被驳回，则相应的财产保全措施应当撤销。

2. 完善调解协议司法确认制度

调解协议的司法确认分为两类：一类是对法院委派、委托调解而达成的调解协议进行司法确认，由委派、委托法院管辖；另一类是对当事人自行向调解组织申请调解而达成的调解协议进行司法确认，由调解组织所在地基层法院管辖。2018 年 11 月 30 日，最高人民法院发布《关于全面推进证券期货纠纷多元化解机制建设的意见》，其中第 12 条继续明确委派调解达成的调解协议由委派法院确认，第 11 条对一般调解协议的司法确认作出规定，明确当事人可以申请有管辖权的人民法院确认其效力，且规定当事人申请确认调解协议的案件，按照我国《民事诉讼法》第十五章第六节和相关司法解释的规定执行。而我国《民事诉讼法》第十五章第六节则规定，申请司法确认调解协议向调解组织所在地基层人民法院提出。

金融案件中常见大标的案件，且特定类型金融案件适用专属管辖规定，这使很多金融案件的初审法院为中级人民法院。例如，根据最高人民法院发布的《关于审理证券市场因虚假陈述引发的民事赔偿案件的若干规定》《关于审理期货纠纷案件若干问题的规定》《关于对与证券交易所监管职能相关的诉讼案件管辖与受理问题的规定》《关于中国证券登记结算有限责任公司履行职能相关的诉讼案件指定管辖问题的通知》《关于审理期货纠纷案件若干问题的规定(二)》等司法解释,虚假陈述证券赔偿纠纷和期货纠纷,以证券交易所、期货交易所、中国证券登记结算有限责任公司等金融市场基础设施为被告或者第三人,因其履行职能引发的一审民事、行政案件,由相关辖区的中级人民法院管辖。对于应当由中级人民法院审理的金融案件,基层法院不具备管辖权,相应的也不具备司法确认、审查调解协议的能力,也无力应对数量巨大的调解协议司法确认申请,由其管辖此类纠纷的司法确认显属不妥。

目前最高人民法院的司法解释关于委派调解和委托调解司法确认的管辖规定是明确的。委派调解和委托调解的法院作为对所涉纠纷具有管辖权的法院,具备相应的司法确认审查能力,对司法确认当然具有管辖权。对于自行向调解组织申请调解而达成的调解协议的司法确认,本文认为应当充分考虑到金融纠纷的特殊性,以受理法院是否对所涉金融纠纷具有审理上的管辖权来判断其是否具有司法确认上的管辖权。应允许当事人在书面调解协议中选择当事人住所地、调解协议签订地、调解协议履行地、标的物所在地、非诉讼调解组织所在地的人民法院对司法确认均有管辖权,但不得违反专属管辖、级别管辖的规定。若当事人未约定或选择的,则由调解组织所在地对系争纠纷有管辖权的人民法院进行司法确认。建议专业调解机构在调解申请书等文件中提示当事人选择以上地区的人民法院进行司法确认。

3. 建立调解协议督促履行和辅助履行机制

调解协议获得强制执行效力后,若一方不履行,则另一方可以申请强制执行。但调解协议的自动履行才更能体现调解的非诉讼特性,体现当事人的诚实信用,因此调解组织应当鼓励和督促当事人主动履行调解协议。一是建立调解保证金制度,由当事人一方或双方向调解组织交纳保证金,若无正当理由拒绝参加调解的,调解组织可以扣除保证金,若根据调解协议需承担赔偿责任的,调解组织可先将保证金划付给对方。二是建立先行赔付制度,对于事实清楚,过错明显的一方当事人,先进行部分比例赔付。三是建立第三方资金监管制度,对于调解协议达成后,双方互付履行义务的,可由调解组织提供第三方资金监管服务。

(四)证券期货纠纷诉调对接机制的综合保障和持续发展

1. 组织保障

诉调对接工作是一项系统工程,需要建议统一的运作平台。法院可依托诉调对接中心，作为多元化纠纷解决机制工作的专门负责部门和工作平台，该中心一方面负责法院内部诉调分流、诉讼程序与非诉程序转化的操作和管理；另一方面与院外的各调解组织衔接，统一对外委派或委托调解、指导调解、进行司法确认等。证券期货专业调解机构亦可设立相应工作平台或设置专人专岗负责与法院的诉调对接平台进行对接。

2. 制度保障

一是建章立制。证券期货案件诉调对接机制涉及诉讼程序与非讼程序的分离和衔接，涉及法院与专业调解组织之间的分工与协作，因此需要制定专门的规章制度，确保对接机制顺畅运行。相关的规章制度应当对诉调对接案件的范围、流程、期限、结果等作出具体规范。二是人员交流和培训常态化，建立联席会议制度，相互沟通信息，通报各方涉及诉调对接工作的情况，及时掌握证券期货纠纷的变化动向，落实诉调对接的具体措施。三是定期回顾总结对接机制运行情况，法院和专业调解组织应各自做好证券期货纠纷诉调对接的统计、考核和总结工作。

3. 技术保障

一是借助可视化管理技术，确保诉调对接工作可视可控。法院为调解案件编立专门案号，控制调解时限，到期自动转入审判系统，全程留痕。专门调解机构应当对接收的案件独立编号，将调解员、调解进程、调解结果等信息输入调解管理系统，做到调解进程全留痕。法院的调解管理系统、审判流程管理系统应当无缝衔接，同时匹配衔接调解组织的台账系统，便于数据交换、统计分析。二是借助“互联网 + 技术”，不断改进完善证券期货纠纷的调解工具。“互联网 + 调解”的主要特点为便捷性、虚拟性、技术性。便捷性反映在其摆脱了时间、空间、成本等因素的束缚，使异地远程调解得以实现。虚拟性反映在以网络信息技术工具为载体，参与主体均需要网络身份识别。技术性反映在平台所需的互联网技术，以及参与主体所需的互联网技能。但“互联网 + 调解”在降低成本的同时，也带来了新的问题，例如调解主体身份识别、对网络软硬件的依赖、用户体现度、网络信息安全等。要解决上述问题，一方面需要互联网技术的进一步普及和发展；另一方面需要调解组织积极向技术靠拢，向技术要质效。

## 五、小　结

课题组通过对域外证券期货纠纷诉调对接机制的经验进行考察和借鉴，分析我国在相关机制建设上取得的成果和存在的不足，提出证券期货纠纷诉调对接机制框架设计,目标是要在明确证券期货纠纷专业调解机构的功能定位的基础上,建立我国证券期货纠纷专业调解机制的集中模式。具体措施上,首先要增加证券期货纠纷专业调解的数量,进一步扩大"诉转调"的通路,建立强制调解与单方承诺调解机制,要善于利用经济杠杆予以奖惩激励。其次要提高专业调解的质量,进一步严格选任和培训专业调解员,推行示范判决引导调解,发挥法律适用意见书的引导作用。关键要确保证券期货调解协议的履行。建立调解中财产保全制度,完善调解协议司法确认制度,建立调解协议督促履行和辅助履行机制。最后要做好诉调对接机制的综合保障和持续发展工作。

# 证券公司融资融券绕标相关问题研究

范圣兵[*]　张　玉[**]

2018年以来,全市场股票质押比例越来越高且股票质押式回购交易业务的风险案例逐渐增多,银行和证券公司等金融机构开始谨慎为大股东开展质押融资,大股东希望通过融资融券绕标实现融资目的,同时绕开对融资资金用途的监管;也有不少投资者为博取高收益,希望通过融资融券绕标达到扩大标的证券、增加杠杆比例等交易目的;另外,由于佣金率持续走低,交易量低位运行,证券公司通过提供绕标服务寻求收入来源。

近期,在一起证券公司与客户的融资融券纠纷中,客户认为证券公司在开展融资融券业务过程中,知晓并放任、引导配合客户从事了违法违规的绕标行为,存在重大过错,但法院最终并未予以支持,而是认为绕标是客户个人自主决定的行为,应当自担风险。本课题研究首先详细介绍绕标业务的释义、步骤和种类,然后结合目前的相关规则和政策,分析绕标中存在的问题及争议焦点,最后给出意见和建议。

## 一、绕标释义、种类和步骤

### (一)绕标释义

虽然绕标是证券公司融资融券业务中的一种普遍现象,但目前并无法律法规、业务规则上的明确界定,按照证券公司业内的普遍理解。绕标,顾名思义就是绕开标准,是指投资者在与证券公司开展的融资融券业务中,将证券公司出借资金买入融资融券非标的证券的行为。

---

* 国元证券股份有限公司合规总监总法律顾问。

** 国元证券股份有限公司融资融券业务合规专员。

(二)绕标的主要种类和步骤

1."融资+融券"绕标模式。这是绕标最开始的一个方法,也是最简单的一种。

具体步骤:通常是经过四步,最多可提取原账户总资产33%的现金。假设:客户证券账户中有资产100万元(满仓股票),信用总额度100万元(不计交易手续费、利息等费用及买卖价差和折算率)。

第一步:融券卖出价值33万元的标的证券A,融券负债33万元。

第二步:融资买入相同数量的同一标的证券A,融资负债33万元。

第三步:将融资买入的标的证券A以"现券还券"的方式偿还融券负债,账户显示总负债33万元,融券卖出资金33万元解冻。

第四步:此时担保比例(总资产/总负债)=(100万元+33万元)/33万元=400%,因为维持担保比例300%以上的部分可转出,所以此时客户可转出的资金为33万元。

2."担保证券融资"绕标模式。在融资融券业务开展初期,部分券商对投资者融资买入产生合约后的还款规则是按照合约开仓的时间先后顺序。

具体步骤是:综合多家证券公司的经验,这类融资业务需要流通股和一定的现金方可完成,具体操如下(下述A和B均为可T+0交易的融资融券标的):

第一步:提交3000万股票(假设折算率为0)作为担保品,转入信用账户100万元现金;

第二步:融资买入A80万元;

第三步:融资买入B20万元;

第四步:对B进行卖券还款,按照先借先还的规定,A负债减少20万元,为60万元;B负债为20万元;

第五步:重复第三步和第四步,直至A负债被全部还清,B负债为80万元;

第六步:对A进行担保品卖出,此时现金180万元和80万元负债,资金当日可用;

第七步:重复第二步、第三步、第四步、第五步,直至信用账户中股票市值为3000万元,现金1100万元,负债为1000万元;

第八步:转出现金1100万元;转出后的总资产3000万元,总负债1000万元,担保比例为300%。

3."大小合约"绕标模式。这种模式通过利用大小合约进行绕标,具体步骤如下:

第一步:账户转入保证金;

第二步:投资者 T 日融资买入 A 证券 100 万元,为实现资金最快可用,一般会选择 T +0 交易的 ETF(交易型开放式指数基金,Exchange Trided Funds,ETF)品种;

第三步:融资买入 A 证券 1000 元;

第四步:投资者 T 日立即反手交易卖出 1,001,000 元还款,使用"指定合约"偿还 1000 元的合约,剩余资金不再继续偿还;

第五步:账户可用资金增加 100 万元。此时账户剩余 A 证券合约负债 100 万元,A 证券无市值,但账户可用资金增加 100 万元,可以购买标的证券以外的股票。

4."融资买入"模式。这种模式在上市公司大股东中较常见,大股东持有股票市值较大但减持受限或不想减持,通过绕标形式达到融资目的。具体步骤如下:

第一步:投资者将本身持有的股票作为担保证券,T 日形成融资合约;

第二步:当维持担保比例超过 300% 时,T +1 日将超比例部分的担保物提出,这里不区分是自有资金买入或融资买入,资金转出至普通账户;

第三步:T +2 日在普通账户中普通卖出,至此从信用账户转出的担保物可作为自有资金,在 T +2 日可用,T +3 日普通可取。

上述四种绕标模式均能扩大融入资金的投资范围,其中"融资 + 融券""担保证券融资""融资买入"模式均能不同程度变更融入资金为不受投资限制的自有资金,实现资金套现。

(三)绕标的市场需求来源

1.投资者存在资金临时周转需要。投资者除在证券市场进行投资交易外本身还是一个实体经营者,当其自身企业经营或家庭原因突然需要一定的流动资金临时周转时发现通过银行贷款、亲友之间借款、民间借贷等均不能在规定时间内资金到位或者成本太高,又不愿意卖出其持有的证券市值降低其控股、投票等权益,所以将其股份转入信用账户作为担保物,融资买入对应的证券,并同时将自有证券卖出与融资相等的金额,符合维保比例的情况下将资金转去其同名的银行账户,供其短期周转。即用融资资金买入的股份替代自持股份,资金无须周转后客户随时可转入信用账户内进行"现金还款"操作,将融资本金和利息进行偿还。

按照规则维保比例在 300% 以上的担保物可以从信用账户转出,投资者既然有足额的担保资产在信用账户,资金临时周转可以满足客户需求,解决其燃眉之急,但可能存在担保物与可融资证券不一致的情况,客户就只能绕标交易。

2. 可直接融资买入的标的证券范围不能满足投资者需求。虽然目前融资融券标的证券范围已经扩大至 998 只(950 只证券、48 只 ETF),但证券数量只占上市证券的 1/4,且每个券商最终还会对标的证券名单进行二次筛选,行情、板块直接变化又比较快速,投资者经常挑选好某只上市证券想加杠杆融资交易下单时才发现不是标的证券,或者虽然是标的但开户券商因某些原因进行了剔除,此时投资者会错失交易机会和无法获得获利机会。

融资出借方和借入方是券商和投资者双方,投资者对其挑选并实际融资买入的证券承担盈亏责任,交易范围过小无法满足投资者日常扩大交易规模的需求。

3. 有投资机会或行情时,杠杆比例过低。融资融券业务试点至 2015 年 11 月之间,证券交易所规定的最低融资融券保证金比例为 50%,即投资者现金作为保证金的情况下,融资、融券的最大财务杠杆效应可以达到 2 倍,2015 年 11 月 23 日起交易所提高融资保证金比例最低值至 100%,最大财务杠杆效应降至 1 倍,50% 的保证金比例与海外成熟市场类似,100% 明显限制了融资交易的杠杆效应。

对于一般性或投资能力相对较弱的投资者来说,一倍杠杆水平已经可以满足其需求,但对于专业投资者、风险承受力和投资经验较高的投资者来说,一倍杠杆限制住了其投资需求,减弱了收益率,倒逼此类客户去投资其他杠杆率更大的期权、期货等交易,或者找寻民间借贷平台借入资金,因其杠杆率可以达到 2 ~ 10 倍,甚至达到 20 倍,民间借贷与融资融券有着明显的区别,监管难度大,隐蔽、费用高,投资者风险大。

4. 变相实现质押。此类客户一般为上市公司持股 5% 以上的股东,2018 年股票质押的新规实施后,因为整体质押比例和质押后资金用途受到限制,有部分股东采取信用账户维保比例 300% 以上取现的方式进行套现交易,规避资金用途监控和质押比例不超过 50% 的限制。

5. 套现后账户资金用于大宗交易。目前,信用账户中只能对深圳证券交易所上市证券进行大宗交易,因减持新规要求,特定对象卖出证券后的对手方须持有 6 个月后方能再反向卖出交易,市场中存在部分投资者认为持有此类证券 6 个月后有差价收益机会,但自身资金不足,需要借用券商融出资金一起接手上述股份,等可以再次交易时选择合适价格进行卖出交易获利。

## 二、相关规则与政策

（一）中国证监会的规定

《证券公司融资融券业务管理办法》（以下简称《管理办法》）第18条规定："……客户融资买入、融券卖出的证券，不得超出证券交易所规定的范围。"

《管理办法》第21条规定："客户融资买入证券的，应当以卖券还款或者直接还款的方式偿还向证券公司融入的资金。客户融券卖出的，应当以买券还券或者直接还券的方式偿还向证券公司融入的证券。客户融券卖出的证券暂停交易的，可以按照约定以现金等方式偿还向证券公司融入的证券。"

（二）沪深交易所及中国证券登记结算的规定

1.《上海证券交易所融资融券交易实施细则（2015年修订）》（以下简称《实施细则1》）第20条、《深圳证券交易所融资融券交易实施细则（2016年修订）》（以下简称《实施细则2》）第2.18条规定，"投资者信用证券账户不得买入或转入除可充抵保证金证券范围以外的证券，也不得用于参与定向增发、股票交易型开放式指数基金和债券交易型开放式指数基金的申购及赎回、债券回购交易等"。

2.《中国证券登记结算有限责任公司融资融券登记结算业务实施细则（2018年修订）》第57条规定："投资者信用证券账户不得买入或转入除可充抵保证金证券范围以外的证券，也不得用于参与定向增发、股票交易型开放式基金和债券交易型开放式基金申购及赎回、债券回购交易等。"

3.《实施细则1》第16条、《实施细则2》第2.14条规定："投资者卖出信用证券账户内融资买入尚未了结合约的证券所得价款，应当先偿还该投资者的融资欠款。"

4.《实施细则1》第三章、《实施细则2》第三章对可作为融资买入或融券卖出的股票、证券投资基金、债券及其他证券的标准进行了明确的规定，即"在本所上市交易的下列证券，经本所认可，可作为融资买入标的证券或融券卖出标的证券：（一）股票；（二）证券投资基金；（三）债券；（四）其他证券。通常情况下，投资者从证券公司融出资金以后，所得资金应当用于购买证券公司指定的标的证券"。

（三）监管部门窗口指导意见

1.2015年4月中国证券监督管理委员会（以下简称中国证监会）召开新闻发布

会,通报了证券公司融资融券业务开展情况。[①] 中国证监会时任主席助理出席会议并做了总结讲话,对融资融券提出了包括合理确定、调整证券标的范围等在内的七项要求,提出加强融资融券业务风险管理,根据市场发展情况及自身风控要求,及时调整初始保证金比例、可充抵保证金证券折算率、标的证券范围等管理手段,合理确定客户融资杠杆,进一步强调"两融合规"问题,对部分证券公司通过窗口指导形式叫停绕标交易。

2. 2017 年 7 月据《券商中国》的报道,两融"绕标套现"成为市场需求、券业创新和监管博弈的对象,当时市场刚刚创新的担保证券融资绕标套现模式,部分券商的绕标业务被监管部门窗口指导叫停,也有个别证券公司从融资融券合规性的角度出发,主动对信用交易系统进行修正,将 3 只 ETF 产品剔除标的证券名单。

3. 据《中国证券报》报道,[②]2018 年 5 月中国证监会有关部门召集部分券商(11 家左右)进行座谈,就股票质押式回购业务风控、两融绕标套现融资等具体问题展开了讨论。

## 三、绕标可能存在的问题及争议焦点

### (一)可能存在的问题

1. 间接突破标的证券,提高双融交易风险

投资者或基于套取证券公司资金用于其他投资标的的目的,或基于债券交易风险意识不足、意图攫取超额利益的需求,利用"维持担保比例超过 300% 时,客户可以提取保证金可用余额中的现金或充抵保证金的证券,但提取后维持担保比例不得低于 300%"的监管规则,或者绕开"投资者卖出信用证券账户内融资买入尚未了结合约的证券所得价款,应当先偿还该投资者的融资欠款"的投资者自律规则,套取证券公司资金用于购买非标的证券。

一方面,投资者的绕标行为,提高了自身的交易风险。鉴于证券交易所确定标的证券的原则为"从严到宽、从少到多、逐步扩大",旨在促进融资融券业务健康长远发展,综合考虑市盈率、上市公司及市场情况等因素,确定客户融资买入、融券卖出证券

---

① 经查看中国证券监督管理委员会网站公告。

② 参见陆静:《监管叫停两融绕标套现融资操作模式》,载 https://www.cs.com.cn/xwzx/201805/t20180518_5805927.html,最后访问日期:2019 年 7 月 5 日。

的范围,并设置定期评估调整机制优化标的证券结构。相较而言,非标的证券的风险系数更高,受股票市场波动影响的幅度更大,投资者投资非标的证券的投资风险更高。

另一方面,投资者进行绕标提高了证券公司的交易风险。前文所述绕标步骤中,投资者通过偿还顺序在前的债务、“指定合约”等途径将“融资资金”变更为“自有资金”,购买标的证券范围以外的证券。由于资金来源是证券公司,投资者以借入资金投资风险更高的非标的证券,在风险因素爆发时,亏损资金实际为证券公司资金。投资者因扩大交易风险导致的无力偿还负债,增加了证券公司无法收回或无法足额收回融资款项的风险。

再者,投资者实施绕标行为还间接突破了融资融券业务规则。《管理办法》等业务规则明确了投资者可以以融资资金投资的标的证券范围,投资者以融资资金买入标的证券,卖出后又以相应的资金买入其他证券的,虽然形式上符合相关业务规则,但最终将资金套出融资融券交易的范畴,脱离了券商监管视线,间接突破了相关业务规则。

2. 引发其他交易风险,暗藏相关交易隐患

(1)关于证券账户实名制方面

我国《证券法》第 166 条规定,“投资者委托证券公司进行证券交易,应当申请开立证券账户。证券登记结算机构应当按照规定以投资者本人的名义为投资者开立证券账户”。《证券公司监督管理条例》第 28 条规定,“证券公司受证券登记结算机构委托,为客户开立证券账户,应当按照证券账户管理规则,对客户申报的姓名或者名称、身份的真实性进行审查。同一客户开立的资金账户和证券账户的姓名或者名称应当一致。证券公司为证券资产管理客户开立的证券账户,应当自开户之日起 3 个交易日内报证券交易所备案。证券公司不得将客户的资金账户、证券账户提供给他人使用”。

同时,《证券法》第 208 条第 1 款①规定了法人以他人名义设立账户或者利用他人账户买卖证券的责任承担,《关于对证券违法案件中违反账户实名制行为加强自律管理的通知》则针对证券违法案件中违反账户实名制管理的相关当事人,规定了除采取注销账户、限制使用等措施外,还将同时采取一定时期内限制新开账户、列为重点关

① 法人以他人名义设立账户或者利用他人账户买卖证券的,责令改正,没收违法所得,并处以违法所得一倍以上 5 倍以下的罚款;没有违法所得或者违法所得不足 3 万元的,处以 3 万元以上 30 万元以下的罚款。对直接负责的主管人员和其他直接责任人员给予警告,并处以 3 万元以上 10 万元以下的罚款。

注对象等处罚措施。

监管规定和自律规则亦设定了证券公司的审核、监督义务。监管层面上,《金融机构客户身份识别和客户身份资料及交易记录保存管办法》(银发〔2007〕2号令)第3条、①《证券登记结算管理办法》(中国证券监督管理委员会令第147号)第24条、②《管理办法》第12条③要求证券公司应了解实际控制主体和实际受益人,并监督证券账户的使用情况。自律层面上,中国证券登记结算有限责任公司(以下简称中国结算)2014年8月25日发布的《证券账户管理规则》第44条、第50条规定,证券公司应当负责对与其具有委托交易关系的投资者证券账户的使用情况进行监督,定期检查证券账户使用情况,发现不合格账户的应当按本公司有关规定及时规范;对不能及时规范的,应当按本公司有关规定在其柜面系统采取限制使用措施并向本公司报送。

以上账户实名制的相关规则,既是对投资者的要求,又是对证券公司的监管要求。但遗憾的是,在绕标的问题上,投资者缺乏有效的监管惩戒机制,证券公司审查账户实名制的渠道又有较大的局限性。

具体而言,在对投资者的要求方面,即便投资者突破以自有账户进行交易的要求,除非构成刑事犯罪,否则现有规则缺乏相应的惩戒措施,尚停留于自律规则的层面。融资融券交易过程中,存在不法分子通过借用他人账户掩盖自身违法行为、守法合规意识淡薄的投资者为违法违规行为提供便利而将自己的账户出借给他人使用的情形,违反证券账户实名制管理规定,严重扰乱证券市场秩序。前述"违法违规行为"包括内幕交易、市场操纵等,不法分子利用融资融券投资者的证券账户绕标购买目标公司的证券,通过非法利用内幕信息、操纵或影响证券交易价格或证券交易量等手段牟取暴利。投资者构成上述刑事犯罪的,由刑法规制;投资者不构成刑事犯罪,将账户出借给他人使用用于绕标,或者借用他人账户绕标的,尚无与之契合的惩戒措施。

在证券公司发现投资者账户实名制的可能性方面,也存在天然的能力不足的窘境。融资融券交易投资者基数大,交易数据多,且不在柜台交易。在通常情况下,受出差、迁居等多方面因素影响,投资者不当然会使用单一交易平台或单一IP地址。

① 金融机构应当针对具有不同洗钱或者恐怖融资风险特征的客户、业务关系或者交易,采取相应的措施,了解客户及其交易目的和交易性质,了解实际控制客户的自然人和交易的实际受益人。

② 证券公司应当掌握其客户的资料及资信状况,并对其客户证券账户的使用情况进行监督。证券公司发现其客户在证券账户使用过程中存在违规行为的,应当按照证券登记结算机构的业务规则处理,并及时向证券登记结算机构和证券交易所报告。

③ 证券公司在向客户融资、融券前,应当办理客户征信,了解客户的身份、财产与收入状况、证券投资经验和风险偏好,并以书面和电子方式予以记载、保存。

如此,正常交易的投资者本身即存在使用多个 IP 地址或交易媒介开展业务的可能性。即便投资者将账户提供给他人使用或使用他人账户进行绕标,证券公司也难以准确发现、监控或定性。

通常情况下,证券公司应当通过以下方式提示客户应当本人使用账户:一是要求客户本人现场开立信用账户并进行"双录",严格审查客户身份的真实性,落实证券账户实名制;二是在开立信用账户前,证券公司应通过《融资融券业务风险揭示书》的书面形式告知客户账户应由本人使用,否则应自行承担相应的风险和损失,客户表示知悉并签字确认;三是证券公司回访时均会与客户确认账户是否本人操作,并提示相关风险。

(2)关于投资者适当性管理方面

我国的行政法规到部门规章均强调证券公司须遵循投资者适当性原则,履行投资者适当性义务。《证券公司监督管理条例》第 29 条规定,证券公司应当根据所了解的客户情况推荐适当的产品或者服务。《证券期货投资者适当性管理办法》(中国证券监督管理委员会令第 130 号)第 29 条第 2 款规定,经营机构应当制定并严格落实与适当性内部管理有关的限制不匹配销售行为、客户回访检查、评估与销售隔离等风控制度,以及培训考核、执业规范、监督问责等制度机制。《证券经营机构投资者适当性管理实施指引(试行)》第 11 条规定,"证券经营机构应当及时将投资者信息录入投资者评估数据库,并根据更新的信息持续评估投资者风险承受能力。投资者评估数据库中应当至少包含下列信息……(四)投资者投资交易记录,包括但不限于产品或服务及其风险等级、交易权限、交易频率等"。

《管理办法》第 4 条第 1 项规定,证券公司经营融资融券业务不得诱导不适当的客户开展融资融券业务;第 7 条第 7 项规定,证券公司申请融资融券业务资格,应当建立符合监管规定和自律要求的客户适当性制度,实现客户与产品的适当性匹配管理;第 12 条第 5 款规定,证券公司应当按照适当性制度要求,制定符合本条规定的选择客户的具体标准。《证券公司融资融券业务内部控制指引》第 9 条规定,"证券公司应当建立客户选择与授信制度,明确规定客户选择与授信的程序和权限……(三)明确客户征信的内容、程序和方式,验证客户资料的真实性、准确性,了解客户的资信状况,评估客户的风险承担能力和违约的可能性。(四)记录和分析客户持仓品种及其交易情况,根据客户的操作情况与资信变化等因素,适时调整其授信等级。"

实务中,易将投资者适当性制度与合格投资者制度混同,二者的区别在于合格投资者制度是投资者进入某一市场或参与某一业务、购买某一产品、接受某种服务的准入制度;证券投资者适当性制度更多涉及证券公司等市场中介机构对客户的了解、测评和提示义务等重点是将合适的产品推荐和销售给合适的投资者。前者重在从市场风险、投资者本身的角度,设定其需要满足的条件和门槛;后者重在对不同的投资者提供不同的法律保护。①

如前文所述,部分投资者在绕标过程中,缺乏相应的证券投资经验和风险识别能力,进行非适当性交易,为自身招致巨额债务。投资者适当性制度的建立,旨在约束证券经营机构建立适当性管理制度、规范适当性管理措施、方法和流程等方面,保护投资者尤其是中小投资者的利益。

值得注意的是,融资融券业务不同于银行贷款业务,属于担保物融资操作,在开户时,主要的考量因素在于客户的证券类资产情况。根据上述规定,证券公司为客户开立信用账户必须审查的是客户的证券类资产情况、证券交易情况及以往履约情况。在融资融券业务中,证券公司的权利保障并不在于客户的个人征信记录有多良好,个人银行授信有多高,而在于客户存放在信用账户中的证券类资产。个人银行授信额度与融资融券授信额度是两个判断体系,判断的主要依据不同。客户最近20个交易日日均证券类资产不低于50万元的,其资产即已经符合证券公司设置的资产方面的标准。极端情况下,即便个人银行授信为0元,只要其各项指标符合证券公司的要求,证券公司也可以为其开通融资融券业务。正是基于这种融资业务规则的特殊性,使部分本无力承受风险的投资者,利用资金短期停留账户等模式,获取融资融券业务资格进而开展融资融券交易甚至绕标交易,提高自身风险,也给证券公司造成了损失。

(3)关于信用账户单一证券集中度问题

根据《管理办法》第36条第3款的规定,证券公司应当在符合监管要求的前提下,根据市场情况、客户和自身风险承受能力,对融资融券业务保证金比例、标的证券范围、可充抵保证金的证券种类及折算率、最低维持担保比例和业务集中度等进行动态调整和差异化控制。《实施细则1》第48条、《实施细则2》第4.10条规定,会员应当加强对客户担保物的监控与管理,对客户提交的担保物中单一证券市值占其担保物市值比例进行监控。对于担保物中单一证券市值占比达到一定比例的客户,会员

① 参见张付标、李玫:《论证券投资者适当性的法律性质》,载《法学》2013年第10期。

应当按照与客户的约定,暂停接受其融资买入该证券的委托或采取其他风险控制措施;《实施细则1》第57条、《实施细则2》第6.7条规定,会员违反细则的,证券交易所可依据有关规定采取相关监管措施及给予处分,并可视情况暂停或取消其在该所进行融资或融券交易的权限。

投资者之所以选择绕标操作,可能性之一在于投资者基于自身掌握的信息或技术判断特定的非标的证券有高于标的证券的投资价值。如此,投资者绕标所得资金可能集中于特定的证券品种,造成特定证券的持仓集中度提高。投资者购买的单一非标的证券市值占比达到一定比例时,证券公司将按照与投资者的约定暂停接受其融资买入该证券的委托或采取其他风险控制措施。而证券公司与投资者没有约定或没有及时约定相应的比例的,则可能出现无比例可资考量的窘境。彼时,投资者进行绕标操作导致单一证券持仓集中度提高的,证券公司可能在持仓集中度方面对投资者无制约措施。

目前已有不少证券公司已经落实了相关要求。例如,有的证券公司规定:当信用账户维持担保比例在180%以下,通过信用账户普通买入或者融资买入证券委托成交后,账户内该证券市值占信用账户总资产的比例不得高于70%,如果高于70%(含70%),则禁止客户普通买入或者融资买入该证券;信用账户维持担保比例在180%以上(含180%)200%以下的,通过信用账户普通买入或者融资买入证券委托成交后,账户内该证券市值占信用账户总资产的比例不得高于80%;信用账户维持担保比例在200%以上(含200%),通过信用账户普通买入或者融资买入证券委托成交后,账户内该证券市值占信用账户总资产的比例不做限制。

(4)关于保证金比例的方面

2015年11月上海、深圳证券交易所发布《关于做好融资保证金比例调整相关准备工作的通知》,将融资最低保证金比例要求从50%提高至100%。《实施细则2》随之将第4.5条第1款修订为:投资者融资买入证券时,融资保证金比例不得低于100%。

《实施细则2》第4.5条第2款规定,融资保证金比例是指投资者融资买入证券时交付的保证金与融资交易金额的比例。其计算公式为

融资保证金比例=保证金÷(融资买入证券数量×买入价格)×100%

《实施细则2》第4.7条第2款规定,保证金可用余额是指投资者用于充抵保证金的现金、证券市值及融资融券交易产生的浮盈经折算后形成的保证金总额,减去投资

者未了结融资融券交易已用保证金及相关利息、费用的余额。其计算公式为

保证金可用余额 = 现金 + Σ(可充抵保证金的证券市值 × 折算率) + Σ[(融资买入证券市值 - 融资买入金额) × 折算率] + Σ[(融券卖出金额 - 融券卖出证券市值) × 折算率] - Σ融券卖出金额 - Σ融资买入证券金额 × 融资保证金比例 - Σ融券卖出证券市值 × 融券保证金比例 - 利息及费用公式中,融券卖出金额 = 融券卖出证券的数量 × 卖出价格,融券卖出证券市值 = 融券卖出证券数量 × 市价,融券卖出证券数量指融券卖出后尚未偿还的证券数量;Σ[(融资买入证券市值 - 融资买入金额) × 折算率]、Σ[(融券卖出金额 - 融券卖出证券市值) × 折算率]中的折算率是指融资买入、融券卖出证券对应的折算率,当融资买入证券市值低于融资买入金额或融券卖出证券市值高于融券卖出金额时,折算率按100%计算。

融资融券业务中,部分投资者将保证金比例的计算方式错误理解为保证金总额除以负债总额,据此认定证券公司违反了前述关于融资保证金比例的规定。保证金比例是判断客户可以融入多少资金的依据,但并非是简单理解的用保证金总额除以负债总额,而是根据前述规定中的计算公示精细至每一笔合约。客户融资买入上市证券后会逐步累计到保证金可用余额中,多数证券公司通过系统设置确保每笔合约都不低于100%。

(二)绕标存在的争议焦点归纳

1. 关于投资者绕标行为的合法性问题

一种观点认为,投资者绕标是合法行为。原因在于投资者提取保证金可用余额中的现金或充抵保证金的证券后,其维持担保比例并未低于300%的监管要求,且提取的资金来源于已了结的合约,不存在"卖出信用证券账户内融资买入尚未了结合约的证券所得价款""未了结相关融券交易前融券卖出所得价款"另作他用的情形,不需要再接受融资融券业务规则的限制和评判,系投资者处分自身资产、合理投资的行为。

另一种观点认为,绕标是违法行为。原因在于根据《实施细则1》第16条和第17条、《实施细则2》第2.14条和第2.15条的规定,投资者卖出信用证券账户内融资买入尚未了结合约的证券所得价款,应当先偿还该投资者的融资欠款;未了结相关融券交易前,投资者融券卖出所得价款除以下用途外,不得另作他用:(1)买券还券;(2)偿还融资融券交易相关利息、费用或融券交易相关权益现金补偿;(3)买入或申购证券公司现金管理产品、货币市场基金以及本所认可的其他高流动性证券;(4)证

监会及本所规定的其他用途。前述规定旨在落实《证券公司监督管理条例》第52条第2款关于"客户交存的保证金以及通过融资融券交易买入的全部证券和卖出证券所得的全部资金,均为对证券公司的担保物"和《管理办法》第14条关于"证券公司客户信用交易担保证券账户内的证券和客户信用交易担保资金账户内的资金为担保证券公司因融资融券所生对客户债权的信托财产"的监管要求,保障证券公司作为担保权人的优先受偿权。实务中的绕标操作模式虽存在具体步骤的差异,但实质均为套现后购买非标的证券,套取的资金虽不受交易系统的约束,但其仍为前述监管规定中的"卖出证券所得的全部资金""客户信用交易担保资金账户内的资金",即为对证券公司的担保物。《管理办法》第18条第2款规定,客户融资买入、融券卖出的证券,不得超出证券交易所规定的范围。《实施细则1》《实施细则2》对可作为融资买入或融券卖出的股票、证券投资基金、债券及其他证券的标准进行了明确的规定。据此,绕标违反了前述关于优先偿还证券公司债务及购买标的证券的规定。

笔者认为,从逻辑的角度严格考察,绕标属于投资者的违约行为,但并未明确违反现有监管规则。现有成文的业务规则或监管规则虽对投资者提到了购买标的证券的要求,但并没有明确限制投资者绕标行为,且相关规则效力层级尚停留于部门规章的层面,没有法律或行政法规的明确规定,尚难以上升到合同法视角下合同无效的严重后果。实践中存在的投资者绕标的操作,均有符合融资融券业务规则的外观特征。即便是投资者绕标行为提高了自身风险,加大了证券公司业务风险,但绕标行为本身带有投资者投资策略的色彩,且没有明确的监管规则予以限制。直接否认绕标行为的合法性,尚缺乏明确的制度依据。在合法性问题上值得关注的是,绕标行为附随的或可能引发的风险或隐患如何杜绝的问题。

2. 关于证券公司应否需要承担责任的问题

关于证券公司在投资者绕标过程中是否需要承担相应责任,实务中亦存在争议。一种观点认为,绕标的行为主体为投资者而非证券公司,投资者作为独立实施民事法律行为的完全民事行为能力人,应当对自己的绕标行为负责,证券公司无须承担责任;另一种观点认为,证券公司相较于投资者而言,具有信息、技术、地位等方面的天然优势,应承担一定的管理义务,如因其疏于管理导致投资者绕标得以实施,即应承担相应责任。

笔者的观点是,首先,投资者应当为自身违反规则、违反约定的套现行为买单。融资融券过程中的"套现"绕标环节均为投资者实施,最终目的在于提取证券公司的资金归投资者使用,且不受标的证券范围的约束。根据我国现有的关于融资融券业务的法律规则体系,证券公司和客户之间形成的法律关系包括因买卖证券产生的证券经纪关系、因证券、资金借贷而产生的借贷关系、为担保债权而形成的担保关系及信托关系,因买卖而借贷,因借贷而担保,因担保而信托。投资者绕标用该部分担保物和信托财产买入非标的证券的行为,违反了证券交易所相关规则、融资融券合同中关于应买入标的证券和还款偿债顺序的规定或约定。

其次,证券公司对与绕标相关的部分要素承担一定的监控义务。原因在于根据《实施细则1》第55条、《实施细则2》第6.5条的规定,证券公司应当按照证券交易所的要求,对客户的融资融券交易进行监控,并主动、及时地向证券交易所报告其客户的异常融资融券交易行为。根据上海、深圳交易所《融资融券交易实施细则》的相关规定,[①]前述"交易所的要求"包括证券公司应当对客户提交的担保物进行整体监控,并计算其维持担保比例;证券公司应当加强对客户担保物的监控与管理,对客户提交的担保物中单一证券市值占其担保物市值比例进行监控,客户担保物中单一证券市值占比达到一定比例时,证券公司应当按照与客户的约定,暂停接受其融资买入该证券的委托或采取其他风险控制措施。根据中国证券业协会发布的《融资融券合同必备条款》第9条第5款,融资融券合同须约定"乙方应对甲方的异常交易行为进行监控并向监管部门、证券交易所报告,按照其要求采取限制甲方相关证券账户交易等措施"。

再次,证券公司是否需要对投资者绕标行为承担行政责任有待商榷。虽然现有的监管规则要求证券公司评判保证金比例、单一证券持仓集中度等要素,但并未对绕标行为作出明确的界定,也未明确要求证券公司禁止投资者绕标,投资者绕标行为的隐蔽性也不当然会被证券公司发现和掌握。证券公司未能有效发现投资者绕标行为,或者发现投资者的绕标行为未能及时制止的,在现有的监管规则体例以及证券公司的发现可能性现状下,在绕标的合法性问题还有争议的情形下,尚难以直接得出证券公司需要承担行政责任的结论。

最后,证券公司的责任与民事责任无涉。证券公司向投资融出资金,投资者提供担保物,并于合同约定的还款条件成就时履行还款义务,此为完整的民事合同关系,与合同履行过程中投资者有无绕标等因素无关。投资者实施绕标行为,违反合同约

① 参见《上海证券交易所融资融券交易实施细则(2015年修订)》第42条、第48条,《深圳证券交易所融资融券交易实施细则(2016年修订)》第4.9条、第4.10条。

定的，如融资融券合同有明确的违约责任的约定，则证券公司有权利依约向投资者主张违约责任；融资融券合同中没有明确的违约责任约定的，则对于证券公司是否有权利向投资者主张违约责任，或需要结合具体情形具体考量。但关于证券公司的融出资金的归还问题，因该借出与偿还法律关系在资金融出当时即已确定，与投资者违约行为或者证券公司的监管行为无任何法律关联，属于需要独立评判的民事法律关系范畴。

## 四、意见和建议

第一，扩大融资融券标的范围。目前绕标纠纷在“两融”纠纷中占有相当比例，主要原因是标的证券范围窄数量少，因此，扩大标的证券范围是解决问题的关键。如果证券交易所大幅扩大标的证券范围，既能满足客户的交易需求，又可锻炼提高券商的风险管理水平、投资研究能力和差异化服务水平，有效减少绕标纠纷，可谓一举多得。科创板的交易规则明确把科创板股票纳入两融交易标的，表明了证券交易所正在放宽“两融”标的证券的选择标准。比照科创板股票的各项指标，相信大部分上市公司的股票都可进入“两融”标的证券池。

第二，通过保证金比例、维持担保比例、单一证券持仓集中度等指标规范融资融券行为。融资融券交易本身有其独立的合规考核体系，如每笔交易合约的保证金比例，又如单一证券持仓集中度、维持担保比例等指标，各项指标均有其考察的对象。投资者的各项指标均符合监管要求或融资融券合同约定的前提下，如何进一步选择交易路径，本身即属于投资者有权选择的范畴。即便其行为路径被评判为绕标行为，证券公司也没有限制其自由选择交易的合理内核。已经出现的绕标行为，或有单一证券持仓集中度问题，或有维持担保比例问题，以致加大了市场风险及各参与主体风险。如果严格把控以上规则，则已经控制了制度层面的底线，在此基础上赋予投资者自由选择的机会，是市场经济的必然选择。

第三，通过融资融券合同抉择绕标行为及其相应的应对方案。投资者实施绕标行为，其本身应当知晓并承担相应的风险和损失。但问题在于投资者在自愿加大自身风险以期获取更高收益的同时，也加大了证券公司的风险。证券公司同意接受该种风险的扩大的，则属于证券公司自愿承受风险的表现，属于证券公司自身内控的评价体系，应由证券公司自行抉择；证券公司不愿意接受该种风险的扩大的，则可由证券公司对投资者设置相应的违约条款,以违约责任的提高对冲自身风险的提高;证券公司既不同意承受该种风险的扩大,又不同意接受投资者绕标行为的,则可通过融资融券合同进行限制。绝对禁止绕标行为,将消灭投资者的合理诉求,消灭正常的商业风险,也会消灭市场活力。

第四,对绕标中大股东进行的"类质押"业务严格按照股票质押业务相关规则进行单独管理。根据不同的融资需求,针对大股东通过绕标套取资金,绕开对融出资金用途的监管、信息披露义务等。对于此类客户,应当严格按照股票质押制度进行贷前、贷中、贷后检查,尤其是对资金用途进行监控,按照股票质押业务得各项指标进行监控,否则不得为客户提供此项便利。

第五,将T+0的ETF产品剔除标的证券名单,这也是目前大多数证券公司已经采取的措施。经查看证券公司公告,兴业证券对公司融资融券业务标的证券进行调整,恒生ETF、黄金ETF和H股ETF 3只ETF已被暂停融资;国泰君安发布调整公告将黄金ETF、H股ETF调出公司融资融券标的证券名单。此外,平安证券的标的证券名单中只留有恒生ETF,黄金ETF和H股ETF都已被剔除;安信证券的标的证券名单中则剔除了黄金ETF。该措施的问题在于即使把T+0的ETF剔除标的池,投资者绕标也可通过正常T+1的标的证券实现,区别仅在于借道T+1的标的证券存在一定时间和涨跌风险,资金成本也会随之提高。

第六,调整卖券还款的顺序。经查看证券公司公告,部分证券公司向客户发布《关于调整融资融券业务卖券还款偿债顺序的公告》,将原融资融券业务合同中的"甲方选择'卖券还款'方式卖出信用证券账户内证券所得价款,按融资欠款到期时间顺序优先偿还先到期的融资债务,同日到期的按买入时间顺序优先偿还成立在先的融资债务"修订为"甲方选择'卖券还款'方式卖出信用证券账户内证券所得价款,优先偿还本券融资欠款,余款再按融资欠款到期时间顺序优先偿还先到期的融资债务,同日到期的按买入时间顺序优先偿还成立在先的融资债务"。根据修改后的融资融券业务合同,卖券还款后应优先偿还所卖出标的对应的欠款,致使投资者无法再通过前述的"套路"获得自有资金。

第七,区别对待投资者绕标套现行为。一是在场所上区分场内与场外。绕标套现至场外,一旦发现涉及场外配资的,应严格予以禁止。二是在主体上区分5%以上大股东及持股不足5%的股东。5%以上股东进行绕标套现,可能涉及大股东高比例质押的问题,通过融资融券账户进行套现,绕开信息披露及融资难的问题。三是区分合理绕标需求及不合理的情况。不合理的绕标需求，可能涉及规避股票质押制度对资金用途、质押比例等方面的监管。而合理的临时资金周转、正常证券投资等是可以适当放开的。四是区分绕标和其他违规问题。证券公司在适当性管理、单一证券客户集中度监测、账户实名制管理、保证金比例计算等方面存在违规，不能等同于绕标本身存在问题。

融资融券业务绕标属于投资者的违约行为，本质上属于私法调整的范畴。对于投资者的绕标行为，既需要提高投资者关于绕标的风险认知、规范投资者的投资行为，也需要贯彻风险自担的基本投资原则。对证券公司而言，融资融券业务绕标是风控宽严的选择问题。两融绕标不等同于违规，而是证券公司对业务规则的合理利用。虽然监管部门多次窗口叫停绕标，但至今尚未发布明确的制度或文件；现有司法判例认为在客户绕标融资中证券公司不存在过错，不能减轻融资人的责任。因此，在证券公司采取包括但不限于上文提及的证券持仓集中度、调整还款顺序、做好风险揭示等相关风控措施的前提下，针对具有相当的风险承受能力的客户，证券公司可以应客户申请提供绕标套现服务。

# 关于在区域性股权交易中心挂牌的非上市股份有限公司股权冻结的实务探讨

滕昭君*

**摘　要**:在现行法律框架下,对于非上市股份有限公司股权是否必须登记,以及应向哪一登记机关登记并不明确,存在一定程度的混乱;特别是各地区域性股权交易中心的成立,对于在区域性股权交易中心挂牌的非上市股份有限公司,对其股权应如何冻结,现行法律规范尚无明确的统一规定。因此,亟待最高人民法院在制定司法解释的过程中逐渐完善相关制度规则,减少纷争,维护当事人的合法权益。

**关键词**:非上市股份有限公司　执行　查封

## 一、案情简介

2017年11月23日,原告与被告一签订了《××银行股份转让协议》,该协议约定:被告一将其所持有××银行[①] 115,764,726股股份(占××银行注册资本的2.89%)中的3000万股股份(标的股份)转让给原告,该3000万股标的股份占××银行注册资本40亿股的0.75%;转让价格为每股3.35元人民币,标的股份转让款总金额10,050万元,标的股份所附属的权益包括可分配而尚未分配的利润、红利、股息以及应当同步转让的不良资产包权益。协议还对付款等重要条款进行了约定,并约定双方应在《××银行股份转让协议》签订后、2017年11月28日前将股份转让所需的全部上报资料准备完毕并递交至××银行,被告一协调××银行尽快召开董事会议并作出决议,同时向新疆银监局进行报备;被告一保证其向原告所披露的标的股份转

* 北京盈科(上海)律师事务所高级合伙人律师,法学博士。

① 即诉争特定银行股份所指的银行,以下简称××银行或标的银行。

让的相关信息是完整准确的且不存在虚假和隐瞒的情形，并承诺拟转让的标的股份权属清晰明确，不存在争议的情形。此外，《××银行股份转让协议》还约定了违约责任。

为保证《××银行股份转让协议》的履行，2017 年 11 月 23 日，被告二、被告三向原告出具《关于××银行股权转让的担保函》，承诺其愿意为原告和被告一所签署的《××银行股份转让协议》项下转让本金、违约金、损害赔偿金以及被告一违约需承担的所有责任和被告一违约给原告带来的损失赔偿承担连带责任。

2017 年 11 月 27 日，原告和被告一共同向××银行递交了本次股份转让所需全部资料，××银行予以签收确认，然后，原告按协议约定付清了全部股份转让款，至此，原告已履行完毕递交股份转让所需上报资料和付清股份转让款的合同义务，但此时，被告一才告知原告：其拟转让股份已质押给××资产管理有限公司，无法正常办理股份转让手续。2017 年 11 月 27 日，被告一向原告出具《承诺函》，承诺在其收到原告的全部股份转让款后安排办理解除股份质押手续，以保证交易顺利进行，否则即由其承担相应法律责任。但时至今日，被告一仍未能完成股份质押的解除手续，导致标的股份至今无法完成转让。

2018 年 2 月 7 日，担保方向原告出具《担保函》，承诺愿意为被告一履行股份转让协议提供连带责任保证，担保范围为：对被告一提供资料的真实有效及约定应承担的退还受让方股份转让款本金、利息及可归责于被告一的违约责任以及《××银行股份转让协议》中被告一应承担的全部违约责任提供担保。

此外，经原告调查发现，被告一曾于 2016 年 7 月 20 日将其在××银行的股份质押给上海××资产管理有限公司；目前，被告一在××银行的全部股份（包括拟转让原告的股份）也已被浙江省高级人民法院查封，而被告一却将此事对原告予以隐瞒而未告知。

原告向 A 省高级人民法院提起诉讼，请求判决解除原告与被告一于 2017 年 11 月 23 日签订的《××银行股份转让协议》，被告一返还股份转让款本金××万元，被告一支付违约金××万元，被告一支付原告其他直接经济损失××万元；其他被告对上述款项承担连带赔偿责任。本案诉讼费及其他费用由被告承担。

原告在提起诉讼的同时，也提起了诉讼保全，对标的股份申请了查封，保全法官按照程序前往标的银行及当地工商局进行了相关保全活动，原告在诉讼过程中还于 2018 年 8 月对担保人持有的标的银行股份也申请了保全，法院也对该等股份进行了查封。一审法院于2018年9月28日主持调解,各方签署了调解协议,法院以调解书结案。调解书生效后,被告方没有按调解书约定履行,原告向法院申请强制执行。A省高级人民法院将执行案交付给其所辖的C中级人民法院执行。在2018年9月案外人某国有企业针对担保人之一的标的银行股份向B高级人民法院提起股权确认之诉,同时对该银行股权进行了查封、执行程序后,案外人向执行的中级人民法院提交了案外人执行异议。目前,A省高级人民法院已经驳回了案外人的执行异议申请。

本案目前的焦点在于股权(担保人之一的标的银行股权)查封(目前A省高级人民法院及另外B省的高级人民法院都表示自己是首封法院)和执行异议及牵涉的程序和实体问题。本文只探讨两个高级人民法院争论的首封问题。

## 二、代 理 意 见

执行申请人××公司(原告)与被执行人××公司、××公司、××公司的股权转让纠纷执行一案(以下称本案),关于A省高级人民法院对担保公司所持××银行股份有限公司的股份冻结是否为生效冻结以及A省高级人民法院是否为首封人民法院的问题,执行申请人认为:A省高级人民法院对案涉担保公司所持标的银行股份作出的查封、冻结裁定及协助执行通知经××市工商行政管理局(以下称某市工商局)接收后即具有了对外公示效力,A省高级人民法院对担保公司所持标的银行股份的冻结为生效冻结,A省高级人民法院系首封人民法院,且本案有先例可参照执行。具体意见和理由如下。

### (一)关于人民法院冻结被执行人股权的法律规定

我国《民事诉讼法》第242条规定:“……人民法院有权根据不同情形扣押、冻结、划拨、变价被执行人的财产。人民法院查询、扣押、冻结、划拨、变价的财产不得超出被执行人应当履行义务的范围。人民法院决定扣押、冻结、划拨、变价财产,应当作出裁定,并发出协助执行通知书,有关单位必须办理。”

《最高人民法院关于人民法院执行工作若干问题的规定(试行)》(2008年调整)(法释〔1998〕15号)[以下简称《执行规定(试行)》]第53条规定:对被执行人在有限责任公司、其他法人企业中的投资权益或股权,人民法院可以采取冻结措施。冻结投资权益或股权的,应当通知有关企业不得办理被冻结投资权益或股权的转移手续,不得向被执行人支付股息或红利。被冻结的投资权益或股权,被执行人不得自行转让。

《最高人民法院、国家工商总局关于加强信息合作规范执行与协助执行的通知》（法〔2014〕251号）（以下简称《协助执行通知》）第11条规定：人民法院冻结股权、其他投资权益时，应当向被执行人及其股权、其他投资权益所在市场主体送达冻结裁定，并要求工商行政管理机关协助公示。人民法院要求协助公示冻结股权、其他投资权益时，执行人员应当出示工作证或者执行公务证，向被冻结股权、其他投资权益所在市场主体登记的工商行政管理机关送达执行裁定书、协助公示通知书和协助公示执行信息需求书。

《最高人民法院关于人民法院民事执行中查封、扣押、冻结财产的规定（2008年修订）》（法释〔2004〕15号）（以下简称《查封扣押冻结规定》）第9条第2款规定："查封、扣押、冻结已登记的不动产、特定动产及其他财产权，应当通知有关登记机关办理登记手续。未办理登记手续的，不得对抗其他已经办理了登记手续的查封、扣押、冻结行为。"第26条规定：人民法院的查封、扣押、冻结没有公示的，其效力不得对抗善意第三人。

（二）A省高级人民法院已通知××银行协助执行，其对案涉股权作出的查封、冻结裁定及协助执行通知经某市工商局接收后亦即具有了对外公示效力，司法冻结的手续已然完成，司法冻结的目的已经达到

1. A省高级人民法院已经严格按照相关法律法规的规定完成了对担保公司所持××银行股权的司法冻结登记手续

2018年8月1日，A省高级人民法院依法作出（2018）A民初41号之二《民事裁定书》，裁定"冻结担保××公司所持××银行股份有限公司1.05%的股份，期限为三年"。A省高级人民法院根据《民事诉讼法》第242条、《执行规定（试行）》第53条、《协助执行通知》第11条和《查封扣押冻结规定》第9条等的规定，于2018年8月9日向被申请人担保公司及其股权所在市场主体——××银行送达了（2018）A民初41号之二《民事裁定书》、（2018）A执（保）字第68号之三《协助执行通知书》，《协助执行通知书》明确载明："冻结被申请人担保××公司1.05%股权。冻结期限为3年，自2018年8月9日起至2021年8月8日止。"并通知××银行"本院冻结期间，任何单位及个人不得办理上述股权的转移、过户手续或设定他项权利"。同日，A省高级人民法院向某市工商局送达了（2018）A民初41号之二《民事裁定书》、（2018）A执保68号《协助执行通知书》、（2018）A执保68号之一《协助公示执行信息需求书》和（2018）A执保68号之二《协助公示通知书》，要求某市工商局协助公示，某市工商

局在对上述材料进行确认后在A省高级人民法院的《送达回证》上进行了签收。由此可见,A省高级人民法院已经严格按照《民事诉讼法》等相关法律法规的规定完成了对担保公司所持××银行股权的司法冻结登记手续。

2. 最高人民法院(2017)最高法民申3150号民事裁定对工商局公示效力问题的认定应当适用于本案——A省高级人民法院对担保公司所持标的银行股份作出的查封、冻结裁定及协助执行通知经某市工商局接收后,即具有了对外公示效力

根据《协助执行通知》的规定,人民法院冻结股权、其他投资权益时,有权要求工商行政管理机关协助公示。根据《民事诉讼法》的规定,对于人民法院发出的协助执行通知书,有关单位必须办理。基于此,某市工商局对A省高级人民法院发出的协助执行通知书和协助公示通知书等,必须依法予以办理执行。某市工商局在A省高级人民法院《送达回证》上的签收行为,也是其履行协助义务和公示义务的表现。

案例参考:2017年8月31日,最高人民法院针对再审申请人沈阳亿丰商业管理有限公司(以下简称亿丰公司)与被申请人李某、明达意航企业集团有限公司(以下简称明达公司)及原审第三人抚顺银行股份有限公司(以下简称抚顺银行)案外人执行异议之诉一案,作出(2017)最高法民申3150号《民事裁定书》(以下简称最高法3150号案)。

在该最高法3150号案裁定书的"本院经审查认为"部分,最高人民法院认为:"《中华人民共和国公司登记管理条例》第二条第一款、第四条第一款、第三十四条第三款等相关规定,均明确工商行政管理机关是工商登记机构,并未明确将非上市股份有限公司的股权登记事宜排除在工商行政管理机关职权范畴之外。现行法律法规对非上市股份有限公司股权登记机构也并未另行作出其他规定。""虽然抚顺市工商局曾拒绝就2014年12月26日的查封裁定继续履行协助义务,但之后亦出具了协助执行的回执,履行了协助义务。另外,明达公司与亿丰公司签订的《股权转让协议》第三条交割中'本协议生效后,亿丰公司支付完毕股权转让价款后即可办理本次股权转让的工商过户手续,明达公司应积极配合'的约定内容表明,亿丰公司在受让案涉股权时亦认为受让案涉股权后应到工商行政管理机关办理变更登记。据此,亿丰公司主张抚顺市工商局不是非上市股份有限公司股权变更登记机构,不具有协助执行案涉股权查封事宜的权限,缺乏充分的事实和法律依据。""根据《中华人民共和国民事诉讼法》第二百四十二条第二款规定:'人民法院决定扣押、冻结、划拨、变价财产,应当作出裁定,并发出协助执行通知书,有关单位必须办理'。一审法院对案涉股权作出

的查封、冻结裁定及协助执行通知经抚顺市工商局接收后，即具有了对外公示效力。亿丰公司主张案涉股权查封没有进行公示，与事实不符。至于抚顺市工商局采取什么方式履行司法协助义务，则属于另一法律关系，并不影响人民法院对案涉股权查封已经依法公示的事实。”

比较本案与最高法3150号案这两案可知：本案A省高级人民法院与最高法3150号案一审法院均采取了向涉案股权所属工商局送达协助执行通知等手续进行股权司法冻结；而且最高法3150号案的一审法院没有向涉案股权所在市场主体——抚顺银行送达执行裁定和协助执行通知，而本案A省高级人民法院还向涉案股权所在市场主体——××银行送达了民事裁定书和协助执行通知书，要求××银行协助执行。鉴于以上，基于对法律法规适用的同一性和最高人民法院司法裁判文书的权威性，最高人民法院在3150号案中对“人民法院对股权作出的冻结裁定及协助执行通知经工商局接收后即具有了对外公示效力”的认定，应当适用于本案。

而且2017年11月23日《××银行股份转让协议》第3.1条约定：甲乙双方全力配合尽快完成××银行召开董事会并作出决议、向新疆银监局进行报备以及后续股份转让的工商备案手续——该约定内容也表明，协议双方在签订协议时亦认为工商行政管理机关系股权变更的登记备案机关。

此外，2018年6月22日，××资产管理有限公司（以下简称××资管公司，系江西某有限公司的受托管理人）作为质权人对××所持××银行的股权予以执行，因其中的3000万股股份已于2018年5月被本案A省高级人民法院冻结，故××资管公司依法对其中3000万股股份作了预留，并针对变更后的股权质押进行了股权出质变更登记，该股权出质变更登记也是在某市工商局办理完成的，这亦可印证某市工商局系涉案股权变更的登记机关。

（三）冻结股权指向的主要是股权的流转环节，其作用就是限制流转、保全财产。冻结股权措施的制度起点在于通过暂停相关股权的交易、过户，以确保被申请人的责任财产安全，保证其对生效法律文书的履行能力

本案所涉××银行系非上市股份有限公司，该银行的股东及其所持股权份额均在该银行予以记载，并且其股东股权的转让也是需要转让和受让双方将股权转让所需材料上报该行并经该行董事会决议通过后才能进行股权转让[见双方签订的2017年11月23日《××银行股份转让协议》第3条、2017年12月12日《××银行股份有限公司第四届董事会2017年第四次会议决议》第7(1)项决议内容]，××银行自身

完全可以控制股东股权的流转,而完全不必强制要求必须经过股权交易中心来协助执行。因而,2018 年 8 月 9 日,A 省高级人民法院向 × ×银行送达民事裁定和协助执行通知并要求某市工商局协助执行和公示后,A 省高级人民法院对案涉股权的冻结就已经发生法律效力,并且足以达到“限制担保公司的股权流转、保全其财产”的目的。

(四)× ×银行未尽必要的告知股权托管及司法冻结协助机关的义务

2018 年 5 月 8 日,担保公司等与原告公司签署《关于 × ×银行股份转让的担保函》时,担保公司向原告公司交付了一张《 × ×商业银行股份有限公司股权证书》(NO. 00006499,2017 年 5 月 22 日),该股权证书的发证机关为 × ×银行,原告公司据此自然认为 × ×银行是股东股权的登记主体和对股权进行司法冻结的协助单位。2018 年 5 月 A 省高级人民法院对被告一所持 × ×银行股份以及 2018 年 8 月 A 省高级人民法院对担保公司所持 × ×银行股份进行司法冻结时, × ×银行均未向 A 省高级人民法院告知其股权托管于新疆股权交易中心,直到 2018 年 11 月本案一审《民事调解书》生效后,A 法院依法对被告一所持 × ×银行股份进行强制划转过户后,原告公司拿到《股东账户卡》时才发现, × ×银行的股权证书和股东账户卡改由股权托管机构制发。可见,在本案中, × ×银行始终未尽到必要的向人民法院如实告知其股权托管机构以及相应的司法冻结协助机关的义务。

(五)多个债权人在不同人民法院对公司的股权进行冻结的,首先向某市工商局送达协助公示通知书的 A 省高级人民法院的冻结为生效冻结

1. 相关法律法规。《协助执行通知》第 13 条规定:工商行政管理机关在多家法院要求冻结同一股权、其他投资权益的情况下,应当将所有冻结要求全部公示。首先送达协助公示通知书的执行法院的冻结为生效冻结。送达在后的冻结为轮候冻结。有效的冻结解除的,轮候的冻结中,送达在先的自动生效。

根据《协助执行通知》上述规定,无论(非上市)股份公司股东的股权是否工商登记事项,无论工商部门是否有权对股东股权进行有效保全,工商部门都还仍有对股权冻结进行公示的义务,其应当将所有冻结要求全部公示;并且首先送达协助公示通知书的执行法院的冻结为生效冻结,送达在后的冻结为轮候冻结。

在本案中,A 省高级人民法院对担保公司所持标的银行股份的冻结在先,为生效冻结 B 省高级人民法院对担保公司所持标的银行股份的冻结在后,为轮候冻结。

2. 通过比较本案和 × ×国资集团 72 号案可知,B 省高级人民法院对冻结担保公

司所持××银行股权的《民事裁定书》的作出时间(2018 年 9 月 11 日)远晚于 A 省高级人民法院的司法冻结完成时间(2018 年 8 月 9 日),那么其协助公示通知和协助执行通知的发出时间(2018 年 9 月 12 日之后)更是必然晚于 A 省高级人民法院完成股权冻结的时间。因此,B 省高级人民法院对担保公司所持标的银行股份的冻结必然为轮候冻结,B 省高级人民法院也必然为轮候人民法院。

综上所述,在有多个债权人在不同人民法院对担保公司的股权进行冻结的情况下,A 省高级人民法院对担保公司所持××银行股权的司法冻结是生效冻结,A 省高级人民法院系首封人民法院,这是毋庸置疑的。《最高人民法院关于首先查封法院与优先债权执行法院处分查封财产有关问题的批复》(法释〔2016〕6 号)第 1 条规定:"一、执行过程中,应当由优先查封、扣押、冻结(以下简称查封)法院负责处理查封财产。"由此,A 省高级人民法院作为对担保公司所持标的银行股份的首先查封法院,有权负责处理查封财产(担保公司所持××银行的股权)。现 A 省高级人民法院指定本案由 C 市中级人民法院执行,那么,则 C 市中级人民法院得以依法拥有负责处理查封财产的权利。

## 三、案例评析

在司法机关对非上市股份有限公司的股权冻结缺乏统一规范和标准的现有法律框架下,A 省高级人民法院对担保公司所持标的银行股份的冻结已足以实现"限制流转、保全财产"的目的。

在现行法律框架下,对于非上市股份有限公司股权是否必须登记,以及应向哪一登记机关登记并不明确,存在一定程度的混乱;对其股权应如何冻结,现行法律规范尚无明确规定。区域性股权托管机构与工商行政管理机关在登记事项上的双轨制,导致当事人,甚至司法机关在该问题上的无所适从。我国《公司法》第 138 条规定:"股东转让其股份,应当在依法设立的证券交易场所进行或者按照国务院规定的其他方式进行。"该规定将非上市股份有限公司的股权登记机构交诸"国务院规定的其他方式"解决,但国务院至今也未出台针对非上市股份有限公司股权统一登记的规范性文件,并进而诱发了实务操作过程中的混乱。也正因如此,很多司法机关在办理非上市股份有限公司股权冻结手续时,简单选择了向该公司下发协助执行通知书的做法,而并未再依照法释〔2004〕15 号,即《协助执行通知》的规定向登记机关办理冻结登记手续。虽然部分省市建立了区域性的股权交易中心,对该省内部的股份公司的股份进行托管,但区域性的股权交易中心并不具有强制执行力,目前缺乏配套的法律法规,无法起到强制性的作用,区域性的股权托管属于公司的自愿行为,目前并没有法律规定强制性要求必须经过股权交易机构才能完成有效的司法冻结,即区域性股权交易中心并非协助股权冻结的法定机构。

在最高人民法院没有明文认可区域性股权交易中心为协助股权冻结的法定机构的前提下,还是应当以下述法律法规为准。

我国《民事诉讼法》第242条规定:"……人民法院有权根据不同情形扣押、冻结、划拨、变价被执行人的财产。人民法院查询、扣押、冻结、划拨、变价的财产不得超出被执行人应当履行义务的范围。人民法院决定扣押、冻结、划拨、变价财产,应当作出裁定,并发出协助执行通知书,有关单位必须办理。"

《执行规定(试行)》第53条规定:对被执行人在有限责任公司、其他法人企业中的投资权益或股权,人民法院可以采取冻结措施。冻结投资权益或股权的,应当通知有关企业不得办理被冻结投资权益或股权的转移手续,不得向被执行人支付股息或红利。被冻结的投资权益或股权,被执行人不得自行转让。

《协助执行通知》第11条规定:人民法院冻结股权、其他投资权益时,应当向被执行人及其股权、其他投资权益所在市场主体送达冻结裁定,并要求工商行政管理机关协助公示。人民法院要求协助公示冻结股权、其他投资权益时,执行人员应当出示工作证或者执行公务证,向被冻结股权、其他投资权益所在市场主体登记的工商行政管理机关送达执行裁定书、协助公示通知书和协助公示执行信息需求书。

《查封扣押冻结规定》第9条第2款规定:"查封、扣押、冻结已登记的不动产、特定动产及其他财产权,应当通知有关登记机关办理登记手续。未办理登记手续的,不得对抗其他已经办理了登记手续的查封、扣押、冻结行为。"第26条规定:人民法院的查封、扣押、冻结没有公示的,其效力不得对抗善意第三人。

也就是说,目前市场主体登记机关只能是工商行政管理机关。

## 四、结语与建议

综上所述,对于非上市股份有限公司股权是否必须登记,以及应向哪一登记机关登记并不明确,存在一定程度的混乱;特别是各地区域性股权交易中心的成立,对于在区域性股权交易中心挂牌的非上市股份有限公司,对其股权应如何冻结,现行法律规范尚无明确的统一规定。对于在区域性股权交易中心挂牌的非上市股份有限公司,各地法院采取的方式也不一致,有的法院认为区域性股权交易中心可以作为协助股权冻结的法定机构,有的法院认为工商行政管理机关才是唯一的协助股权冻结的法定机构。在上述案例中,因两地高级人民法院的做法不一致而造成了纷争,不利于维护当事人的合法权益。

作为法律人,我们期待最高人民法院在制定司法解释的过程中逐渐完善相关制度规则,让各地法院有一个统一的行动标准,以减少纷争,切实维护当事人的合法权益。

# 投教园地

# INVESTOR

# 关于创新和完善证券期货纠纷多元化解机制的实践与思考

毛梦远*

资本市场矛盾纠纷呈现主体多元化、类型多元化、诉求多元化的特点，传统的“一元化”化解纠纷的理念、思路、途径已不能适应新形势的要求。证券期货纠纷多元化解机制是投资者表达诉求和权利救济的重要渠道，为维护投资者合法权益、促进辖区资本市场健康发展，湖南证监局高度重视证券期货纠纷调解工作，不断优化纠纷调解机制，积极创新调解工作方法，构建诉调对接新格局，努力提升调解效力，加强纠纷调解宣传，推动辖区证券多元纠纷化解机制建设。

## 一、湖南辖区多元纠纷化解工作基本情况

自2016年与中证中小投资者服务中心（以下简称投服中心）签订合作备忘录以来，湖南辖区共受理纠纷调解事项418起，成功调解379起，投资者获得补偿4436万元，金额居派出机构前列，有力维护了投资者权利，为投资者维权开辟了新通道。

近年来，辖区证券投资咨询行业乱象丛生，加上证券市场持续低迷，聘请了投资顾问的投资者几乎要承受市场下跌和高额投顾费用的双重损失，多种因素交织下，投资顾问公司与客户的纠纷频发，投诉激增。湖南证监局在依法监管的同时，积极引导投资者向调解组织申请调解。2018年中证湖南调解工作站成功调解投顾纠纷113起，帮助投资者追偿损失309万元，有效化解了辖区投顾行业信访风险。

2016年曾有8名投资者在某证券公司营业部营销经理李某的推荐下购买了某资

* 湖南证监局法制处主任科员。

产管理计划产品,并签订了相关合同,共涉及金额3000多万元,然而这些产品并非该证券公司销售的金融理财产品,实为该营业部员工李某实际控制的公司自主发行的金融“飞单”产品。李某及全家已提前数月潜逃国外,投资者资金难以追回,因此,投资者多次集中到我局上访,要求查处该营业部违规事项,并向证券公司施压赔偿其经济损失。经核查,湖南证监局未发现营业部涉嫌直接参与合同诈骗活动的证据,但其在内部控制、经营管理方面违反了相关规定,故对其依法采取了暂停代销金融产品6个月的监管措施。鉴于行政监管并不能帮助投资者追偿投资损失,且涉及金额较大,因此,湖南证监局建议投资者向调解工作站申请调解,以维护自身权益。在兄弟派出机构的大力协调下,在调解员的专业分析和耐心细致的劝说下,所有投资者欣然接受了调解建议,同意了证券公司的先行赔付方案并达成和解,投资者获得赔偿2800多万元,至此这宗湖南辖区证券市场的重大风险事件得到妥善化解。

## 二、纠纷调解工作经验

### (一)多管齐下,优化纠纷调解工作机制

一是加强辖区调解组织建设。2017年9月湖南证监局指导湖南省证券业协会与投服中心组建中证湖南调解工作站,是系统内首家挂牌的工作站,配备调解员11名,信息联络员30名,全部由思想政治可靠、道德品质良好、业务基础扎实具有多年从业经历的证券期货行业、律师行业精英构成。

二是加强调解员培训。通过组织集中学“证券系统调解工作会议”内容、最高人民法院发布的《证券期货纠纷多元化解十大典型案例》;专项学习“调解工作站工作人员初任培训班”;分组学习“投服中心调解员培训班”;交流学习“湖南辖区证券纠纷调解员研讨会”等提高调解员专业水平及调解技巧,促进调解工作的开展。

三是建立与其他辖区调解组织的沟通协调机制。与其他辖区调解组织定期交流调解经验,2019年湖南调解工作站负责人先后赴陕西、湖北、西藏、重庆、宁波调解工作站分享交流调解工作经验。在湖南证监局指导下,湖南调解工作站分别与广东证券期货纠纷调解中心、中证江苏调解工作站一同成功调解两起异地证券投资咨询业务纠纷。

### (二)积极探索,创新调解方法

一是充分利用互联网,开展远程调解。为开拓调解工作方式,湖南辖区在全行业

首创“互联网 + 调解”的新型模式，2018 年 5 月圆满完成中国投资者网第一单线上调解。通过网络视频进行远程调解，打破空间地域限制，为投资者提供了优质、高效、便捷的调解服务。

二是基于资源有效配置原则，深化落实“小额速调”机制。2016 年 3 月湖南证监局启动证券期货纠纷小额快速调解试点工作。湖南辖区 300 多家证券期货经营机构与投服中心签署证券期货纠纷调解合作备忘录，并承诺对于金额 5000 元以下的纠纷，自愿接受并履行投资者服务中心的调解结果。湖南是继北京、陕西之后第 3 个试点小额速调机制的地区。目前，小额速调机制在辖区调解工作开展中发挥了重要作用，有效提高了纠纷解决效率。

三是“12386”热线直转纠纷调解，提升投资者维权效率。2019 年 1 月 3 日，湖南辖区首单“12386”热线直转投诉纠纷调解顺利完成。自 2018 年 1 月起，湖南证监局委托湖南省证券业协会接收、转办、督办辖区“12386”热线工单，投诉事项经协商无法解决的情况下直转调解工作站进行行业调解，不仅提高了投资者诉求处理效率，也在一定程度上缓解了监管压力。

（三）构建诉调、仲调对接新格局

2015 年 11 月在湖南证监局努力协调下，投服中心成功调解一宗诉前调解案件，投资者起诉恒立实业虚假陈述民事赔偿纠纷历时两年多终得以圆满化解，在投服中心黄勇副总经理和湖南证监局法制处负责人的见证下，投资者代表与恒立实业签订调解协议，上市公司当场给付了赔偿款 1 万余元，这是投服中心成立以来首例成功诉前调解。

为充分发挥人民法院、证券期货监管机构和行业协会化解矛盾纠纷的合力作用，湖南证监局于 2016 年 12 月与湖南省高级人民法院共同签署《关于推进证券期货纠纷诉调对接工作的意见》。

2018 年湖南证监局与长沙市中级人民法院（以下简称长沙中院）建立联络机制，共同推进诉调对接工作的开展。至今，长沙中院已将 300 余件涉及辖区上市公司虚假陈述民事赔偿诉讼案件委派给中证湖南调解工作站开展立案前调解。为充分发挥辖区调解组织的作用，规范证券期货纠纷受理前后的委托调解工作，保障相关调解组织调解与诉讼调解及证券期货案件审判工作合法有效衔接，湖南证监局已草拟了证券期货纠纷诉调对接合作备忘录，近期将联合投服中心、中证湖南调解工作站与长沙中院共同签订。

2018 年 9 月湖南证监局推动湖南省证券业协会与长沙仲裁委员会签订战略合作协议,建立常态化的交流、信息资源共享、宣传推广机制。也与武汉贸易仲裁委员会初步达成意向,拟在湖南辖区推广运用仲裁方式解决证券期货纠纷,共同推动证券期货行业多元化纠纷解决机制的建立和完善。

(四)积极开展证券期货纠纷多元化解机制宣传工作

为进一步提高经营机构纠纷的调解水平,推动投资者教育工作,促进经营机构强化合规经营,2018 年湖南证监局联合证券业协会收集整理了 20 个典型纠纷成功调解案例,印制 2500 册下发辖区经营机构。按照中国证监会投保局统一部署,湖南证监局组织辖区机构开展了证券期货纠纷多元化解机制专题宣传活动,向投资者推送证券期货纠纷多元化解知识、典型案例等相关文章 100 余篇,点击量达 200 余万次,发送宣传短信 5 万余条,举办 200 余场宣传活动,受众超 5 万人,派发宣传资料 3 万余份。

2019 年 5 月 18 日,在湖南证监局组织的岳阳南湖健康跑的宣传活动中,一位投资者因看到了现场摆放的纠纷调解宣传资料,得知第三方专业调解可以帮助其维权,于是向湖南调解工作站提出了调解申请。调解员在接收该投资者调解申请、核实受理范围、收集汇款凭证等相关服务截图后,了解到该纠纷另一当事人为江苏辖区证券投资咨询机构,于是第一时间向江苏调解工作站寻求沟通合作,确定调解方案。最终,在调解员的专业分析与反复协商下,双方当事人确定了责任和义务,在互谅互让的基础上就服务事实与退还金额达成一致意见,自愿签订了调解协议,投资者获得了 4 万余元的赔偿。通过这次亲身经历,投资者深刻体会到了纠纷调解的便捷与高效,宣传工作也取得了“立竿见影”的效果。

多元纠纷化解机制的全面推进,需要市场参与各方的密切配合,宣传工作的开展有助于加深经营机构的认同感,也有助于中小投资者转变观念、理性维权。

## 三、工作中遇到的困难

一是有时候成功调解并不能彻底化解纠纷,信访压力依然存在。在以往的纠纷调解案件中,即使达成了调解协议,投资者拿到了调解金,但经过一段时间,投资者出于各种心态,反悔的情况时有发生,并坚持来信来访。

2018 年 8 月,有一名外省投资者因两融业务纠纷,经大力协调,终于达成调解,在签署调解协议时投资者明确表示认可调解员提出的解决方案,并不得再提出诉求,投资者也获得了经营机构支付的170万元赔偿金。近几个月来,该投资者因为生病产生了大量医疗费用,心里又产生了新的想法,反复就同一事项通过各种渠道向监管部门、政府机关进行投诉举报,以致上门来访,但并没有提供新的证据和资料,只是反复要求更多赔偿,带来了一定信访压力。针对这一情况,湖南证监局信访接待工作人员多次与该投资者进行沟通,向投资者充分解释湖南证监局监管职责并引导其按照《依法分类处理信访诉求工作规则》的要求合理合法地向有权机关反映诉求、解决纠纷。湖南辖区尚无对调解协议进行司法确认的先例,与长沙中院开展的诉调对接工作进展也较为缓慢,我们的体会是,更主要的原因是投资者的诉求是水涨船高的,并不会因拿到了赔偿款而定分止争,有时候顺利通过调解,反而给投资者造成一种错觉,那就是事情闹大了总会有"好处"。如何保障调解协议的强制执行力成为当前调解工作的一大难题,而且碰到此类情形,可以预见到,即使调解协议得到了司法确认,估计也难以阻止投资者缠访闹访行为的发生。

二是上市公司虚假陈述民事赔偿案件诉前调解成功率极低,亟待各方合力突破。在湖南证监局以往调解案件中,仅两件上市公司虚假陈述民事赔偿案得以在诉前成功调解,主要原因是涉及投资者人数少,金额低。而近两年辖区上市公司虚假陈述案件多,与前几年相比投资者维权渠道更多(投服中心代位诉讼、律师网上维权等),影响范围更广,几乎每例虚假陈述引起的民事诉讼动辄数百起,多则上千起,涉案金额高达数亿元。2018年虽然长沙中院委派了数百件诉前调解案件,但鉴于长沙中院尚未对同类案件作出判决,上市公司、投资者、调解组织等各方作出价值判断缺乏参考基础,各方矛盾难以调和,因此无一例诉前调解成功。我们认为要提高调解工作的效能,树立行业权威,还必须秉承法制理念,坚守公平公正底线,凝聚多方合力,方能在化解复杂纠纷时取得实效。

# 投资者教育闭环管理体系探索与实践

宿　晓[*]　刘怡姝[**]

**摘　要：**开展投资者教育，传递金融知识，培养理性投资理念，有助于保护投资者合法权益。在我国，投资者教育得到国家的高度重视，投资者接受教育的意愿也十分强烈，但接受投资者教育的时间较晚，投资者教育也缺乏长期规划。在这一背景下，东北证券在中国证监会投资者保护局、吉林证监局的领导下，通过对投资者群体特征和投资者教育需求的分析研究，探索形成了投资者教育闭环管理体系，结合自身实践，一定程度上满足了投资者对优质投教服务的需求，投资者教育长期规划取得了一定成效。随着资本市场的发展，证券公司应当继续发挥投资者教育主体作用，提升服务质量，结合适当性理念，合力联动开展投资者教育工作，形成具有自身特色的投资者教育长效机制，促进资本市场持续稳定发展。

**关键词：**投资者教育　闭环管理体系　合力联动

习近平总书记在中央政治局第十三次集体学习时强调："金融是国家重要的核心竞争力，金融安全是国家安全的重要组成部分。防范化解金融风险特别是防止发生系统性金融风险，是金融工作的根本性任务"，①投资者保护工作是资本市场重要基础性工作，②而开展投资者教育，传递金融知识，培养理性投资理念，则是保护投资者

*　吉林证监局法制处处长。

**　东北证券零售客户条线总经理。

①　新华社评论员：《推动金融业高质量发展——学习习近平总书记在中央政治局第十三次集体学习时重要讲话》，载新华网：http://www.xinhuanet.com/politics/2019-02/24/c_1210066649.htm，最后访问日期：2019年6月25日。

②　中国证监会：《强化责任担当　发挥各方合力努力构建资本市场投资者保护新格局——阎庆民副主席在"5·15全国投资者保护宣传日"启动仪式上的讲话》，载中国证券监督管理委员会网：http://www.csrc.gov.cn/pub/newsite/zjhxwfb/xwdd/201905/t20190515_355804.html，最后访问日期：2019年6月25日。

合法权益,促进资本市场持续稳定发展的重要组成部分。

按照国际证监会组织(International Organization of Securities Commissions, IOSCO)的定义,①投资者教育被理解为针对个人投资者所进行的有目的、有计划、有组织的系统的社会活动,它旨在通过传播投资知识、传授投资经验、培养投资技能、倡导理性投资观念、提示相关投资风险、告知投资者权利及保护途径,进而提高投资者素质。

## 一、我国投资者教育现状及特征

### (一)个人投资者占主体,接受投资者教育的意愿强烈

与世界上其他市场不同,我国的资本市场一直呈现出个人投资者占主体的特点,根据中国证券登记结算有限公司数据统计,截至2019年2月22日,我国证券投资者总数为14,807.48万,其中自然人为14,771.98万,②从东北证券投资者群体来看,个人投资者也占到了99.75%,机构和产品投资者的总数仅占不到1%,不难看出个人投资者在我国资本市场中的绝对主体地位(见图1)。

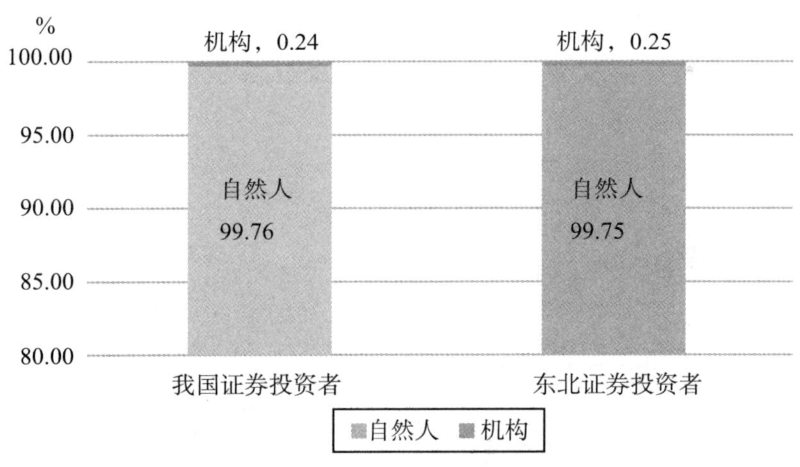


**图1 个人及机构投资者分布**

近年来,投教活动层出不穷,投教产品枝繁叶茂,广大投资者接受投资者教育服

---

① 参见中国证券业协会:《国际证监会组织投资者教育基本原则》,载中国证券业协会网:http://www.sac.net.cn/tzzyd/tjhd/jwdt/200804/t20080430_32753.html,最后访问日期:2019年6月25日。

② 参见新华网,《习近平:深化金融改革 促进经济和金融良性循环健康发展》,载新华网:http://www.xinhuanet.com//fortune/2017-07/15/c_1121324747.htm,最后访问日期:2019年6月25日。

务的倾向也更加强烈,根据中国证券业协会 2018 年的调查,①超过 90% 的受访投资者有意愿为接受投资者教育服务投入更多的时间和资源,超过半数的投资者每周投入的学习时间在 2 小时以内。此外,调查也显示,在提供投教服务的各类主体中,投资者对金融机构的认可度最高,达到 88%。

(二)投资者群体不够成熟,接受投教服务较晚,且缺乏长期规划

我国的投资者群体整体金融素养偏低,以东北证券投资者学历分布为例,学历在学士及以上的投资者占比仅为 37.93%,30 周岁以下的投资者群体(占总客户数的 7.75%)中高学历人群占比较高,其他年龄段占比均低于 40%(见图 2、图 3、图 4)。

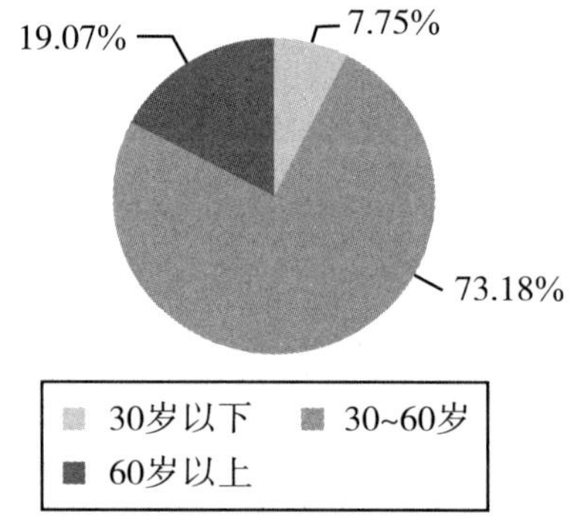


**图 2　东北证券投资者年龄分布**

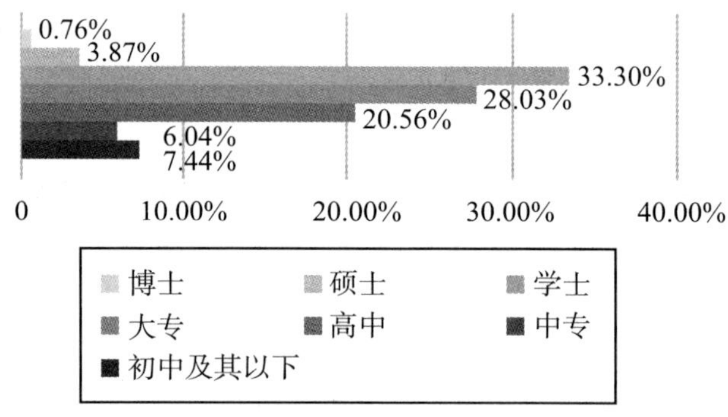


**图 3　东北证券投资者学历分布**

① 参见投资者教育的效率分析与制度构建课题组:《中国投资者教育现状调查报告(2018)》,载《证券时报》2019 年 3 月 7 日,第 A12 版。

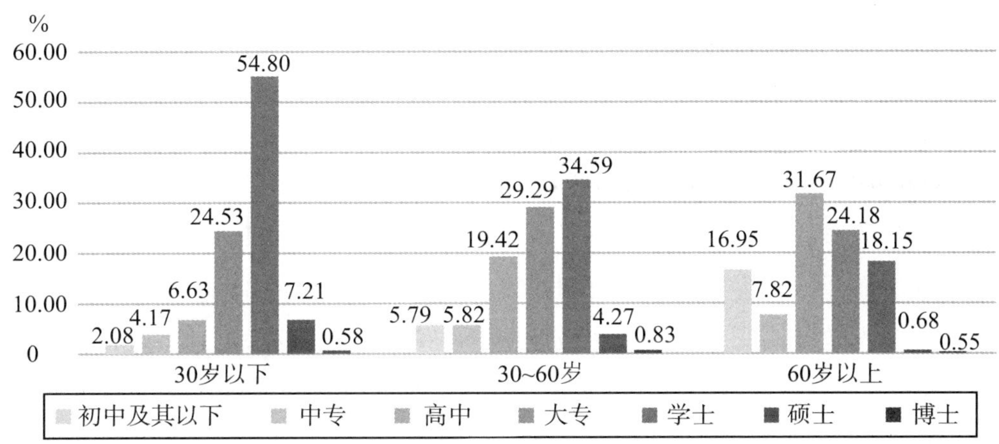


**图 4　东北证券不同年龄段投资者学历分布**

此外，超过 50% 的投资者持股时间少于 3 个月，显示出我国的投资者群体依旧存在重投机、轻投资的趋势。[①] 而根据中国证券业协会调查数据显示，[②]绝大部分投资者是在进入大学之后才开始接受投资者教育，仅有 23% 的投资者在大学阶段之前就了解过金融知识，显示我国在国民教育阶段开展投资者教育的发展空间巨大。

（三）金融创新不断深化成为投资者教育的新挑战

随着我国金融创新的不断开展，沪港通、沪伦通、科创板等新业务不断推出，投资者短时间内难以熟悉新业务的各项规则和潜在风险，客观上也增加了开展投资者教育的难度。从东北证券客户群体来看，11% 以上的活跃投资者至少开通了一项创新业务权限，这部分投资者交易活跃，资产充足，其中五成左右为总资产在 50 万元人民币以上的财富客户，显示出核心客户群体对参与创新业务有较强的积极性。

在投资者教育服务方面，根据东北证券 2018 年年底开展的客户服务调查问卷显示，57.85% 的投资者对新业务培训（如融资融券、科创板、沪伦通等）的兴趣浓厚，也需要证券公司及时开展针对性的投教服务。

（四）单一主体无法满足投资者多元化需求，开展多主体合作潜力巨大

中国证监会副主席阎庆民提出“投资者是资本市场的发展之本……成熟市场的经验表明，资本市场的持续健康发展与投资者的成长成熟紧密相关”，[③]体现出监管

---

① 参见方重：《完善投资者赔偿机制》，载《中国金融》2019 年第 8 期。

② 参见《我国证券投资者教育的效率分析与制度建构》课题组：《中国投资者教育现状调查报告（2018）》，载《证券时报》2019 年 3 月 7 日，第 A12 版。

③ 中国证监会：《强化责任担当发挥各方合力努力构建资本市场投资者保护新格局——阎庆民副主席在“5·15 全国投资者保护宣传日”启动仪式上的讲话》，载中国证券监督管理委员会网：http://www.csrc.gov.cn/pub/newsite/zjhxwfb/xwdd/201905/t20190515_355804.html，最后访问日期：2019 年 6 月 25 日。

部门对投资者教育工作的高度重视,成为金融机构开展投资者教育工作的重要动力。虽然中国证券业协会的调查①显示投资者认可金融机构开展投资者教育的主体作用,但也显示出投资者偏好的投教渠道与金融机构提供的渠道存在偏差。调查显示,投资者更加偏好"线上+线下"结合的形式提供的投教服务,而金融机构目前提供投教服务的形式仍然以线下渠道为主;投资者对通过电视、网络等媒体渠道提供的投教服务偏好较高,而金融机构对这类渠道的实际使用率较低,显示出较大的发展潜力。此外,投资者对投教基地的了解程度则最低,仅有20%左右,显示出利用媒体渠道加强投教基地宣传的合作前景。

根据东北证券2018年年底开展的客户服务调查问卷显示,半数以上的投资者是通过"微信、网站信息、网络媒体"接受开户、咨询等基础类服务。在"了解东北证券"方面,通过"微信、网站"渠道了解的投资者占54.78%,比例略低于"员工介绍"渠道(56.31%),在所有渠道中位居第二;在"联系客户服务人员"方面,通过"微信公众号"渠道联系的投资者占69.80%,比例远高于"客服电话"渠道(41.72%)。上述数据显示,微信、网站线上渠道等正逐渐成为投资者更青睐的服务渠道,并且发展潜力巨大(见图5)。

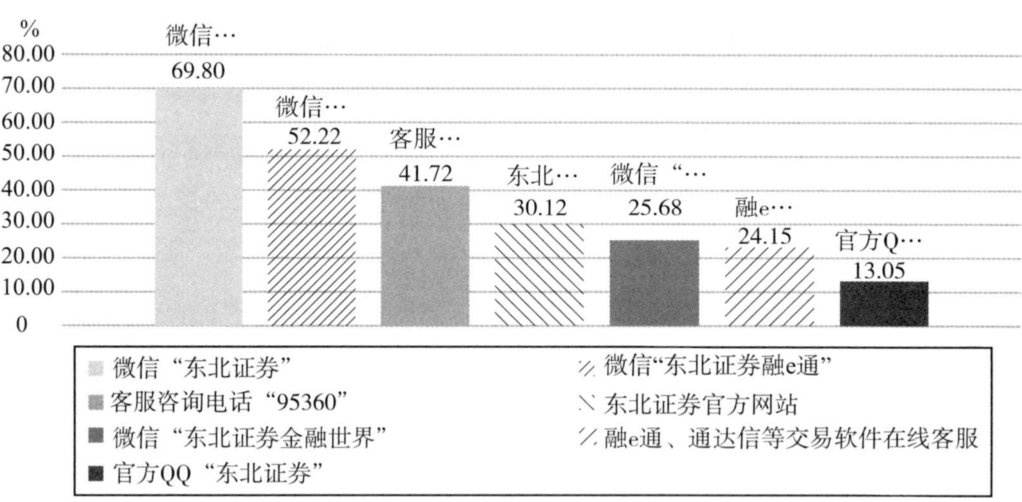


① 参见《我国证券投资者教育的效率分析与制度建构》课题组:《中国投资者教育现状调查报告(2018)》,载《证券时报》2019年3月7日,第A12版。

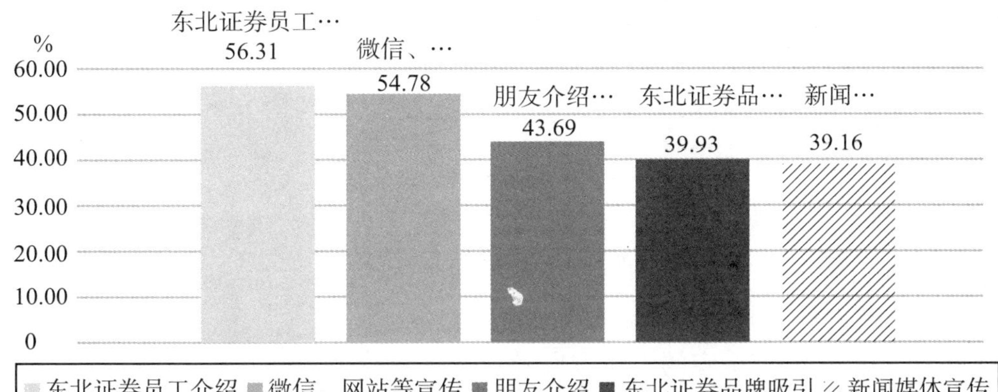


**图 5　投资者联系东北证券客服及了解东北证券的渠道**

## 二、东北证券构建投资者教育闭环管理体系及实践

开展投资者教育，切实保障投资者的合法权益是证券公司义不容辞的责任，东北证券高度重视投资者教育工作，践行"为投资者做实在事，让投资者有获得感"的工作理念，积极探索投教新模式、新路径。结合近年来开展投资者教育的工作实践，东北证券逐渐形成了投资者教育的闭环管理体系，包含热点分析、客户画像、靶向定位、精准实施、综合评估、持续优化等 6 个主要环节（见图 6）。

**图 6　投资者教育闭环管理体系图示**

一是通过跟踪监管动态、行业动态及媒体关注重点，及时发现市场热点；汇总整理投资者咨询内容，及时了解业务难点；通过微信等进行客户调查，了解投资者关注点。根据这些热点、难点及关注点，确定投资者教育工作方向。

二是根据已有资料，了解投资者的投资经验、知识水平、资产状况等客观信息；

通过系统分析,了解投资者的风险等级;通过问卷调查,了解投资者的投资偏好、关注业务等主观信息。结合这些信息,对投资者进行画像分析,根据第一环节确定的投教工作方向,将投资者划分为"投教目标群体""投教潜在群体""其他群体"三类。

三是根据第二环节的划分情况,将"投教目标群体"确定为主要受众群体,将"投教潜在群体"确定为次要受众群体,依据受众群体,靶向定位服务内容,提升服务的精准度,为下一环节提供有力支持。

四是根据第一环节确定的工作方向及第三环节确定的受众群体及服务内容,制定活动方案,确定活动形式及投教产品种类,为投资者精准提供投教服务。

五是活动开展时通过现场观察,第一时间掌握投资者反应情况;通过现场互动,了解投资者对讲解内容的理解情况;活动结束后,与部分投资者进行交流,并发放满意度调查问卷,了解投资者的满意度,征集意见建议。通过综合多种渠道,评估活动效果,总结经验教训。

六是根据第五环节的评估及总结情况,对发现的不足及时分析,提出整改方案;对发现的亮点进行整理,形成工作模板。回溯各个环节,根据总结情况持续优化各环节工作,并开展新一轮的活动组织工作,最终形成投资者教育闭环管理体系。

在效果评估和改进环节,东北证券还运用投资者教育全流程客户体验设计(如图7所示)的方式,评估投教服务各环节,还原整个服务体验过程,实现精准评估;跨行业开展合作,对服务流程进行重新设计,推广和保持改进成果。

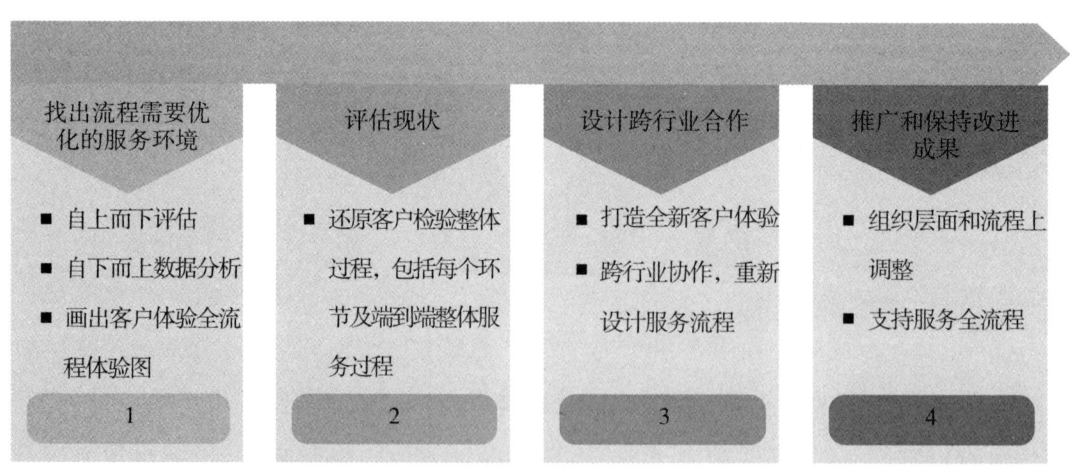


图7 投资者教育全流程客户体验设计图示

在这一体系的指导下,东北证券开展了以下几个方面的实践。

(一)满足投资者对投教服务质量的更高要求

我国的资本市场以个人投资者占主体,发展投资者教育也要重点关注个人投资者的所思所想。随着广大投资者接受投资者教育的意愿日趋增强,证券公司作为受到投资者广泛认可的投教主体,必须通过提升投教服务质量来满足投资者日益提升的投教需求。

东北证券始终致力于提升投教服务质量,通过建设一流的投资者教育基地、打造精英化投资者教育团队、孵化高质量的投教产品等方式,多措并举,打造投资者教育品牌。

1. 将一流投教基地纳入公司战略工程

东北证券于2016年3月获得首批“国家级投资者教育基地”称号,在中国证券监督管理委员会吉林监管局(以下简称吉林证监局)的统筹指导下,坚持“公益·教育·服务”主题理念和“美丽蝶之舞,美好中国梦”主旨,将其打造成引领投资者教育和保护工作的窗口,搭建与投资者之间沟通的桥梁。以投教基地为载体,东北证券将投资者教育事业纳入公司战略工程体系,构建以投资者教育为导向的多元化多层次服务体系。

2. 打造投资者教育精英团队

开展投资者教育离不开优秀人才的支持,东北证券高度重视投教团队建设,公司总裁统筹领导公司投教工作;经纪业务分管副总裁牵头,零售客户部总经理主管,督导投教工作的具体落实。投教基地专职工作团队涵盖适当性、投资者保护、新媒体服务等专业人才,联合公司经纪业务、投行业务、资管业务等全业务条线专家团队及营业网点投教专员队伍,举全公司之力,组成辐射全国的投资者教育精英团队。

此外,东北证券构建科学性、系统性的投教队伍培训体系,将投教基地作为投资者教育精英人才的训练营,通过组织培训学习、投教评比、主题宣讲等活动,将公司各业务条线业务骨干群体打造成投教精英,并持续探索培训学习模式创新和强化成果应用,将投资者教育事业由投教基地向全国各地基层延伸。2018年东北证券投教基地两名业务骨干成功入选上海证券交易所“投教新锐”全国百强,以榜样风采引领全国营业网点投教专员队伍积极推动投教工作。

2018年东北证券开展了为期5个月的“待客有道”混合式行动学习,立足投资者教育一线阵地,聘请行业知名学习管理机构,组成行动学习小组。采用线上学习、调查问卷、现场走访、电话访谈、情境演练、评学与辅导等形式,以赛代训,萃取专业服务标准和品牌化服务理念进行普及和传导。参与学习和演练8217人次,提交微视频作业1424个,参赛作品593个,复赛作品157个,决赛作品40个,员工评学达10万余人次。活动得到了吉林证监局的大力支持,并荣获2019年5月中国客户服务节"最佳培训项目奖""2018~2019(第十届)中国人才发展菁英奖-最佳学习项目奖"。活动起到了以点带面的传导效果,有效提升了一线投教团队的整体服务水平。

3.专注孵化原创高品质投教产品

东北证券注重原创投教产品创作,通过不断创新形式,精耕内容,打造品牌化、系列化的投教产品池,覆盖多样化投资者群体。

为更好满足投资者多样化需求,东北证券投教基地推出针对性的"八大课程体系",倡导投资者"每天8分钟"的学习理念和学习习惯,为不同层级投资者量身打造培训课程及投教产品,将深奥复杂的金融知识以简单易懂方式传递给投资者。

此外,投教基地还孵化各类"接地气"的投教产品,提高投资者群体对投教知识内容的接受度和参与度,主要形式涵盖投教课程视频、动画、业务知识三折页、宣传册、绘本、微信图文、广播节目、海报等,产品覆盖面超过10万人次。其中,原创拍摄投教系列微电影《我与中国资本市场风雨四十年(萌芽)》《我与中国资本市场风雨四十年(觉醒)》《我与中国资本市场风雨四十年(繁荣)》《我与中国资本市场风雨四十年(希望)》,以普通投资者视角见证我国资本市场40年来从萌芽到现在的繁荣发展,在央视黄金时段播出,并荣获上海证券交易所"最佳视频奖""投资者最喜爱的最佳视频奖",显示东北证券的投教产品已积累了良好口碑,初步形成投资者教育服务品牌。

(二)依托投教基地积极探索投资者教育纳入国民教育体系

投资者教育是一项长期性、系统性工作,但当前我国的投资者群体不够成熟,接受投资者教育服务较晚,并且缺乏长期规划,提升投资者的整体金融素养亟须形成投资者教育长效机制。

为此,东北证券积极响应证监会"推动投资者教育纳入国民教育体系"号召,依托投教基地,以"舞动校园"为主题积极探索推进投资者教育纳入国民教育体系,通过举办投教大讲堂、知识竞赛、座谈会等形式活动,将学生、教师队伍纳入投资者教育受众群体。通过与高校建立常态化合作机制,东北证券将编写的《国内宏观经济概况》《技术分析K线技术的应用》等金融课程纳入高校学分课程体系,为在校大学生提供金融知识普及、防范非法投资活动、金融职业规划等课程服务,致力于实现立足高校、特色鲜明、服务师生、辐射社会的投资者教育平台。

除了与高校开展合作,东北证券还积极探索提升青少年财经素养,针对不同年龄段的青少年,提供不同内容的财经素养教育产品,如针对青少年学生的“打击非法投资”“警惕校园贷”等主题宣传品,针对少年儿童的《压岁钱怎么花》《股票是什么》等财商教育系列绘本、《证券知识小百科》系列手册,并设计制作了《小小金融家》桌游等青少年乐于接受的多元化投教产品。此外,东北证券投教基地也邀请不同年龄段青少年来参加财经教育活动,通过现场观看投资者教育宣传片,参与投教游戏互动普及金融知识,揭示金融风险。

(三)聚焦业务热点,抓牢投教“第一时间”

金融创新为资本市场的发展注入了新活力,但投资者在积极参与新业务的同时,也需要第一时间了解业务规则、潜在风险等相关金融知识,证券公司则应当及时提供精准的投教服务。

东北证券时刻聚焦业务热点,在科创板业务推出前期,东北证券结合“线上+线下”模式,全方位开展推广,不仅设计了专用的条幅、海报、宣传展架《驱动创新、着眼未来》《签约科创板》,三折页《科创板基础知识》等现场宣传材料,还通过设置业务咨询台,由科创板讲师值守与投资者面对面交流,普及业务知识、揭示业务风险点及适当性管理要求,并组织开展全公司范围“走近科创,你我同行”主题投教宣传活动,在全国形成联动效应,通过多种形式对科创板的相关知识和风险揭示进行了推广宣传,起到了良好效果。

同时,东北证券在第一时间向潜在投资者群体发送短信,宣传科创板业务知识,揭示相关风险;官方微信结合科创板业务推进进程,持续发布主题推文,内容涵盖要点核心知识、适当性管理解读、参与方式、开通条件、风险类型等各项知识。公司网站设立科创板专栏,与官方微信同步持续更新科创板相关知识与风险提示。公司官方APP则推出《科创板业务解读》视频宣传,由财富客户部高级投顾为投资者在线讲解科创板知识,提供专业指导。

此外,东北证券第一时间成立科创板投研先锋团队,多维度甄选核心投资者智囊库,由研究所团队、投资顾问团队和投教团队组成三位一体式常态化工作机制,通过企业信息收集、组织投研共创会等形式,落实以投资者为中心的投资者教育和保护工作要求,创新投资者教育服务方式,引领资本市场共学共助的研学风尚。

(四)合力联动,吹响投资者教育工作集结号

证券监管部门、金融机构、高校等作为投资者教育主体各具优势,但单一主体提

供投教服务也存在各自的局限性,因此,多主体联动形成合力才能打破这一局限,最大限度提升投资者教育效果。

东北证券投教基地在吉林证监局的支持下,积极与中证中小投资者服务中心、沪深证券交易所、全国各辖区行业协会等机构联动合作,与上海证券交易所投教基地等业界同行同向发力,同频共振,推动投教工作横向全覆盖,纵向全链接。

为献礼"改革开放四十周年",东北证券积极参与由中央电视台财经频道与中证中小投资者服务中心联合主办的《股东来了》投资者权益知识竞赛,成为全国六大赛区之一的吉林赛区的承办方。借助竞赛契机,东北证券以丰富多彩的活动为投资者带来全面的投资理财专业服务,并推出"我与《股东来了》共成长"系列宣传主题,通过东北证券官方微博、微信、中证中小投服中心及央视财经等新媒体渠道发布原创资本市场知识宣传普及文章《中国资本市场自传——债券的前世今生、股票的前世今生、基金的前世今生、期权的前世今生》系列,形成"以点带面,辐射全国"的良好效应,得到社会大众的高度评价,并荣获行业评比奖项。东北证券主导的吉林赛区成绩优异,1 名选手斩获初赛全国第一名,31 人进入全国总排名前 50 名,在全国 26.3 万初赛选手中遥遥领先。由公司冠名的"东北证券队"荣获总决赛亚军,公司荣获"最佳承办奖""东北证券队"受聘为"中证中小投资者服务中心投教形象大使",受邀参加中证中小投资者服务中心投教大讲堂系列宣讲活动,真正将投资者教育工作落地开花。

2018 年东北证券投教基地联合各级机构举办系列投资者教育活动,包括针对校园群体的"温暖冬日系列活动";针对新投资者、中小散户、中老年群体的"打非"系列活动;以"理性投资,从我做起"为主题的"投资者服务东北行大讲堂"活动;"服到万家 · 新春送服"投教宣传活动;"3 · 15 金融消费者权益保护"主题宣传;"走近科创 · 你我同行"主题知识教育;"投资者纠纷多元化解机制"及"我是股东"活动等,覆盖投资者群体近万人。

此外,东北证券投教基地以首个"5 · 15 全国投资者保护宣传日"为契机,积极参与吉林证监局开展的"心系投资者,携手共行动"全国投资者保护宣传日主题活动,充分发挥自身优势,助力活动惠及更广泛的投资者群体。活动中,东北证券投教基地联合地区媒体、城市轨道交通等共同宣传,将城市轨道交通中心枢纽站打造成投教宣传的中心站,全方位提升活动影响力。

为进一步扩大投资者教育辐射面,东北证券投教基地于 2019 年第一季度发起全国范围内的投资者教育活动竞赛,于全国各地组织系列投教公益活动。全国网点目标一致,有效覆盖,增强实效。为持续提升投教工作宣传影响力,东北证券系列投教活动第一时间通过《中国证券报》《证券时报》《券商中国》《央视财经》等权威媒体平台播报,使投教活动风生水起,花开遍地。

## 三、探索闭环管理体系对投教发展路径的思考

投资者教育是一项长期性、系统性的工作,积极倡导理性投资、价值投资、长期投资,培育成熟理性的投资文化,形成良好的市场生态是东北证券努力的方向。东北证券以投资者教育闭环管理体系为指导,结合自身实践,对未来投资者教育的发展方向提出了以下思考。

(一)分析市场现状,形成投教长期机制是重点

开展投资者教育,首先要了解市场状况,因时制宜制订投教长期规划。我国的投资者接受投教服务较晚,且缺乏长期规划,为此,推进投资者教育纳入国民教育向深层次发展,形成长期机制是重点所在。2013 年 12 月 27 日,国务院办公厅出台的《关于进一步加强资本市场中小投资者合法权益保护工作的意见》第 8 条中明确提出要“加大普及证券期货知识力度,将投资者教育逐步纳入国民教育体系,有条件的地区可以先行先试”。2019 年 3 月 15 日,中国证券监督管理委员会与教育部联合印发《关于加强证券期货知识普及教育的合作备忘录》,为证券公司推动投资者教育纳入国民教育体系提供了新思路。证券公司可以从以下几点开展工作。

1. 发挥投资者教育基地作用,既要做到“引进来”,吸引广大师生到投教基地参观、学习,为其提供相适应的培训课程;同时做到“走出去”,深入高等学校开展公益讲座,普及金融知识,培养理性投资理念。

2. 发挥证券公司的专业优势,选派各领域专业精英,与高等院校合作开发金融知识学习资源,将金融知识培训课程编成系列教材,形成精品课程体系。

3. 将合作范围由高等院校向中小学拓展,打造适合青少年学习的财经素养教育课程体系,补齐教育环节,形成针对不同年龄段学生认知发展水平的完整金融教育体系。

(二)投资者分层,适当性是前提

投资者教育要以投资者为中心。面对我国庞大的投资者群体,证券公司不能仅

凭一种方式服务全部投资者,要做好投资者分层,为不同年龄、不同经验、不同知识水平的投资者,提供差异化的投教服务。我国资本市场个人投资者占主体的情况长期存在,并且在年龄、投资经验、投资知识等方面呈现多元化态势。为此,开展投资者教育也要遵循适当性原则,为适当的投资者提供适当的投教服务。

1. 重点关注弱势群体

大学生等新入市的投资者群体,缺乏投资经验,对此可以从理念宣讲和基础知识普及入手,一方面培养其理性投资、长期投资、价值投资的理念,减少投机行为;另一方面,夯实其金融知识基础,尽快融入市场。

中老年投资者普遍缺乏风险防范意识,易受到不法侵害,对此可以从风险揭示、非法金融活动防范等方面入手,提升其识别非法金融活动的能力。

2. 加强风险教育,引导理性投资

随着资本市场的不断发展,我国已经出现了一部分较为成熟理性的投资者,但大部分中小投资者的投资行为依然容易受市场波动的影响。同时,中小投资者普遍缺乏长期投资理念,约有53%的投资者持股时间少于3个月,显示出短期投机行为盛行。[①] 针对这部分投资者,证券公司应当加强风险教育,倡导理性投资、价值投资、长期投资,形成良好的投资者教育氛围。

3. 知识讲解遵循适当性原则

随着我国资本市场制度体系的不断完善,适当性已经成为开展各项工作的基本原则之一,提供投资者教育服务也必须遵守此一原则。证券公司可以充分利用自身的信息优势,通过大数据分析,依据不同业务的适当性原则对客户进行筛选,对符合条件的投资者或潜在投资者可以开展针对性的业务规则讲解;针对其他投资者,则应以风险教育和知识普及为主,提高服务的针对性。

(三)投教服务具体实施,形成合力是关键

投资者教育规划需要得到充分实施,但单一主体开展投资者教育存在局限,难以覆盖更广泛的投资者群体,因此,开展联动合作,构建优势互补的投教大格局,形成投教合力尤为重要。

1. 多方合作形成投资者保护大格局

"加强投资者保护是事关资本市场健康发展的基础性工作,是需要各方共同参与

① 参见方重:《完善投资者赔偿机制》,载《中国金融》2019年第8期。

和支持的工作,必须常抓不懈、聚集合力,切实把'大投保'理念贯彻和体现到实践中,使投资者保护工作落地有声、落地有效。"阎庆民副主席在"5·15全国投资者保护宣传日"启动仪式上的讲话①道出了凝聚行业合力的重要性。提升投资者教育服务水平,也离不开市场各方的倾力支持,证券公司及投资者教育基地拥有专业的讲师群体和丰富的投教资源;电视、广播、报纸、网站等媒体则拥有多元化的宣传渠道;各级金融监管部门可以沟通相关市场主体,统筹业内投教资源;学校、社区、企业等积极参与,可以拓展投教受众群体。通过各方合作,形成市场合力,可以形成覆盖全行业的完整投教工作链条。

2. 积极拓展"互联网+投教"模式

随着互联网技术的不断发展,广大投资者也日趋青睐以线上方式接受投资者教育服务,但证券公司在开展投资者教育工作时,依旧以线下方式为主,线上渠道的使用率仅为线下渠道的60%左右。② 投教渠道的开发和利用与投资者的需求形成错位,客观上为证券公司利用线上渠道开展投资者教育服务提供了较大的拓展空间。证券公司和投教基地通过官方网站、官方微信等平台,可以第一时间将最新的投教资源进行传递,最大限度降低信息的时滞性;同时,也可使投教服务脱离地域范围的限制,打破空间壁垒。实体投教基地也可以通过设置智能设备,链接线上资源,实现对投资者的智能识别、对投教资源的智能推送、对学习效果的智能跟踪、对学习路径的智能规划,真正实现因材施教。

(四)发挥投教工作效果,提高服务质量是根本

投资者教育服务效果的提升,离不开事后的总结与跟踪,应通过及时发现问题,持续打造高质量的投教产品体系,从根本上提升服务水平。《中国投资者教育现状调查报告(2018)》③显示,"愿意为接受投资者教育投入一定时间和资源的投资者占有较高的比例",愿意为参与投教活动花费时间或资金的投资者均达到九成,表明投资者对通过参与投教来学习相关金融知识、提升自身金融素养的重视程度在持续提高。但调查也同样显示,许多投资者认为目前的投资者教育工作存在开展时机不合理、内

① 参见中国证监会:《强化责任担当 发挥各方合力努力构建资本市场投资者保护新格局——阎庆民副主席在"5·15全国投资者保护宣传日"启动仪式上的讲话》,载中国证券监督管理委员会网:http://www.csrc.gov.cn/pub/newsite/zjhxwfb/xwdd/201905/t20190515_355804.html,最后访问日期:2019年6月25日。

② 参见《我国证券投资者教育的效率分析与制度建构》课题组:《中国投资者教育现状调查报告(2018)》,载《证券时报》2019年3月7日,第A12版。

③ 同上。

容过于单调等问题,亟待解决。因此,投教服务能否充分发挥作用,提升服务质量是根本。作为开展投资者教育工作的重要主体,证券公司可以从以下方面入手。

1. 深耕投教内容,优化投教载体

投教课程或投教产品是开展投教工作的载体,提升投教工作水平首先要提升课程及产品的质量。证券公司要杜绝以往"重宣传,轻实践"的传统投教宣传模式,深耕内容,将投资者教育打造成证券公司的品牌服务之一。

2. 第一时间响应需求,抓准投教时机

近年来,随着我国金融改革的不断深化,沪港通、沪伦通、科创板等新业务层出不穷,金融开放的不断推进也让诸如"特别投票权""超额配售选择权"等新机制逐渐走入投资者的视野。面对金融创新,第一时间抓住市场热点提供相应的投教服务,让投资者充分了解新业务的运行机制和潜在风险,在推动新业务开展的同时,也有利于保护投资者的合法权益。

3. 紧跟开放潮流,以国际化视角开展投资者教育

近年来,我国资本市场的开放程度的不断深化,沪港通、沪伦通等业务的相继推出,成为我国的投资者参与国际金融市场的窗口。证券公司也要与时俱进,以国际化的视角开展投资者教育,为投资者提供国际金融市场的相关知识,讲解国内外金融市场的差异,警示潜在风险。此外,金融市场发展历史悠久,证券公司可以学习和借鉴欧美国家在开展投资者教育方面的经验,为投资者教育提供新思路。

## 四、结　　语

习近平总书记在2017年全国金融工作会议上强调要"形成融资功能完备、基础制度扎实、市场监管有效、投资者合法权益得到有效保护的多层次资本市场体系",①为投资者教育工作指明了方向。证券公司应当持续把保护投资者视为一项神圣而光荣的使命,脚踏实地做好投资者保护工作的每一个环节。以投资者教育为媒介,东北证券将继续依据闭环管理体系,打造"有温度的投资者教育体验",坚持以投资者为中心,践行与投资者之间的美丽之约,共筑美好中国梦!

---

① 参见《习近平:深化金融改革　促进经济和金融良性循环健康发展》,载新华网:http://www.xinhuanet.com//fortune/2017-07/15/c_1121324747.htm,最后访问日期:2019年6月25日。

# 中小投资者的制度保护

方　燕*

**摘　要**：在科创板正式推行以及《证券法》修订的大背景下，对中小投资者的保护要综合行政、民事等手段丰富保护体系，全方位地提升对中小投资者的保护力度，提升资本市场法治与司法救济等软实力水平。针对目前中小投资者行政、民事保护存在的相关问题，本文设想了相关解决方式，并对中小投资者公益诉讼制度进行了探索。

**关键词**：中小投资者　信息披露　行政保护　民事救济　公益诉讼

## 一、前　　言

目前我国证券市场的投资者结构仍以中小投资者为主，根据中国证券登记结算有限责任公司的数据，截至2019年2月22日，我国证券投资者数量为14,807.48万人，其中自然人为14,771.98万人，[①]占99.5%以上。中小投资者是我国现阶段证券市场的主要参与群体，却处于信息弱势地位，抗风险能力和自我保护能力较弱，合法权益容易受到侵害。维护中小投资者的合法权益是证券期货监管工作的重中之重，关系广大人民群众切身利益，是证券市场持续健康发展的基础。

我国证券市场对中小投资者保护工作已取得了积极成效，但对于中小投资者的制度保护还存在不完善之处，致使其合法权益得不到有效保障。完善我国中小投资者的制度保护，促进我国证券市场平稳健康发展已迫在眉睫。

笔者认为，对中小投资者的保护要综合行政、民事等手段丰富保护体系，全方位

---

* 北京金诚同达律师事务所高级合伙人、第十三届全国人大代表。

① http://www.chinaclear.cn/zdjs/xmzkb/center_mzkb.shtml，最后访问日期：2019年4月12日。

提升对中小投资者的保护力度,提升资本市场法治与司法救济等软实力水平。

行政保护,是指政府的行政管理工作与消费者权益的保护水平直接相关,通过加强监督,预防危害消费者人身、财产安全行为的发生,及时制止危害消费者人身、财产安全的行为。[①] 行政保护包括行政管理、行政监督以及对违法行为的处理等。中小投资者的行政保护是政府及其监管部门依照法定程序,运用多种手段,保障中小投资者合法权益的行为。

民事救济,是纠正、矫正或改正已发生或业已造成伤害、危害、损失的民事权益或者损害民事权益的不当行为。民事救济具有恢复、补偿、修复和赔偿民事权益的功能。而民事救济权,是以消除因侵害或者受有危险而产生的不法或不公平状态为目的,旨在恢复受害状态的一类实体权利。它基于基础权利或基础利益被侵害或遭受危险的事实而发生,因而是派生的权利,其效力目的在于援助受害权利或利益,助其恢复。当保障中小投资者的行政保护失灵、中小投资者的合法权益被侵害时,就需要完善的民事救济系统援助中小投资者,恢复其应有的权益。

2013年12月25日国务院办公厅发布《关于进一步加强资本市场中小投资者合法权益保护工作的意见》,从九个方面加强资本市场中小投资者合法权益保护工作,首次在国务院层面系统构建了保障投资者知权、行权、维权的投资者制度体系。

2018年12月中央经济工作会议提出,资本市场在金融运行中具有牵一发而动全身的作用,要通过深化改革,打造一个规范、透明、开放、有活力、有韧性的资本市场。这为加强中小投资者的制度保护奠定了基调,指明了方向。

## 二、中小投资者行政保护存在的问题及保护方式

### (一)行政保护程序不完善

因为我国的行政程序法一直尚未启动立法程序,资本市场的信息公开制度、听取意见制度、告知制度、证据制度及公众参与制度等都没有明确而系统的程序性规定。在证券投资者权益行政法保护程序制度方面,中国证券监督管理委员会(以下简称证监会)近几年相继发布了《中国证券监督管理委员会行政许可实施程序规定(2018年修订)》《中国证券监督管理委员会行政处罚听证规则》《关于加强发行审核工作人员

---

① 参见侯丽艳、梁平主编:《经济法概论》,中国政法大学出版社2012年版,第78页。

履职回避管理的规定(2017 年修订)》《关于加强发审委委员履职回避管理的规定(2017 年修订)》。这些部门规章和规范性文件的出台在一定程度上完善了中小投资者权益行政保护程序制度,但目前我国证券市场仍存在证监会信息公开制度不完善和证监会规章制定程序公众参与程度不高这两大程序不足。

1. 证监会信息公开制度不完善

证监会《证券期货监督管理信息公开办法(试行)》已逾 10 年未进行修订,存在一定不足,难以保障中小投资者利益。在主动公开方面,证监会存在主动公开事项力度欠缺,公开不完全等现象。这导致证券市场信息不对称,证券投资者尤其是中小投资者对有效的市场信息获取较为困难,影响其正确判断市场行情。在依申请公开方面,证监会存在对依申请公开的信息答复质量有待提升,对于不公开信息的决定,拒绝提供理由或提供的理由的规范性不够等问题。

因此,笔者建议应当完善证监会信息公开制度。比如,证监会可以结合新修订的《政府信息公开条例》,逐步完善主动公开机制,全面保障中小投资者知情权。首先,可以考虑扩大证监会主动公开信息的范围,增强监管工作的透明度,确保主动公开的持续性,畅通证券投资者信息获取渠道。其次,进一步健全证监会信息依申请公开机制,保证中小投资者合法依规提出的公开申请被及时、合理的回复。最后,应建立多元化信息公开发布渠道,使信息获得更加便捷。

2. 证监会规章制定程序公众参与程度不高

证监会虽然在部分规章及规范性文件的起草过程中引入了听证制度,为公众参与立法的讨论提供了渠道,但是公众参与制度要想在具体实践中真正发挥作用还需要在制度上不断完善。

首先,在我国行政立法的过程中,公众参与具有非强制性。相关部门规章及规范性文件在起草制定或修改中容易将中小投资者排除在外,易对其造成不利影响。

其次,证监会规章制定过程中公开性有待提高。证监会在制定与广大中小投资者权益息息相关的规章或规范性文件时应该自觉公开制定过程的各个环节。相关文件制定信息公布存在一定不足,会对中小投资者知情权造成影响。

因此,笔者认为应当加强证监会规章及规范性文件制定或修改的公众参与性。证监会在制定修改部门规章及规范性文件时,应当主动公告,对立法依据、重点条文、分歧大的条文进行重点说明,引导公众参与讨论,提高广大中小投资者的知晓程度和参与程度。同时,也应通过适当的途径将相关意见反馈给中小投资者,回应其关切,确保在重大问题上不失声、不缺位。

(二)信息披露制度不完善

作为资本市场最重要的行政管理制度之一,信息披露制度有利于监管机关对资本市场的管理,对保护中小投资者意义重大。近年来,尽管我国资本市场信息披露制度已经取得一定成就,但还存在以下两大问题。

1. 现有的信息披露制度无法满足中小投资者需求

2018年9月26日,证监会阎庆民副主席在首届"中小投资者服务论坛"开幕式上的讲话表示,我国有1.42亿投资者,其中95%以上为持股市值在50万元以下的中小投资者。[①] 我国证券市场里的中小投资者无论从学历、专业素质、信息渠道以及资金等方面,都与机构投资者存在较大差距。他们大部分是缺乏专业的金融财务知识的普通人,没有精力更没有能力对相关信息进行汇总分析和处理,这在极大程度上造成了中小投资者为机构投资者的信息成本买单的情况。

信息披露制度的法定要求状态是信息披露义务人应当真实、准确、完整、及时地披露信息,不得有虚假记载、误导性陈述或者重大遗漏。健全的信息披露制度让投资者自主判断选择,证券市场自由竞争,投资者就会根据披露的信息做出较为理性的投资决定。但大多数中小投资者面对证券市场上的信息有以下几种表现。

第一,对政策的依赖性。中小投资者对政策的依赖性导致投资者心理的"过度自信"与"过度恐惧"。政策对中小投资者的影响过大,影响其活跃度及入市的意愿,当利好政策出台后,投资交易频率有明显的上升,且持续相当长的交易日。而当利空政策出台时,投资者的交易频率有较大程度的下降,下降趋势也持续较长的时间。

第二,从众。中小投资者自身对于证券市场信息存在严重的从众心理。股市证券报道和评论文章多以"投资者情绪高涨、情绪指标低落"等词汇形容普通投资者的投资偏好;同时,中小投资者在相当大程度上信任股票权威人士的观点,听取所谓股票权威人士对股市行情的预测。

第三,信息偏好。许多中小投资者偏爱小道消息、"内部消息",常常对这些消息趋之若鹜,然后匆忙地进行证券市场操作。与此相反,中小投资者对市场公开信息如企业财务状况、重大事项发生情况、董事会股东会披露事项缺少关注,对该等信息反应不足。

---

① 阎庆民:《以新理念引领新发展 投资者保护工作迈上新台阶》,载全景网:http://www.p5w.net/live/lthyzb/sjzxtzzfwlt/m.htm,最后访问日期:2019年4月12日。

目前的信息披露制度并不能满足中小投资者的需求,其需要的是高质量、清晰明了而且容易理解的信息披露。在深化资本市场改革的今天,信息披露制度也应在适应中小投资者方面做出改变。

2. 信息披露违法处罚规定较轻

我国《证券法》第 189 条规定:"发行人不符合发行条件,以欺骗手段骗取发行核准,尚未发行证券的,处以三十万元以上六十万元以下的罚款;已经发行证券的,处以非法所募资金金额百分之一以上百分之五以下的罚款。对直接负责的主管人员和其他直接责任人员处以三万元以上三十万元以下的罚款。发行人的控股股东、实际控制人指使从事前款违法行为的,依照前款的规定处罚。"

我国《证券法》第 139 条规定:"发行人、上市公司或者其他信息披露义务人未按照规定披露信息,或者所披露的信息有虚假记载、误导性陈述或者重大遗漏的,责令改正,给予警告,并处以三十万元以上六十万元以下的罚款。对直接负责的主管人员和其他直接责任人员给予警告,并处以三万元以上三十万元以下的罚款。发行人、上市公司或者其他信息披露义务人未按照规定报送有关报告,或者报送的报告有虚假记载、误导性陈述或者重大遗漏的,责令改正,给予警告,并处以三十万元以上六十万元以下的罚款。对直接负责的主管人员和其他直接责任人员给予警告,并处以三万元以上三十万元以下的罚款。发行人、上市公司或者其他信息披露义务人的控股股东、实际控制人指使从事前两款违法行为的,依照前两款的规定处罚。"

一方面,在我国资本市场,企业一旦上市成功,市盈率往往达到几十倍,获益巨大。另一方面,从法律规定的处罚措施可以看出,对于证券市场违法违规行为的处罚力度极小,很多严重违法行为的"顶格"处罚仅仅 60 万元,违法成本和违法收益之间严重不平衡。违法违规成本过低,而上市和并购成功之后可以获得的利益巨大,从而使证券市场财务造假、信息披露违规、欺诈发行、内幕交易、操纵市场等乱象屡禁不止的根本原因。

为了资本市场的健康、稳定发展,为了维护中小投资者的合法权益,加大对违法违规行为的处罚就非常具有必要性。毕竟,只有"顶格处罚"产生的强大的震慑力,才能让市场参与者不敢违法违规。

因此,为体现公开、公平、公正、平等的法律原则,保护中小投资者的合法权益,应当对信息披露制度进行进一步完善。

1. 增强信息披露的投资者适应性

对于信息的大量披露,有效地进行汇总、处理及分析是较为困难的,因此,大量的信息堆积在各种发布媒介中,不但对中小投资者接受和处理信息能力的提升毫无作用,反而会使这种现象进一步恶化。因此,需要根据信息流通的增减原则处理所披露的信息,如删减已经过期失效的陈旧条文,增添最新的信息并根据投资者的偏好进行设计,使用投资者容易理解的语言文字编写披露信息等。可以考虑对相关披露信息进行分析并分类整理,再由专业人士进行进一步的处理,这样最终呈现给中小投资者的就是容易理解和接受的信息披露。

2. 呈现多元化的信息披露方式

把董事会、股东会决议、公司重大事项报告、财务报表等信息直接堆积在发布媒介上是目前信息披露的主要方式。公司可以通过自身或者是证券经营机构对披露的信息制作对照图表、视频等内容,让中小投资者更能直观地了解信息。同时,可以考虑在披露时对最易导致投资者损失的部分进行强调,提高信息披露的质量和效率。

3. 修法加大信息披露违法处罚

在《证券法》修改中加大对违法违规行为的打击力度成为2019年“两会”的热点。笔者认为,有必要通过修改《证券法》,提高违法犯罪成本,健全金融法制,从而为新时代证券市场改革保驾护航,矫正资本市场诚信缺失问题,充分保护中小投资者合法权益。

## 三、中小投资者民事救济存在的问题及解决方案

上述行政保护中的信息披露制度与对虚假陈述的管制等内容亦是民事领域重要的救济内容。建立健全中小投资者保护制度,行政保护与民事救济是相辅相成的。但民事救济除了和行政保护重叠的部分外,还有以下值得关注的民事救济特有的问题及解决方案。

(一)中小投资者举证责任过大

目前,我国尚未明确证券赔偿民事纠纷的民事责任性质。因此,在证券领域侵害中小投资者权益的民事纠纷中,法院通常按照侵权责任法要求上市公司、证券公司等主体承担一般侵权责任。依照侵权责任法的规定,一般侵权责任纠纷中举证责任原则为“谁主张,谁举证”。但对于处于弱势地位的中小投资者而言,由于证券纠纷具有

高度专业化、职业化和广域化的特征，严重的信息不对称和能力不对称使中小投资者举证异常困难。如果要求中小投资者承担举证责任，则因其难以有效地收集证据，从而难以顺利主张应有的民事救济权。

因此，应当探索研究建立证券赔偿民事纠纷的特殊举证责任，可将中小投资者难以取证的领域改为过错推定责任，由上市公司、证券公司等主体承担举证责任。

（二）中小投资者诉讼成本过高

我国中小投资者群体有规模大，金额小的特点。有统计表明，多数中小投资者证券投资金额不足 5 万元。因此，在面对权益受到侵害造成投资损失时，相对高昂的诉讼费、律师费和时间成本使中小投资者往往无法主动选择寻求司法救济，经过权衡后最终只能放弃维权。

因此，应当优化民事赔偿制度，最大限度地降低民事赔偿的诉讼成本，积极探索发展证券投资损害民事赔偿公益诉讼制度，例如，可以探索建立由检察院提起证券民事公益诉讼的制度。

（三）民事诉讼执行难问题

当中小投资者在民事诉讼胜诉后，面对规模较大、经济实力雄厚的上市公司和证券公司等主体，严重的信息不对称和能力差距仍存在，这使赔偿执行难问题在复杂的证券赔偿中尤为严重。

因此，中小投资者通过诉讼或调解胜诉后，应当探索增加法院强制执行赔偿金的法定范围，确保中小投资者及时、足额获得赔偿金。在不影响上市公司经营的范围内，可加大对现金及其他流动资产进行强制执行的范围，对于部分可折现的资产公开拍卖，拍卖款用以执行赔偿。

同时，开展多种形式的赔偿金先行赔付的探索，如探索对有过错的董事、股东的股权可以先行抵押，通过抵押款先行赔付的可能等。

还应探索建立证券投资保护基金、中小投资者证券投资保险等制度，一旦判决生效，基金或保险先行赔付，再由证券投资保护基金和中小投资者证券投资保险向上市公司等赔偿责任主体追偿。

目前，国家设立了证券投资者保护基金，但该基金仅用于对证券公司的债权人予以偿付。证券公司也建立了保荐人先行赔付制度，但该制度存在制度设计层级低、赔偿条件单一、赔偿数额不确定、赔偿案件数量少等问题。

应当探索规定发行人、中介机构等在开展单项证券业务时购买证券市场强制责任保险,用于在发生证券市场违规案件时对合格投资者造成的损害进行赔偿。同时,还应探索使用证券监管机构对证券市场违规主体的全部或部分罚没款项设立损害赔偿专项资金,用于在发生证券市场违规案件时对中小投资者造成的损害进行赔偿。最后,还应探索在证券市场违规案件发生时,通过损害赔偿专项资金购买中介机构的第三方服务,为中小投资者提供援助的可能。

## 四、中小投资者公益诉讼制度探索

### (一)中小投资者的维权困境

在发生上市公司违法、违规行为时,保护投资者合法权益的任务越发重要。现实中,由于中小投资者相对比较分散,力量薄弱,受损的投资者主要通过自发提起诉讼来进行个人维权。从实践情况来看,一方面,中小投资者通过自发诉讼维权往往会面临诉讼期间长、成本高、取证难、风险大、效果差等困难,自身权益难以得到及时救济;另一方面,中小投资者往往会因为诉讼成本过高、专业能力不够、诉讼预期不明确等原因,维权动力不足,甚至主动放弃维权,从而客观上降低了相关市场主体的违法成本,使违法行为难以得到有力震慑。①

### (二)公益诉讼制度探索

1. 证券金融类公益机构公益诉讼制度探索

2014年12月中证中小投资者服务中心有限责任公司(以下简称投服中心)注册成立,这是归属中国证监会直接管理的证券金融类机构。投服中心为中小投资者自主维权提供教育、法律、信息、技术等服务。根据投服中心的介绍,证券支持诉讼是对涉及中小投资者众多、矛盾比较突出、社会影响较大的典型证券侵权纠纷,由机构根据中小投资者提出的申请,委派投服中心的公益律师或工作人员作为中小投资者诉讼代理人,代理中小投资者向人民法院起诉并参与诉讼的活动。②

投服中心成立后,在支持投资者向上市公司及其实际控制人提起证券赔偿诉讼方面已经做出了探索与尝试。2017年1月23日,上海市第一中级人民法院公开开庭审理原告刘某等诉被告匹凸匹金融信息服务(上海)股份有限公司及实际控制人鲜某

① 参见中证中小投资者服务中心:《公益律师说维权 投服中心代理首例证券支持诉讼案例分析》,载中证中小投资者服务中心:http://www.isc.com.cn/rights/201705/t20170517_171525.shtml,最后访问日期:2019年4月16日。

② 同上。

等 8 名高管的证券虚假陈述纠纷案，系全国首例证券支持诉讼。目前该中心已经接收中小投资者申请，提起多起证券支持诉讼，如"康达新材""上海绿新（现更名为顺灏股份）"等。

在这些证券支持诉讼中，投资者服务中心现有工作内容主要是公开征集受损的中小投资者、委派投服中心的公益律师或法律专业人员作为中小投资者的诉讼代理人，代理中小投资者向人民法院起诉并参与诉讼的活动。有别于环境公益诉讼制度，投服中心自身不能成为诉讼主体，只能在诉讼中起到支持及辅助作用。作为金融证券类公益机构，投服中心在为中小投资者提供保护方面具备专业上的优势，且信息相对集中，因此，在为中小投资者提供证券诉讼支持服务之外，对于自身发现的上市公司虚假陈述、信息披露违法违规、内幕交易、操纵市场等违法行为可以以自身名义提起公益诉讼。因此，应将金融证券类公益机构作为独立的诉讼主体，纳入公益诉讼主体之中。

2. 检察机关公益诉讼制度探索

一方面，考虑到证券侵权诉讼专业性较强、成本高、救济对象人数众多且分散的特点，我国应当有法定机构行使证券侵权民事公益诉权。我国监察体制改革后，对于贪污、渎职、职务犯罪的侦查权转移到监察委员会，检察机关的职能减少，应当赋予新的职能。根据法律规定，检察机关享有公诉权和法律监督权。我国《宪法》《人民检察院组织法》均规定"人民检察院是国家的法律监督机关"，法律监督不仅限于对刑事案件侦查、审判等依法履行监督职责，还包括对于民事诉讼、行政诉讼是否合法进行监督。检察机关的新职能应当符合其主要的职权范围及本质，根据上述法律规定，民事案件监督权本就归属于检察机关，那么将证券民事公益诉讼纳入检察机关的职权范围内，符合我国《宪法》《人民检察院组织法》对于人民检察院职能职权的规定。

另一方面，随着我国环境民事公益诉讼制度的确立，检察机关已经在环境保护领域被确立为适格的民事诉讼主体，因此，在民事公益诉讼领域检察机关具备相应的经验，可以在此基础上探索建立证券侵权民事公益诉讼制度。通过在部分地区建立证券民事公益诉讼试点，如上海金融法院，积累证券民事公益诉讼的实践经验。同时，也可对公益诉讼案件范围、提起诉讼、诉讼参加人、专家辅助人等规则作出规定，由于证券侵权都涉及侵害投资者的利益，损害赔偿金额的确定也应当建立相应的计算标准。

(三)诉讼程序

1. 管辖

目前,法律未对证券民事公益诉讼管辖法院作出特殊规定,仅按照普通民事诉讼“原告就被告”的诉讼管辖规定,中小投资者应当去被告所在地法院提起诉讼。但一般的上市公司、证券公司均具有较大的规模和雄厚的经济实力,在当地的影响力很大,有可能遭受同案不同判、同一条文不同理解的情况以及可能存在司法地方保护主义倾向。上市公司一旦出现问题,利益受到侵害的中小投资者会存在人数众多,损失额度难以计算的情况,因此,无论是公益组织还是检察机关,在提起公益诉讼之前都很难确定具体的索赔金额,从而导致难以选择管辖法院。鉴于此,笔者建议在省级区域内设立专门的金融法院,如已经设立的上海金融法院,专门管辖本省之内金融证券类诉讼,一旦发生上市公司损害中小投资者利益的情形,即由上市公司所在地金融法院管辖。

2. 公告确定受损投资者范围

法院受理案件后,应当公告征集受损的中小投资者,在公告公布后进行登记的中小投资者可以在生效判决确定的赔偿金额内取得赔偿。但是,未进行登记或者在公告期之后才要求登记的投资者,是否能够获得赔偿?此处对于登记应当作出时间上的限制规定,最迟不应晚于法庭辩论终结之时。因为法庭审理和法庭辩论阶段是对整个案情开展的详尽调查,相关的事实、证据、各方的意见均会得到充分的展示和论证,一旦辩论结束则意味着法院对于案件事实已经完成了调查,此后的判决及赔偿均会以此为依据。因此,中小投资者登记的时间应当不晚于法庭辩论结束之时。

3. 赔偿分配规则

在证券民事公益诉讼中,中小投资者最关心的则是自己能够获得赔偿的情况。赔偿金的确定大致有两方面因素:一是损失的计算方式,主流的计算方法大致有算术平均法、普通加权平均法、移动加权平均法等,此处不做赘述;二是赔偿的分配规则,这涉及每个中小投资者的切身利益,可考虑由审判人员、专家辅助人、司法审计、具有证券从业资格的会计师事务所等共同组成工作组,制定相应的分配规则,将赔偿金落实到每位中小投资者。

## 五、结　　语

资本市场要想获得稳定健康发展,必须高度重视中小投资者合法权益的保护,对中小投资者保护的程度决定了资本市场发展的力度和广度。中小投资者权益的制度保护工作是一项复杂的系统工程,牵扯到各方利益的平衡问题,难度很大。本文初步探索了中小投资者制度保护的相关途径,并指出了一些建议看法。随着我国经济体制改革的不断深化,我们有理由相信我国中小投资者的保护制度将越来越完善,而资本市场的发展也会越来越稳定。

# I 域外视野
# INVESTOR

# 美国证监会全面解读投资顾问信义义务与行为标准及其启示

张子学*

**摘　要**：近期，作为美国证监会集中推出的进一步规范投资顾问行为、保护投资者权益组合举措的一项重要内容，其发布释令，对投资顾问的信义义务、注意义务、忠实义务与相应的行为标准进行了综合梳理与全面解读。本文介绍了该释令的主要内容，并简要列出了对我国基金资管行业监管的一些启示。

**关键词**：美国证监会　投资顾问　信义义务

在美国，业界普遍认为，投资顾问（investment adviser）①对其客户负有信义义务（fiduciary duty）。② 从法源来看，投资顾问对客户的信义义务，既来自于普通法，也来自于联邦制定法。普通法法源是法官依据代理法或者信托法原则作出的判例，联邦制定法法源主要是《1940年投资顾问法》（以下简称《投资顾问法》）第206条。该条本来是一个类似于《1934年证券交易法》第10b条的一般性反欺诈条款，禁止投资顾问从事任何欺诈、欺骗或操纵性的行为。1963年美国联邦最高法院在"美国证监会诉资本利得公司案"（SEC v. Capital Gains）③这一经典判例的判决书附带说明中指出，《投资顾问法》第206条反映了国会对"投资顾问关系微妙的信义性质"的承认。

---

* 中国政法大学民商经济法学院教授。

① 例如，对标我国，美国投资顾问从事的业务既包括基金管理，也包括投资咨询。

② 比如，投资顾问协会（the Investment Adviser Association，IAA）在其官网明确表示："投资顾问对其客户负有信义义务，因此，投资顾问与其客户处于一种信任和信心（trust and confidence）的特殊关系。"

③ See SEC v. Capital Gains Research Bureau，Inc.，375 U.S. 180，194（1963）。该案中，作为被告的投资顾问在自己账户建仓后不久，即推荐其客户买入进行长期投资，等股价上扬后自己账户迅速出货获利。这种操作被俗称为"剥头皮"交易（"scalping"，在我国证券执法实践中被较为文雅地称为"抢帽子"交易）。美国联邦最高法院认为，这种行为构成《投资顾问法》第206条下的欺诈。

这一意见为美国联邦最高法院的后续判决再次确认。[①] 一般据此认为,《投资顾问法》第206条为投资顾问设定了一个"联邦"层面的信义义务标准,或称联邦信义义务。

不过,关于投资顾问信义义务内涵与外延的理解与执行,一直比较零散化。2019年6月为了重申、在某种意义上也是为了廓清《投资顾问法》第206条下投资顾问对其客户的信义义务,经过1年多时间的征求公众意见,美国证监会正式发布了IA-5248号释令(Release)《证监会关于投资顾问行为标准的解释》(Commission Interpretation Regarding Standard of Conduct for Investment Advisers, Release No. IA-5248),又称"最终解释"(Final Interpretation)。[②] "最终解释"综合判例法、立法史、学术文献、美国证监会先前的释令和其他法律渊源,对投资顾问的信义义务、注意义务、忠实义务与相应的行为标准进行了综合梳理与全面解读;同时,"最终解释"也是美国证监会近期同时集中推出的进一步规范投资顾问行为、保护投资者权益组合举措的一个部分。[③] 本文旨在比较原汁原味地介绍这一"最终解释"的主要内容,并简要列出了对我国基金资管行业监管的一些启示。

## 一、对投资顾问信义义务的理解

根据美国联邦法律,投资顾问是受信人,美国联邦最高法院1963年在SEC v. Capital Gains判决中,确认了投资顾问的信义义务。[④] 根据《投资顾问法》,投资顾问

---

① 美国联邦最高法院在1979年Transamerica Mortgage Advisors, Inc. v. Lewis, 444 U. S. 11(1979)一案中认为,"正如我们此前认知,第206条设定了规制投资顾问行为的'联邦信义标准'","的确,《投资顾问法》的立法历史毫无疑问地表明国会意在施加可执行的信义义务"。

② "最终解释"全文见https://www.sec.gov/rules/interp/2019/ia-5248.pdf。

③ 其他举措包括三个文件:一是《最佳利益条例》(Regulation Best Interest),为经纪交易商向涉及证券的"散户客户"提供投资建议设定了行为标准;二是《表格CRS关系总结》(Form CRS Relationship Summary),要求经纪交易商和投资顾问在与散户客户建立关系之初,即向客户提供一份"关系总结",描述向散户投资者提供的服务、适用于这些服务的行为标准、费用和成本、利益冲突、本机构的受处分记录以及如何获得更多信息;三是《"只是附带"解释》("Solely Incidental" Interpretation),解释何种情况下经纪交易商的顾问行为"只是附带'从而排除《投资顾问法》下'投资顾问"概念之适用。

④ 美国证监会认为,SEC v. Capital Gains讨论了《投资顾问法》的历史,以及衡平原则如何影响关于欺诈的普通法、改变了对受信人提起的诉讼,并指出国会认为投资顾问就是此种受信人。证监会曾在多个《投资顾问法》释令中阐述这种认识,包括2000年《投资顾问提交电子文档,对表格ADV的修订建议》(Electronic Filing by Investment Advisers; Proposed Amendments to Form ADV),《投资顾问法》释令No. 1862(Apr. 5, 2000);2003年《投资公司与投资顾问合规要求》(Compliance Programs of Investment Companies and Investment Advisers),《投资顾问法》释令No. 2204(Dec. 17, 2003);2004年《投资顾问道德守则》(Investment Adviser Codes of Ethics),《投资顾问法》释令No. 2256(July 2, 2004)。

对其客户承担信义义务,信义义务包括忠实义务(a duty of loyalty)与注意义务(a duty of care)。信义义务在基金投资者保护中发挥着非常重要的作用。

该"最终解释"既适用于在美国证监会与各州注册的投资顾问,也适用于依据《投资顾问法》豁免注册或者受到禁止注册规限的投资顾问。

这一释令旨在强调有关投资顾问信义义务的原则,然而,其并非理解这些原则的唯一资源。判例法、法规,如《1974 年雇员退休收入保障法》(Employee Retirement Income Security Act of 1974,ERISA)和州法律也对投资顾问赋予了相关义务;在某些情况下,其标准可能与证监会执行的标准有所不同。

长期以来,投资顾问与其客户之间的关系一直以信义原则为基础,而这些原则一般不会规定在具体法规或规则文本中。美国证监会认为,这种基于原则的做法应继续下去,因为它广泛地表达了投资顾问应遵循的标准,同时允许投资顾问根据具体服务的背景灵活地满足这一标准,因此,没有必要采用规则文本来实现监管目标。

(一)信义义务

投资顾问的联邦信义义务,系基于衡平的普通法原则,是《投资顾问法》下投资顾问与其客户关系的基础。投资顾问的信义义务是广泛的,适用于整个投资顾问——客户关系。[①] 投资顾问承担的信义义务,并未明确界定在《投资顾问法》或者美国证监会的规则中,而是反映了国会"关于投资顾问关系微妙的信义性质"的认知,与"消除或至少暴露所有可能会使投资顾问有意或无意提供不公正建议的利益冲突"的意图。[②] 投资顾问的信义义务,是认知到投资顾问与客户之间关系的性质,以及导致《投

① 美国证监会曾在不同背景下认识到《投资顾问法》第 206 条的广泛适用,如上述《投资顾问法》释令 2106;又如在 2015 年关于 Timbervest,LLC,et al. 一案的《投资顾问法》释令 No. 4197(Sept. 17,2015)中,美国证监会认为,一旦投资顾问关系形成,《投资顾问法》就不允许在任何与投资顾问关系相关的投资交易中欺诈客户,滥用这种信义关系。另参见联邦地区法院在 SEC v. Lauer,2008 WL 4372896,at 24(S. D. Fla. Sept. 24,2008)一案中的意见,"不同于《证券法》与《证券交易法》中的反欺诈条款,《投资顾问法》第 206 条不要求相关行为系在任何证券的'发行或者出售中',或者'与任何证券的买或者卖相关联'"。Thomas P. Lemke 和 Gerald T. Lins 的著作《投资顾问规管》(Regulation of Investment Advisers)(2013 年版)第 2:30 节指出,"证监会已经把因投资顾问关系而生的欺诈,适用《投资顾问法》第 206(1)与 206(2),即使这些不当行为并没有具体涉及证券。"

② 参见前述 SEC v. Capital Gains。1948 年,美国证监会在此后被广泛引用的关于 Arleen Hughes 一案(In the Matter of Arleen W. Hughes)的《证券交易法》释令 No. 4048(Feb. 18,1948)中,讨论了客户与双重注册人之间的信任和信心关系,并指出注册人是受信人,根据《1933 年证券法》和《1934 年证券交易法》的反欺诈条款应承担责任。

资顾问法》出台的“在目前可行的范围内消除滥用”的愿望,依据《投资顾问法》施加的。[①] 这一义务,通过《投资顾问法》的反欺诈条款来执行。[②]

《投资顾问法》下投资顾问的信义义务包括注意义务与忠实义务。[③] 这种信义义务,要求投资顾问“采纳委托人的目标、目的与意愿”。[④] 这就意味着投资顾问必须在任何时候服务于客户的最佳利益,不使客户利益服从于自己的利益。换言之,投资顾问不能把自己利益置于客户利益之上。这种注意义务与忠实义务的结合,已经被描画为要求投资顾问始终为了客户“最佳利益”行事。[⑤] 投资顾问为了客户最佳利益行事,是既包括注意义务也包括忠实义务的一项首要原则。注意义务要求投资顾问基于客户的目标,为了客户最佳利益提供投资建议。而依据忠实义务,投资顾问必须消除或者充分完整地披露可能会使投资顾问有意或无意提供不公正建议的利益冲突,使客户能够对利益冲突提供知情同意,这是投资顾问为客户最佳利益行事义务的另一组成部分。

(二)由关系范围确定的信义义务的适用

《投资顾问法》赋予投资顾问信义义务,系基于投资顾问与客户之间关系的性质,

---

① 参见前述 SEC v. Capital Gains,美国联邦最高法院考察《投资顾问法》的立法历史后认为,《投资顾问法》初始法案中的“政策声明”,认识到“如果投资顾问业务以欺诈或者误导投资者的方式进行,或者使这些投资顾问能够免除其对客户的信义义务,国家公共利益与投资者利益就会遭受不利影响”,故而宣称,本立法的政策与目的,以及与其相一致的条款,应被解释为意在减少以及在目前可行的范围内消除本条所列举的滥用行为。

② 参见前述 Transamerica Mortgage v. Lewis,美国联邦最高法院认为,《投资顾问法》的立法历史毫无疑问地表明,国会意在对投资顾问施加可强制执行的信义义务。一些评论者质疑《投资顾问法》赋予投资顾问的行为标准,认为普通法中与《投资顾问法》下的注意义务,要求投资顾问在执行职务时不得疏忽。机构有限合伙人协会(Institutional Limited Partners Association)的意见认为,《投资顾问法》的标准是一个较低的简单“疏忽”标准,依据《投资顾问法》第 206(2)条的诉请不是基于欺诈故意(scienter,包括明知与放任),只要证明疏忽就足以起诉。在 Robare Group, Ltd. , et al. v. SEC, 922 F. 3d 468, 472(D. C. Cir. 2019), SEC v. Steadman, 967 F. 2d 636, 643, n. 5(D. C. Cir. 1992)等案中,联邦地区法院认为,违反《投资顾问法》第 206(2)条,可以基于简单疏忽(simple negligence)。在 SEC v. Gruss, 859 F. Supp. 2d 653, 669(S. D. N. Y. 2012)一案中,联邦地区法院认为,基于第 206(2)条的诉请不是基于欺诈故意,只要证明疏忽就足以起诉。在 SEC v. DiBella, 587 F. 3d 553, 567(2d Cir. 2009)一案中,联邦巡回法院认为,政府处罚违反第 206(2)条行为时不需要证明意图。然而,联邦地区法院在上述 Robare v. SEC 案以及 SEC v. Moran, 922 F. Supp. 867, 896(S. D. N. Y. 1996), Carroll v. Bear, Stearns & Co. , 416 F. Supp. 998, 1001(S. D. N. Y. 1976)等案中认为,基于《投资顾问法》第 206(1)条的诉请,要求欺诈故意。

③ 参见上述《投资顾问法》释令 2106。评论者大都认可这两种义务,如全美消费者联合会(Consumer Federation of America)、投资顾问协会等。但是也有评论质疑注意义务是否有足够的支撑依据。

④ See Arthur B. Laby, “The Fiduciary Obligations as the Adoption of Ends”, 56 *Buffalo Law Review* 99(2008)。另见《代理法(第三版)重述》[Restatement(Third) of Agency](2006)第 2. 02 条“实际权力范围”(Scope of Actual Authority),依据受信人对委托人表示与目标的合理理解界定受信人权力。

⑤ 参见前述《投资顾问法》释令 3060,“依据《投资顾问法》,投资顾问是受信人,其职责是为客户最佳利益服务,包括不把客户利益转嫁给自己的义务”。联邦巡回法院在 SEC v. Tambone, 550 F. 3d 106, 146(1st Cir. 2008)一案中认为,“第 206 条赋予投资顾问始终为基金最佳利益行事的信义义务”。联邦地区法院在 SEC v. Moran, 944 F. Supp. 286, 297(S. D. N. Y 1996)一案中认为:“投资顾问被赋予为了客户最佳利益行事的责任与义务。”多数评论意见认可投资顾问为客户最佳利益行事的义务,也有评论比如投资公司协会(Investment Company Institute)的意见,质疑本解释是否适当地把最佳利益义务归为注意义务的一部分,还是应当归为忠实义务的一部分。

即信任与信心关系。[1] 投资顾问的信义义务是原则导向,适用于投资顾问与客户的整个关系。信义义务遵循投资顾问与其客户之间关系的轮廓,投资顾问及其客户可通过协议塑造这种关系,前提是要有充分公平的披露和知情同意。关于投资顾问与客户关系的范围,美国证监会认识到投资顾问提供广泛的服务,从客户可支付一次性费用的单一财务规划,到客户可根据投资组合中资产价值支付定期费用的持续投资组合管理。投资顾问还为各种各样的客户服务,从资产、投资知识和经验有限的散户客户到拥有非常大的投资组合和丰富的知识、经验和分析资源的机构客户。[2] 本解释也适用于智能投顾(automated advisers),通常被俗称为"机器人顾问"。根据美国证监会的经验,《投资顾问法》所赋予的原则导向的信义义务,提供了足够的灵活性,可作为投资顾问的有效行为标准,而不论其所提供的服务类型或所服务的客户类型如何。

虽然根据《投资顾问法》,所有投资顾问对其每个客户都负有一项信义义务,但必须在投资顾问与客户之间关系的商定范围内来看待这一信义义务。具体而言,投资顾问信义义务所产生的具体责任,取决于投资顾问作为代理人同意为其客户即委托人承担何种职能。例如,投资顾问在与散户客户的持续关系中,提供全面、全权咨询意见的责任(比如,监测和定期调整受到有限配置限制的股票与固定收益投资组合),显著不同于其对注册投资公司或私募基金的责任;因为在后者情况下,合同非常具体地界定了投资顾问的服务范围与权力限制(如授权管理受具体参数限制的固定收益投资组合,包括集中度限制、信用质量和到期日)。

虽然投资顾问信义义务的适用因关系范围而不同,但在所有情况下,这种关系仍然是受信人对客户的关系。换言之,尽管投资顾问信义义务系以一种反映商定关系

① 参见参议院银行和货币委员会小组委员会的听证会(Hearings on S. 3580 before Subcommittee of the Senate Committee on Banking and Currency,76 th Cong. ,3d Sess. )记录,"头部投资顾问强调它们与客户之间的信任与信心关系"。

② 智能投资顾问与其他在证监会注册的投资顾问一样,要遵守《投资顾问法》的所有要求,包括提供符合信义义务的投资建议。参见证监会投资管理部2017年2月更新的《投资管理指引》"机器人顾问",释明证监会职员关于智能投顾基于其业务模式性质,在寻求履行《投资顾问法》下义务时应考虑的《投资顾问法》下三个不同领域的指引。指引全文见 https://www. sec. gov/investment/im-guidance-2017-02. pdf。

范围的方式在适用,但是该义务不能被放弃。[①] 意在宽泛地免除投资顾问信义义务的合同条款,比如,(1)投资顾问不以受信人行事的声明;(2)全面放弃所有利益冲突;或者(3)免除《投资顾问法》下的任何具体责任,不管客户的成熟程度如何,均有悖于《投资顾问法》。

## 二、对投资顾问注意义务的理解

作为受信人,投资顾问对其客户负有注意义务。[②] 美国证监会在众多场合讨论了注意义务及其组成。[③] 注意义务包括但不限于:(1)提供符合客户最佳利益投资建议的义务;(2)在投资顾问有责任选择经纪交易商执行客户交易的情况下,争取客户交易最佳执行的义务;以及(3)提供建议并监督相关关系进程的义务。

### (一)提供符合客户最佳利益建议的义务

这项义务包括提供适合客户的建议的义务。[④] 为了提供此种建议,投资顾问必须对客户目标有合理理解,而此种合理理解的基础,对于散户客户来说通常包括了解其投资画像,对机构投资者来说则是了解其投资使命。根据对客户目标的合理理解,提供符合客户最佳利益的建议的义务,是注意义务的一个关键组成部分。

---

① 由于投资顾问的信义义务系通过《投资顾问法》第206条执行,美国证监会认为,放弃第206条的执行,会触及《投资顾问法》第215(a)条。该条规定:"任何约束任何人放弃遵守本法任何条款的条件、规定或者条款……均为无效。"另见《代理法(第三版)重述》第8.06条"委托人同意",即"适用于第1.01条所界定的代理关系的法律,对代理人可被授权采取不忠实行动的情况施加了强制性限制。这些限制起到了保护和警示的作用。因此,载有旨在事先解除代理人对委托人的一般信义义务的概括性或者宽泛语言的协议,不太可能具有可执行性。这是因为宽泛地解除代理人的信义义务,可能不能反映委托人一方足够的充分知情的判断;如果这种解除有效,将使委托人面临这样的风险,即该代理人将以委托人在同意该解除时不可预见的方式,滥用其代理人的地位。相反,当委托人同意特定交易或代理人特定类型的行为时,委托人有专注机会去评估更容易识别的风险"。

② 参见上述《投资顾问法》释令2106,基于《投资顾问法》,"投资顾问是受信人,在代表客户提供的所有服务,包括代理投票上,对每个客户负有注意义务与忠实义务"。另见《代理法(第三版)重述》第8.08条,讨论了作为普通法事项的代理人对委托人的注意义务。塔马尔·弗兰克尔(Tamar Frankel)与亚瑟·拉比(Arthur B. Laby)在其2017年版著作《基金经理规管》(*The Regulation of Money Managers*)中认为,"投资建议可分为三个阶段,第一阶段是确定特定客户的需求,第二阶段是确定能够满足客户需求的投资组合策略,第三阶段是挑选投资组合中的证券。注意义务涉及每个阶段,取决于投资顾问对客户责任的深度或者广度"。

③ 比如,《投资顾问所提供服务的适当性,相关顾问客户的托管账户报告》,《投资顾问法》释令No.1406(Mar.16,1994)认为,投资顾问负有注意义务,并讨论了投资顾问的适当性义务。《关于〈1934年证券交易法〉第28(e)条范围及相关事项的解释》及《证券交易法》释令No.23170(Apr.28,1986)认为,"投资顾问作为受信人,对客户负有证券交易最佳执行的义务"。另见上述《投资顾问法》释令2106。

④ 1994年美国证监会曾经提出过一个规则建议,明确了投资顾问只可向客户进行适当推荐的信义责任,见上述《投资顾问法》释令1406。尽管最后没有被付诸实施,该规则反映了美国证监会对投资顾问在《投资顾问法》下既存适当性义务的理解。

1. 合理探寻客户目标

投资顾问如何合理理解客户目标，将根据具体的事实和情况，包括客户的性质，投资顾问与客户关系的范围，以及预期的投资建议的性质和复杂性而有所不同。为了实现对散户客户目标的合理理解，投资顾问至少应当合理探寻客户的财务状况、金融成熟度、投资经验与财务目标（统称为散户客户的“投资画像”）。例如，为散户客户制定全面财务规划的投资顾问，通常需要获得一系列有关客户的个人与财务信息，如当期收入、投资、资产和负债、婚姻状况、税务状况、保险单和财务目标等。①

此外，散户客户的投资顾问通常需要更新客户的投资画像，维持对客户目标的合理理解，并调整投资建议以反映任何已经发生变化的情况。② 投资顾问需要更新客户的投资画像，以变更其所提供投资建议的频率，其本身取决于相关事实和情况，包括投资顾问是否知道已经发生的、可能导致其据以做成目前投资建议的投资画像不准确或不完整的事件。例如，在投资顾问还持续提供咨询意见的财务规划情况下，相关税法的变更，或者知道客户已经退休或经历了婚姻状况变化，会触发进行重新探寻的义务。

相反，如果是给机构客户提供投资建议，对客户目标进行合理探寻的性质与范围，一般是由这些客户的具体投资授权决定的。例如，负责就机构客户的投资级债券组合提供咨询意见的投资顾问，需要对该债券组合内的客户目标而非客户整个投资组合的目标有合理了解。与此类似，如果客户是注册投资公司或私募基金的投资顾问，则必须对基金的投资准则与目标有合理的了解。对于为机构客户，尤其是基金执行具体投资授权的投资顾问而言，更新客户目标的义务将不适用，除非投资顾问协议中另有约定。

2. 合理相信投资建议符合客户最佳利益

投资顾问必须合理相信其投资建议系基于客户目标符合客户最佳利益。合理相信的形成，包括考虑诸如是否只向那些能够并愿意容忍这些投资风险的客户推荐投

---

① 在合理探寻投资者画像之后，通常来说，投资顾问依赖客户或者客户代理人提供的关于客户财务情况的信息，就是合理的；如果事后表明客户就作为投资建议基础的信息误导了投资顾问，就不能认为投资顾问未从客户最佳利益出发提供建议。

② 在提供一次性投资建议时，不需要这种更新。美国证监会在本解释征求意见稿中指出，投资顾问“必须”更新客户的投资画像，以便调整反映已经发生变化的情况；征求意见后认为，任何更新客户投资画像的义务，如合理探寻散户客户目标的性质与程度，都取决于具体情况下的合理性；因此，在最终解释中修订了相关措辞。

资,而且对他们来说,潜在收益与风险是相匹配的。[①] 投资建议是否符合客户最佳利益,必须根据投资顾问为客户管理的投资组合与客户的目标来评估。

例如,当投资顾问为具有保守投资目标的散户客户提供建议时,投资于某些衍生品以对冲利率风险或客户投资组合中的其他风险,可能符合客户最佳利益;而单独投资于某些定向投机衍生工具,可能不符合客户最佳利益。对同一客户而言,尽管在没有使用保证金的情况下投资某一特定证券,可能符合客户的最佳利益;但是,如果以保证金交易方式投资同一证券,则可能不符合客户最佳利益。然而,向金融上成熟的客户,比如具有适当风险容忍度的基金或其他成熟客户提供投资建议时,投资于此类衍生工具或保证金证券,或投资于流动性可能有限的其他复杂工具或其他产品,可能符合客户最佳利益。

同样,投资顾问在评估高风险产品,如分值股票(penny stocks)或其他交易清淡的证券是否符合散户客户的最佳利益时,通常应对此类投资是否适合散户客户的风险承受能力和投资目标进行更严格的审查。另一个例子是复杂产品,如反向或杠杆式交易所交易产品(exchange-traded products),主要是为成熟投资者设计的短期交易工具,对于缺乏明确、短期、客户特定交易目标的散户客户来说,可能不符合其最佳利益,而且如果这类产品最初符合散户客户的最佳利益,它们将需要投资顾问的日常监控。[②]

合理相信投资建议符合客户最佳利益,还要求投资顾问对投资进行合理调查,以足够避免其建议系基于重大不准确或不完整的信息。[③] 美国证监会已经针对投资顾问向客户推荐证券前,不实施独立或者合理调查的行为采取了执法行动。[④]

与投资建议相关的成本(包括费用和补偿),通常是确定一种证券或者涉及一种

---

① 表格ADV第2A部分第8条要求投资顾问描述其分析方法与投资策略,并披露投资证券涉及客户应准备承担的损失风险。该条还要求投资顾问解释其所使用的每一项重要投资策略或分析方法,与其推荐的特定类型证券所涉及的重大风险,如果这些风险重大或者特殊,还要做更详细的解释。因此,投资顾问必须识别和解释其投资策略与其推荐的证券类型所涉及的某些风险。投资顾问在确定推荐这些投资的客户时,需要考虑这些同样的风险。

② 参见《交易所交易基金》与《证券交易法》释令No. 10515(June 28,2018);证监会职员与金融业监管局2009年发布的投资者警示:“杠杆式与反向ETF:对买入—持有型投资者具有额外风险的专业化产品”。美国证监会投资者教育与宣导办公室2012年发布的投资者公告牌:“交易所交易基金(ETFs)”。另见金融业监管局2009年发布的监管提示:“非传统ETFs – 金融业监管局提醒证券公司注意与杠杆式和反向交易所交易基金有关的销售操作责任”。

③ 参见《关于美国代理投票系统的概念释义》与《投资顾问法》释令No. 3052(July 14,2010),表示受信人“负有进行合理调查,以确定其建议并非基于重大不准确或者不完整信息的注意义务。”

④ 例如,《证监会关于Grossman案的意见》(In the Matter of Larry C. Grossman),《投资顾问法》释令No. 4543(Sept. 30,2016)就向客户推荐离岸私募投资基金,追究注册投资顾问一位负责人的法律责任。

或多种证券的投资策略是否符合客户最佳利益时考虑的许多重要因素之一,其他因素诸如投资产品或策略的投资目标、特性(包括任何特殊或不寻常的特征)、流动性、风险和潜在收益、波动性、在各种市场和经济条件下的可能表现、时间范围和退出成本。在考虑类似的投资产品或策略时,信义义务不一定要求投资顾问推荐成本最低的投资产品或策略。

此外,如果投资顾问只是建议客户投资于最低成本(对客户来说)或最低报酬(对投资顾问来说)的投资产品或投资策略,而不是基于其为客户管理的投资组合进一步分析其他因素与客户投资目标,则不能认为履行了提供符合客户最佳利益投资建议的信义义务。相反,如果投资顾问合理地得出结论,认为有关投资或策略的其他因素强过成本因素,根据客户目标投资或策略符合客户最佳利益,则投资顾问可以推荐成本较高的投资或策略。例如,与投资于公众公司的基金相比,私募股权基金收费相对较高、流动性显著较低;投资顾问建议具有高风险容忍度和足够投资经验的客户投资于私募股权基金,如果该私募股权基金因提供了与客户整体投资组合相适应的资产类别的敞口,从而符合客户最佳利益,则应认为投资顾问尽到了信义义务。

投资顾问信义义务适用于投资顾问向客户提供的所有投资建议,包括关于投资策略、聘用次级顾问和账户类型的建议。[①] 关于账户类型的建议,包括是否开立某一类型的账户(如基于佣金的经纪账户或基于收费的顾问账户)或者通过该账户投资,以及是否将资产从一个账户(如退休账户)转到投资顾问或其附属机构管理的新账户或现有账户。[②] 在提供关于账户类型的建议时,投资顾问应考虑其提供的所有类型的

---

① 此外,对潜在客户来说,投资顾问负有《投资顾问法》第206条下的反欺诈责任,该条的适用范围包括但不限于对潜在客户进行欺诈或欺骗的交易、操作或业务过程,包括有关投资策略、聘用次级顾问和账户类型的交易、操作或业务过程。美国证监会认为,为了避免这项反欺诈条款所规定的法律责任,投资顾问在就这些事项提供任何意见之前,应掌握关于潜在客户及其目标的足够信息,以形成提供建议的合理基础。在潜在客户成为投资顾问的客户时(如在开户时),信义义务适用。因此,虽然就这些事项向潜在客户提供咨询意见必须遵守《投资顾问法》第206条规定的反欺诈规定,但当潜在客户成为客户时,投资顾问还必须履行其关于任何此类咨询意见(如关于账户类型)的信义义务。

② 美国证监会认为,有关"转户"的建议,除了任何有关待转户资产的投资或投资策略的建议外,还包括有关账户类型的建议,因为该等建议必然包括有关资产转入的账户类型的意见。如下文所述,作为一般事项,投资顾问的监督义务延伸到它向客户提供的所有个性化建议,包括诸如在持续的关系中,评估客户的账户或者项目类型,例如,包管账户(wrap account)是否依然符合客户最佳利益。

账户,并在其提供的账户类型不符合客户最佳利益时向客户确认。[①]

(二)寻求最佳执行的义务

在投资顾问有责任选择经纪交易商执行客户交易(一般在全权委托管理账户的情况下)时,其注意义务包括寻求最佳执行的义务。[②] 在履行这一义务时,投资顾问必须设法为每一个客户争取交易的执行,使客户在每笔交易中总的成本或者收益在当时情况下是最有利的。如果投资顾问是在交易时发生的特定情况下抱着使客户的价值最大化的目的,代表客户寻求执行证券交易,则其履行了这一职责。最大化价值不仅仅是最小化成本。在寻求最佳执行时,投资顾问应考虑"经纪服务的整体范围和质量,包括但不限于所提供研究的价值以及执行能力、佣金率、财务责任和对投资顾问的回应"。换言之,"决定性因素"并非最低的可能佣金成本,"而是交易是否代表着最佳质量的执行"。此外,投资顾问应"定期与系统地"评估其正在为客户接受的执行情况。[③]

(三)提供建议并监控关系过程的义务

投资顾问的注意义务,还包括在考虑商定关系范围的情况下,以符合客户最大利益的频率提供建议和实施监控的义务。[④] 例如,当投资顾问与客户有持续关系,并定期以基于资产的收费作为补偿时,投资顾问提供建议和监督的职责将相对广泛,因为

---

① 因此,在向客户或者顾客提供关于账户类型的建议时,获得双重牌照的金融专业人员(经纪交易商的关联人与投资顾问的受监管人),无论其是否为双重注册机构、关联公司或非关联公司工作,在确定顾问建议是否符合客户最佳利益时,应考虑到所提供的所有类型的账户(既包括经纪账户,也包括投资顾问账户)。只是投资顾问受监管人的金融专业人士,无论该投资顾问是双重注册机构还是经纪交易商的关联方,只可以推荐符合客户最佳利益的、投资顾问可以提供的投资顾问账户。如果只是投资顾问受监管人的金融专业人士,选择建议客户考虑非投资顾问账户,或者与双重注册机构或其附属公司的其他人员就非投资顾问账户进行交流,该建议应符合客户最佳利益。这一框架同样适用于潜在客户,但向潜在客户提供的任何咨询或推荐均须遵守联邦证券法的反欺诈规定。

② 参见《证监会关于〈1934年证券交易法〉第28(e)条下客户佣金操作的指引》,《证券交易法》释令No. 54165(July 18,2006),称投资顾问承担"最佳执行义务"。上述《投资顾问法》释令3060,论及投资顾问在定向经纪安排和披露软美元操作方面的最佳执行义务。《投资顾问法》规则206(3)-2(c)提及投资顾问对客户交易的最佳执行义务。

③ 《投资顾问法》并不禁止投资顾问使用关联经纪去执行客户交易。不过,由于涉及利益冲突,应进行充分公正的披露,并获得客户的知情同意。参见《关于〈1940年投资顾问法〉第206(3)条的解释》《投资顾问法》释令No. 1732(Jul. 17,1998),论及将《投资顾问法》第206(3)条适用到相关委托与代理交易中。

④ 参见SEC v. Capital Gains,把投资顾问的"基本功能"描述为"向客户提供基于个人的合格、公正和持续的关于其投资健全管理的建议"。See Barbara Black "Brokers and Advisers-What's in a Name?",32 *Fordham Journal of Corporate and Financial Law* XI(2005),投资顾问的义务既包括管理账户,也包括监督账户运营并对投资组合进行适当调整。Also See Arthur B. Laby "Fiduciary Obligations of Broker-Dealers and Investment Advisers",55 *Villanova Law Review* 701(2010),述及投资顾问的行为范围,可以通过协议变更,投资顾问的信义义务应与关系的范围相称。

这与关系的性质是一致的。[①] 相反,如果没有关于投资顾问监督义务的明确协议,当投资顾问与客户之间属于有限期限的关系时,如提供一次性付费的一次性财务规划时,投资顾问不太可能有责任进行监督。换言之,在没有任何商定的限制或扩大的情况下,监督义务的范围将依据商定的顾问安排的期限与性质来确定。[②] 一般来说,投资顾问的监督职责延伸到它向客户提供的所有个性化建议,例如,在持续的关系中,评估客户的账户或项目类型(如包管账户)是否依然符合客户的最佳利益。

## 三、对投资顾问忠实义务的理解

忠实义务要求投资顾问不让客户利益服从于自己的利益。[③] 换言之,投资顾问不得将自己的利益凌驾于客户的利益之上。[④] 为履行忠实义务,投资顾问必须全面、公正地向客户披露与顾问关系有关的所有重大事实。[⑤] 与顾问关系有关的重大事实,包括顾问机构就所提供的建议付诸实施的行事方式。这将特别适用于双重注册为经纪交易商与投资顾问的机构或个人,他们以顾问与经纪的身份为同一客户服务。因此,这些机构和个人一般应全面公正地披露他们打算以经纪身份行事的情况与打算以投资顾问身份行事的情况。这种披露可以通过多种手段实现,包括但不限于

---

① 然而,投资顾问与客户可以框定投资顾问的监控频率(例如,同意按季或按月度实施监控,并基于市场事件在期间内酌情实施监控),但条件是要有充分和公平的披露与知情同意。美国证监会认为,监控的频率以及与商定频率有关的任何其他重要事实,例如,在发生与客户投资组合有关的市场事件时,是否也会进行临时监控,是一个与投资顾问关系有关的重大事实,投资顾问必须充分和公平地披露这一事实,并按照其信义义务的要求获得知情同意。

② 参见上述 Laby 的论文,"如果投资顾问已经同意提供持续监督服务,其信义义务的范围要求对客户账户进行持续不断的监督,而不论是否有任何交易发生。投资顾问义务的这一特点,即使在非全权管理账户的情况下,也与管理非全权管理账户、不要求监督义务的证券经纪的责任形成鲜明对比"。

③ 参见上述《投资顾问法》释令 3060,"依据《投资顾问法》,投资顾问是受信人,其责任是为客户最佳利益服务,这包括不让客户利益服从于自己利益"。忠实义务不仅适用于对潜在投资的建议,也适用于投资顾问向现有客户提供的所有建议,包括关于投资策略、聘用次级顾问和账户类型的建议。

④ 例如,投资顾问不能把自己利益凌驾于客户利益之上,不能偏袒自己的账户,也不能偏袒某些比其他客户支付更高费率的客户账户。美国证监会对那些将交易分配给自己账户,将不太有利或无利可图的交易分配给客户账户的投资顾问发动了多起执法行动,例如 SEC v. Strategic Capital Management, LLC and Michael J. Breton, Litigation Release No. 23867(June 23,2017),投资顾问通过主经纪账户进行交易,然后将盈利的交易分配给自己的账户,将不盈利的交易放入客户账户,这违反了信义义务且未进行披露。实践中,客户利益优先是投资顾问常用的一种通俗易懂的表述方式,用来解释自己的忠实义务,这种解释方式可能更容易为散户客户理解。

⑤ 参见上述 SEC v. Capital Gains,"不披露重要事实,应被视为故意欺诈或欺骗"。另见上述《投资顾问法》释令 3060,"作为受信人,投资顾问承担将任何可能影响顾问关系的重要信息告知客户的持续义务"。另见《表格 ADV 第 2 部分基本指令 3》(General Instruction 3 to Part 2 of Form ADV),"根据联邦和州法律,你是受信人,必须向你的客户充分披露与顾问关系有关的所有重要事实"。

在关系开始时进行书面披露,明确规定双重登记人何时以投资顾问身份行事,以及如何通知行事身份的任何变化。同样,以投资顾问身份行事的双重注册人,应披露在何种情况下,其建议将仅限于通过其关联经纪交易商或关联投资顾问提供的特定产品。

此外,投资顾问必须消除,或者至少通过充分、公平披露,揭示所有可能导致其有意无意提供不公正建议的利益冲突。虽然充分公正地披露与顾问关系或利益冲突有关的所有重要事实以及客户的知情同意,可以防止这些重要事实的存在或者冲突本身违反投资顾问的信义义务,但这种披露与同意本身并不能满足投资顾问为客户最佳利益行事的义务。[①] 为了说明什么是充分公平的披露,美国证监会就以下两点提供指导:一是适当程度的具体性,包括说明投资顾问"可能"有冲突的适当性;二是披露与在符合条件的客户之间分配投资机会有关的冲突的考量。

为了使披露充分和公平,它应足够具体,使客户能够了解重大事实或利益冲突,并做出知情决定是否提供同意。[②] 例如,仅披露投资顾问有"其他客户",而不说明投资顾问如何管理客户之间的冲突,或者仅披露顾问有"冲突"而不作进一步说明,都是不够的。同样,在冲突实际存在的情况下,披露投资顾问"可能"发生某一特定冲突,

---

① 如上所述,投资顾问有义务为其客户最佳利益行事,这是一项总括性原则,既包括注意义务,也包括忠实义务。见上述 SEC v. Tambone,《投资顾问法》第206条"对投资顾问施加了始终为基金最佳利益行事的信义义务……这包括充分公平地披露所有重大事实的义务。顾问关系的范围不同,投资顾问对客户的信义义务也有区别"。

② 参见上述 Arleen Hughes 案中,证监会认为,"由于忠实于其信托是受信人对委托人承担的首要义务,一般规则是,受信人不得将自己置于与委托人利益相冲突的境地。为避免任何利益冲突,并防止可能把仅为其委托人利益行事的义务置于次要地位,普通法上的受信人被禁止作为其委托人的对手方进行交易。但是,如果委托人对这类交易表示知情同意,则可以破例"。美国证监会也认为,"注册人负有向客户披露所有重要事实的积极义务,披露的方式必须足够清楚,以便客户能充分了解事实,能够给予其知情同意。联邦巡回法院在 Hughes v. Securities and Exchange Commission, 174 F. 2d 969(1949)一案中,确认了证监会关于 Arleen Hughes 案的意见。另参见上述《表格 ADV 第2部分基本指令3》,投资顾问的披露义务"要求其向客户提供足够具体的事实,以便客户能够理解投资顾问涉及的利益冲突与投资顾问所从事的业务操作,进而能够对这些冲突或者操作做出知情同意或者拒绝"。另参见上述《投资顾问法》释令3060;《代理法(第三版)重述》第8.06条,即"如果委托人在以下前提下同意,则代理方的行为不构成第8.01条、第8.02条、第8.03条、第8.04条和第8.05条(指信义义务)所述的违反义务:(1)在获取委托人同意中,代理人(a)秉诚行事,(b)披露其知道、有理由知道或应该知道、会合理影响委托人判断的一切重要事实,除非委托人已表明该等事实已为委托人所知悉,或者委托人不愿知悉该等事实,(c)以其他方式公平地对待委托人;与(2)委托人的同意涉及可以合理预期发生在代理关系正常过程中的具体行为或交易,或者具体类型的行为或交易"。

而没有提供更多的信息是不够的。[①] 例如，当利益冲突存在于某些(并非所有)类型或者层级的客户、建议或者交易时，不进一步披露涉及利益冲突的具体类型或者层级，美国证监会会认为使用“可能”是不适当的。此外，在列出所有可能或潜在利益冲突清单之前，不顾其可能性，简单地使用“可能”，并将实际利益冲突混淆到客户无法提供知情同意的程度，是不适当的。另外，“可能”一词可适当地用于向客户披露目前不存在但今后可能合理出现的潜在利益冲突。

披露是否充分公平，取决因素包括但不限于客户的性质、服务的范围，以及重大事实或冲突。对机构客户的全面公平披露(包括特殊性、详细程度和术语解释)，在某些情况下可能与对散户客户的全面公平披露存在显著差异，因为机构客户通常比散户客户有更大的能力和更多的资源去分析理解复杂的利益冲突及其后果。[②] 然而，无论客户的性质如何，披露必须足够明确和详细，使客户能够做出知情决定，同意或拒绝利益冲突。

在符合条件的客户之间分配投资机会时，投资顾问可能面临其自身利益与客户利益之间或不同客户之间利益的冲突。[③] 如果是这样，投资顾问必须消除或至少通过充分公平的披露揭示与其分配政策有关的冲突，包括投资顾问将如何分配投资机会，以便客户能够提供知情同意。[④] 在分配投资机会时，允许投资顾问考虑客户的性质、

---

① 参见证监会2016年执法案例，In the Matter of The Robare Group, Ltd., et al.,《投资顾问法》释令 No. 4566 (Nov. 7, 2016)，证监会认为，案涉投资顾问仅披露它“可能”得到某种类型的补偿是不够的，因为它没有透露其实际上有一项安排，根据这一安排，它收到的费用可能存在利益冲突。另参见上述证监会执法案例，In re Grossman，证监会认为“在(有关ADV表格披露)中，使用预期性的‘可能’是有误导性的，因为它暗示(经纪人)仅是可能会在以后某个时候进行转介和/或支付‘转介费’，而事实上，一项佣金分享安排已经到位并在产生收入”。另参见联邦法院在Dolphin & Bradbury, Inc. v. SEC, 512 F. 3d 634, 640(D. C. Cir. 2008)一案中，肯定了美国证监会的意见，即披露未来事件“可能”发生的风险与披露事件“即将”发生的实际认知，二者之间存在关键区别。证监会在《表格ADV第2部分基本指令2》(General Instruction 2 to Part 2 of Form ADV)中，告诫投资顾问，如果它们存在利益冲突，或者实施与某些(并非所有)类型或层级的客户、建议或交易有关的操作，应如是说明，而不是披露它们“有可能”存在利益冲突或者从事这种操作。

② 参见上述Arleen Hughes案中证监会的意见，“披露的方法和范围，取决于所涉及的特定客户”，一个不成熟的客户可能需要比知情投资者更广泛的解释。

③ 参见《代理法(第三版)重述》第8.01条“一般信义原则”，即“除非委托人同意，一般信义原则，如第8.02至8.05条所述的更具体的忠实义务所阐明的，也要求代理人不得利用代理人的地位或委托人的财产使代理人或第三方受益”。

④ 证监会已经采取了许多执法行动，指控投资顾问不公平地将交易分配给优先客户，而没有进行全面公平的披露；证监会职员2011年研究报告《依据〈多德—弗兰克华尔街改革和消费者保护法〉第913条要求对投资顾问与经纪交易商的研究》(全文见https://www.sec.gov/news/studies/2011/913studyfinal.pdf)叙述了这些案例。See Barry Barbash, Jai Massari, “The Investment Advisers Act of 1940: Regulation by Accretion”, 39 *Rutgers Law Journal* 627 (2008)，认为根据《投资顾问法》第206条以及传统的信托法与代理法概念，投资顾问不得给予某些客户优惠待遇，或者系统性地排除符合条件客户参与特定机会，而不向客户提供有关对待的适当信息。

目标以及关系的范围。[①] 投资顾问不一定要有按比例分配的政策,或任何特定的分配方法,但与其他利益冲突和重要事实一样,投资顾问的分配操作不应妨碍它提供符合客户最佳利益的建议。

披露必须充分和公平,以便客户能够提供知情同意,并不是要求投资顾问做出肯定判断,即某一特定客户理解该披露且该客户对利益冲突的同意是在知情的前提下做出的。相反,披露应被设计为把客户置放于能够理解利益冲突并提供知情同意的位置。客户的知情同意可以是明示的,也可以是根据事实和情况默示的。[②] 然而,如果投资顾问知道或理应意识到客户不了解冲突的性质和重要性,推断或者接受客户同意是不符合投资顾问的信义义务的。[③]

在某些情况下,鉴于利益冲突的性质和程度,可能难以向客户提供充分传达重大事实或者利益冲突的性质、规模与潜在影响,足以使客户同意或者拒绝的信息。[④] 在其他情况下,披露可能不够具体,使客户无法了解冲突是否以及如何影响其收到的建议。特别是对于散户客户,可能很难提供关于复杂或广泛冲突的足够具体但又能够理解的信息。在所有这些情况下,如果投资顾问不能充分公平地向客户披露利益冲突,使客户能够提供知情同意,投资顾问就应当要么“消除”冲突,要么充分“缓解”(修改操作以减少)冲突,使充分公平的披露和知情同意成为可能。

充分公平披露与投资顾问关系相关的重大事实,与可能导致投资顾问有意无意提供不公正建议的利益冲突,有助于帮助客户或者潜在客户评估与选择投资顾问。因此,美国证监会要求投资顾问根据表格 ADV 第 2A 部向客户提交一份手册,列明最低披露要求,包括披露相关利益冲突。[⑤] 投资顾问须于订立合约时或签订合约前,

---

① 投资顾问与客户甚至可以同意,不会为客户分配或提供某些投资机会或投资机会类别。

② 美国证监会不把投资顾问的信义义务解释为要求充分公平的披露或者知情同意以书面顾问合同或其他书面形式进行。比如,可以通过表格 ADV 与其他披露相结合的方式达成,客户可以通过与投资顾问建立或延续投资顾问关系默示同意。

③ 参见上述 Arleen Hughes 案中美国证监会的意见,“如果注册人与其客户执行一项协议,而记录显示一些客户没有理解,而且无论如何,这并不包含其必须传达的基本事实,则不能认为注册人履行了信义义务”。

④ 如上所述,机构客户通常比散户客户有更大的能力和更多的资源来分析理解复杂的冲突及其后果。

⑤ 美国证监会在《表格 ADV 第 2 部基本指令 3》中告诫投资顾问:“根据联邦和州的法律,你是一个受信人,必须向你的客户充分披露与投资顾问关系有关的所有重要事实。作为受信人,你还必须设法避免与客户发生利益冲突,并至少充分披露你与客户之间可能影响投资顾问关系的所有重大利益冲突。这项义务要求你向客户提供足够具体的事实,使客户能够了解你所存在的利益冲突与你所从事的业务操作,并能够对这些冲突或操作给予知情同意或拒绝。”另参见联邦法院在上述 Robare v. SEC 一案中的意见,“不论表格 ADV 如何要求,(投资顾问)都有向客户充分、公平地披露利益冲突的信义义务”。

将手册送交准客户,以便准客户依据手册所载的信息决定是否建立投资顾问关系。[①]在同时发布的一份释令中,美国证监会要求所有投资顾问在签订投资顾问协议时或之前,向散户投资者提交一份关系总结,包括但不限于对某些利益冲突的通俗易懂的总结,并鼓励散户投资者质询这些冲突。[②]

## 四、对我国监管实践的启示

目前,我国《证券投资基金法》直接要求基金管理人"诚实信用、谨慎勤勉",《关于规范金融机构资产管理业务的指导意见》即"资管新规"间接要求资管机构"诚实信用、勤勉尽责",立法上尚无明确的管理人信义义务条款。不过,中国证监会在相关涉及基金经理"老鼠仓"案件的处罚决定与新闻发布中,多次提及信义义务的概念;中国证券投资基金业协会近些年更是反复强调、宣讲基金管理人的信义义务的理念,并阐释管理人的信义义务有两大基本内涵:"一是忠实义务,二是注意义务。忠实义务是信义义务的核心要求,管理人要将自身利益置于投资人利益之下,一切与基金财产相关的决策都要从维护投资人利益出发,避免将投资人的决策及其基金财产置于利益冲突风险之中。""注意义务是一种审慎义务,要求管理人具备高于普通投资者的风险管理意识和专业规范的操作方法,对'基金财产的安全和稳定收益尽到合理的注意'。"[③]美国证监会全面解读投资顾问信义义务与行为标准的思路与细节,可以在以下几个方面给我国的基金资管业监管带来一些启示。

第一,在功能监管模式下,所有基金资管机构均对客户负有信义义务;美国证监会的这一"最终解释",既适用于在美国证监会与各州注册的投资顾问,也适用于依据

---

① 参见《投资顾问法》规则 204-3。另参见上述《投资顾问法》释令 3060,"客户可以使用这一披露来选择自己的投资顾问,并持续地评估投资顾问的业务操作和冲突。因此,客户与潜在客户收到的信息披露,对他们做出知情决定的能力至关重要,包括是否聘用投资顾问,以及聘用投资顾问后如何管理这种关系。""证监会《表格 ADV 第 2 部一般指令 3》要求,如手册内按要求纳入的信息不能满足投资顾问的披露义务,投资顾问"可能需要向客户披露表格 ADV 第 2 部没有具体要求,或者比手册条目要求更详细的信息",这一披露可以"在手册中或以其他方式"做出。

② 这份释令是《投资顾问法》释令 No. 5247(June 5,2019),"散户投资者沟通披露要求与限制使用某些名称或者头衔",另参见上述《表格 CRS 关系总结》《表格 ADV 的修订》。

③ 引自中国证券投资基金业协会洪磊会长 2019 年 7 月 18 日在《全球创投风投行业年度白皮书(2019)》《中国证券投资基金业年报(2019)》发布暨青岛科创母基金成立揭牌仪式上的致辞。

《投资顾问法》豁免注册或者受到禁止注册规限的投资顾问。[①]

第二,信义义务的首要原则是为了客户最佳利益行事。注意义务要求投资顾问基于客户的目标,为了客户最佳利益提供投资建议。而依据忠实义务,投资顾问必须消除或者充分完整地披露可能会使投资顾问有意或无意提供不公正建议的利益冲突,使客户能够对利益冲突提供知情同意,这是投资顾问为客户最佳利益行事义务的另一组成部分。

第三,坚持所有投资顾问必须履行信义义务、不得以协议或者其他方式排除信义义务的底线,同时,允许投资顾问根据具体服务的背景灵活地满足信义义务标准。尤其强调,应在投资顾问与客户之间关系的商定范围内看待与落实信义义务。

第四,坚持以原则为基础的信义义务贯彻方式,不采用集中的信义义务规则文本,同时,信义义务与行为标准系通过一系列、不同方面的监管规则来体现,并依据立法上的反欺诈条款与依赖监管部门的执法行动强制执行。

第五,突出对散户投资者的保护。"最终解释"从发布初衷到字里行间,从注意义务到忠实义务,均认识到散户投资者与成熟机构投资者之间的差异,时时体现了对散户投资者权益的照顾与倾斜。

第六,注意义务既包括通过合理探寻客户目标、合理相信投资建议符合客户最佳利益,提供符合客户最佳利益的建议,也包括寻求客户交易最佳执行,还包括以符合客户最大利益的频率提供建议和监控与客户关系过程。

第七,忠实义务的核心在于如何解决利益冲突问题,落实忠实义务的主要手段是信息披露。投资顾问必须全面、公正地向客户披露与顾问关系有关的所有重大事实;必须消除,或者至少通过充分、公平披露,揭示所有可能导致其有意无意提供不公正建议的利益冲突;客户可以选择同意或者拒绝投资顾问存在的利益冲突,但其前提是投资顾问对重大事实与利益冲突的披露必须足够明确、详细,使客户能够做出知情决定。

---

① 目前,我国基金业并未实现功能监管,影响到管理人信义义务、行为标准的统一与落实。权威人士呼吁,"金融产品的属性应遵循实质重于形式的原则。集合投资计划在国际上均视为证券,由证监会监管。目前银行非保本的理财产品、保险的非保本的资管产品、信托的集合信托计划、证券公司的大集合资管产品和公募私募基金都有共同的特征:按份额筹集资金;交由第三方管理和托管;投资人(份额认购人)享受收益并承担风险;管理人承担信义责任,收取管理费。这些特征符合证券的实质和信托的特质。""按照功能监管的原则,新成立的合资资产管理公司最好不称为理财公司,即使沿用理财公司的称谓也应该由证监会统一监管,以实现功能监管并与监管国际接轨。"参见清华大学五道口金融学院理事长吴晓灵的演讲稿《关于资产管理市场对外开放问题的思考》,载《清华金融评论》2019年7月刊。

# 公司收购法的移植与变异:部分要约与投资者保护

黄　辉[*]　王　超[**]

**摘　要**:2006 年之后我国收购人被允许使用部分要约来履行强制要约收购义务。已有研究对于新部分要约规则尚未全面探讨。本文考察了中国内地和英国、日本等法域的部分要约规则,统计分析了我国收购人发出的部分要约。研究发现:我国部分要约制度与日本的要约义务模式殊途同归;部分要约都是自愿发出,目的主要是巩固公司控制权,规避现象罕见,这产生了与日本模式类似的效果。除了"苏泊尔案"外,没有收购人发出部分要约来履行协议收购触发的法定要约义务。本文对研究结果进行了解释,并建议将部分要约适用范围扩展到协议收购等主流收购方式,通过法律正式借鉴日本模式。

**关键词**:要约收购　少数股东保护　部分要约　法律移植　实证研究

## 一、引　　言

由于我国资本市场起步之初缺乏相关的法律基础设施,因此,当时的立法者倾向于引进以强制性规则为特色的英国收购法律模式而不是以市场自由为特色的美国模式,以更好地保护投资者。① 我国首部《证券法》规定,强制要约收购制度要求收购人在对目标公司的持股比例达到 30% 时,即符合取得上市公司控制权的法定标准时,②

* 香港中文大学法学院教授。

** 香港中文大学法学院博士研究生。

① 参见张新:《上市公司收购的立法和监管——我们为什么不能采取美国模式?》,载《证券市场导报》2003 年第 8 期。张新认为,我国缺乏美国一样的法律基础设施,这些基础设施使美国在没有强制要约收购制度的情况下能够很好地保护目标公司股东,包括国家的立法和监管、被侵害投资者的私人诉讼、收购纠纷诉讼的职业法官和律师、反垄断审查、公司控制人的信托义务以及中介的监管。

② 参见《上市公司收购管理办法》第 84 条。

必须向少数股东发起全面要约,收购少数股东持有的所有剩余股份(强制全面要约)。[①] 为了全面发挥该制度的股东保护功能,收购人被禁止使用部分要约来履行法定要约义务。

2006年我国《证券法》对强制要约收购制度进行了改革,允许收购人使用部分要约来履行法定要约义务(强制部分要约),这不同于英国相关制度。英国《城市收购及合并法典》(以下简称《城市法典》)坚持强制全面要约制度,对收购人使用部分要约来履行强制要约收购义务有严格的限制条件。这是因为部分要约会削弱强制要约对于少数股东的保护效果,且对少数股东有潜在的胁迫性。从另一个角度来看,2006年改革表明我国部分要约制度有向日本的要约义务模式迈进的趋势。现有文献对我国新部分要约制度的实施没有进行深入分析。本文通过比较和实证研究方法,探讨了改革后的新部分要约制度发挥的实际功能。

## 二、我国部分要约现行规则

2005年中国证券监督管理委员会(以下简称中国证监会)开展了著名的股权分置改革,要求所有上市公司的非流通股在二级市场上逐渐恢复自由流通。[②] 目前大多数上市公司已经完成了改革。[③] 股权分置改革统一了上市公司原非流通股和流通股的价格,因此,1999年生效的《证券法》和中国证监会2002年制定的《上市公司收购管理办法》(以下简称《收购办法》)相应地被修改。我国部分要约制度主要规定在2006年修订生效的《证券法》和《收购办法》中。[④]

2006年我国《证券法》规定,如果投资者及其一致行动人通过在证券交易所的场内交易,[⑤]或通过协议转让[⑥]持有了30%的目标上市公司股份,且继续增加持股的,应向所有上市公司少数股东发出一个收购要约,购买少数股东持有的全部或部分剩余

---

① 参见1999年《证券法》第81条。

② 关于股权分置改革,参见 Wang Wallace Wen-Yeu and Chen Jianlin, "Bargaining for Compensation in the Shadow of Regulatory Giving: The Case of Stock Trading Rights Reform in China", *Columbia Journal of Asian Law*, 2006, 20:298-356。

③ See Wei Cai, "The Mandatory Bid Rule in China", *European Business Organization Law Review*, 2011, 12(4): 653-680.

④ 相比《收购办法》详细规定,《证券法》体现了立法者采取了简单疏漏的立法方式。参见林少伟:《董事异质化对传统董事义务规则的冲击及其法律应对以代表董事为研究视角》,载《中外法学》2015年第3期。

⑤ 参见我国《证券法》第88条。

⑥ 参见我国《证券法》第96条。

股份。如果少数股东预受的股份数量超过该要约计划收购的股份数量,要约人应当按比例进行收购。[①] 2006年我国《证券法》首次解禁了强制部分要约制度,[②]缓解了僵化的强制全面要约,融合了英国强制要约制度和美国自愿要约制度。[③] 部分要约解禁并不是整体性解禁,[④]因为我国《证券法》仅针对收购人进行场内收购[⑤]和协议收购而触发的法定要约义务解禁了部分要约。[⑥] 改革反映了我国立法者想要最大限度地发挥收购的理想效果,包括监督上市公司管理层、促进资源有效配置等。[⑦] 部分要约改革配合了国家鼓励公司收购的战略,使大公司可以互相并购以培养大型企业集团。[⑧]

为了贯彻落实2006年我国《证券法》的改革,中国证监会相应修改了《收购办法》,在形式和实质上都加强了我国的上市公司收购法律制度。[⑨] 修改后的《收购办法》详细规范了我国的部分要约。收购人进行自愿要约收购[⑩]或场内收购[⑪]的,在持股比例超过30%后,可以发出部分要约来履行法定要约义务。作为我国主流收购形式的协议收购[⑫]和间接收购[⑬]被排除在强制部分要约的适用范围之外。要约价格有两个基准:[⑭]收购人在要约前6个月内购买目标公司股票支付的最高价格;股票近30天的平均市场价格。后者是一个较弱的参考基准,只要收购人聘请的财务顾问对要约价格合理性进行解释,要约价格就可以低于市场平均价格。[⑮] 要约价格规则的漏洞依然存在。

2006年《收购办法》被指违反了作为上位法的2006年我国《证券法》,[⑯]因为它重

---

① 参见我国《证券法》第88条。

② 参见我国《证券法》第88条,《收购办法》第23条、第24条、第47条、第56条。

③ 参见郑彧:《上市公司收购法律制度的商法解读》,载《环球法律评论》2013年第5期。

④ See Chen Juan, *Regulating the Takeover of Chinese Listed Companies*, Springer Berlin Heidelberg, 2014:70.

⑤ 参见我国《证券法》第88条。

⑥ 参见我国《证券法》第96条。

⑦ See Robin Huang Hui, "China's Takeover Law: A Comparative Analysis and Proposals for Reform", *Delaware Journal of Corporate Law*, 2005, 30(1):145–197.

⑧ See Li-Wen Lin and Curtis J. Milhaupt, "We are the (National) Champions: Understanding the Mechanisms of State Capitalism in China", *Stanford Law Review*, 2013, 65(4):697–760.

⑨ See Robin Hui Huang, "The New Takeover Regulation in China: Evolution and Enhancement", *International Lawyer*, 2008, 42(1):153–175.

⑩ 参见《收购办法》第25条。

⑪ 参见《收购办法》第24条。

⑫ 参见《收购办法》第47条。

⑬ 参见《收购办法》第56条。间接收购是指投资者通过投资关系取得对上市公司股东的控制权。

⑭ 参见《收购办法》第35条。

⑮ 参见《收购办法》第35条。

⑯ 参见郑彧:《上市公司收购法律制度的商法解读》,载《环球法律评论》2013年第5期。

新禁止了协议收购情形下收购人使用部分要约来履行法定要约义务。由于我国收购人触发法定要约义务的主要收购活动是协议收购,因此,2006 年《收购办法》造成 2006 年《证券法》的改革效果减半。一个可能的原因是《证券法》的改革将使收购人更少依赖中国证监会的强制全面要约豁免权,中国证监会有维护其对收购活动监管权力的部门利益。今后的《证券法》和《收购办法》应更多联动修改,充分征求政府部门和上市公司等利益相关方的意见,争取更多社会支持。

我国市场存在的大量部分要约是不容忽视的。[①] 部分要约改革符合提高公司收购效率的国家战略。[②] 美国证监会要约收购委员会写过一份报告总结了部分要约的优点,如允许公司更有限地投资于一个或多个行业,促进技术交流关系,促进大公司的控制权变更和减少管理层防御设施,以及促进风险投资基金等私人直接投资等。[③] 此外,部分要约可以促进要约收购市场发展;部分要约允许收购人使用自愿收购要约,以达到收购或巩固公司控制权的目的;通过鼓励自愿要约收购,部分要约可以防止协议收购中的内幕交易和市场欺诈,减少不同地区证券市场的隔离,增加资源的有效配置;[④] 部分要约使收购人能够以较少的成本获得控制权,从而促进公司控制权市场的发展和监督目标上市公司的管理层;[⑤]部分要约降低了收购人财务和时间负担,提供了更廉价的方式来进行创造价值的收购;[⑥]部分要约限制监管者的自由裁量权,当收购人只想通过部分要约巩固自己的控制权时,便不再需要申请豁免全面要约。

部分要约也会带来相应的成本,最重要的成本为潜在的股东不平等。在美国等法域中,收购人可以发出前重后轻的双层要约,为目标上市公司控股股东和少数股东持有的股票设置不同的要约价格。接受要约的股东将其持有的全部或大部分股份按照要约价格出售给要约人,而拒绝要约的股东持有的股份将成为价值低于该要约价格的少数股份,这种不成比例的划分既低效又不公平。[⑦] 部分要约还有少数股东胁迫

---

① 参见丁蓓:《浅析部分要约收购的相关法律问题》,载《当代法学》2002 年第 1 期。

② See Chao Xi,"The Political Economy of Takeover Regulation:What Does the Mandatory Bid Rule in China Tell Us?" *Journal of Business Law*,2015,2:142 – 164.

③ US SEC Advisory Committee on Tender Offers, *Report of Recommendations*, 1983:24 – 25. See Ian Ramsay, "Balancing Law and Economics:The Case of Partial Takeovers", *Journal of Business Law*,1992:369 – 397.

④ 参见丁蓓:《浅析部分要约收购的相关法律问题》,载《当代法学》2002 年第 1 期。

⑤ 参见宋永泉:《上市公司要约收购若干法律问题》,载《法律科学》1997 年第 2 期。

⑥ See Robin Hui Huang, "The New Takeover Regulation in China: Evolution and Enhancement", *International Lawyer*,2008,42(1):153 – 175.

⑦ See Lucian A. Bebchuk,"Toward Undistorted Choice and Equal Treatment in Corporate Takeovers", *Harvard Law Review*,98(8),1693 – 1808.

问题。双层要约为目标公司股票设定了不同的价格,[①]少数股东被迫出售他们的股份,因为拒绝要约很可能是不明智的。[②] 股东在缺乏有关其他股东是否接受要约信息的情况下,可能会接受不利的要约。[③] 由于在美国之外的法域提起股东诉讼的困难性,美国式的信义义务规则不能拿来防止收购人的剥削。[④]

## 三、域外部分要约监管模式

### (一)部分要约限制模式

英国《城市法典》中规定了强制全面要约收购制度。[⑤] 要约的对价必须是现金或有现金备选方案,以收购人在要约开始前 12 个月内曾支付的最高价格进行,而且收购委员会可以决定调整最高价格。[⑥] 任何部分要约都需要收购委员会的批准,被收购人用来履行法定要约义务的部分要约被严格限制使用条件:第一,要约人在部分要约申请前 12 个月内,部分要约过程中,以及部分要约成功结束后的 12 个月内,没有收购受要约公司的股份权益。[⑦] 第二,要约必须说明要约股份的确切数量,除非收到不少于该数量的接受书,否则要约不得为无条件。[⑧] 第三,要约必须附条件,不仅取决于所收到的特定数量的预受,而且还取决于要约的批准;通常通过预受书表格上的单独方框表示,由独立于要约人的股东所持表决权的 50% 以上进行表决(洗白程序)。[⑨] 第四,如果部分要约可能导致要约人持有被要约公司 50% 以上表决权的股份,则要约文件必须具体而突出地提及这一点;要约人还得提及如果要约成功,要约人在相关情况下有权获得进一步的股份权益,而无须承担作出全面要约的任何义务。[⑩]

---

① See David D. Jr. Peterson, "Front-End Loaded, Two-Tiered Tender Offer", *Northwestern University Law Review*, 1983, 78(4):811 - 831.

② See Razeen Sappideen, "Takeover Bids and Target Shareholder Protection: The Regulatory Framework in the United Kindom, United States and Australia", *Journal of Comparative Business and Capital Market Law*, 1986, 8(3):281 - 318.

③ See Sharon Hannes, Omri Yadlin, "The SEC Regulation of Takeovers: Some Doubts from a Game Theory Perspective and a Proposal for Reform", *Yale Journal on Regulation*, 2008, 25(1), 35 - 75.

④ See Ian Ramsay, "Balancing Law and Economics: The Case of Partial Takeovers", *Journal of Business Law*, 1992: 369 - 397.

⑤ 参见英国《城市法典》第 9.1 条。

⑥ 参见英国《城市法典》第 9.5 条。

⑦ 参见英国《城市法典》第 36.2 条及第 36.3 条。

⑧ 参见英国《城市法典》第 36.4 条。

⑨ 参见英国《城市法典》第 36.5 条。

⑩ 参见英国《城市法典》第 36.6 条。

与美国董事中心主义的收购法律或市场规则相比,股东至上和机会均等原则是英国收购监管法律的核心原则。① 强制全面要约收购制度反映了英国收购监管的重点是维护股东利益,这一传统的形成是由于机构股东在制定收购法律规则中所起的重要作用。② 学者称为股东至上原则的股东自治版本,或激进的股东至上原则。③ 中国香港特别行政区、新加坡移植了英国的收购法模式(见表1)。

**表1 中国内地、中国香港特别行政区、英国、新加坡部分要约模式比较**

| 国家和地区 | 自愿部分要约适用范围 | 收购人选择发出部分要约来履行法定要约义务(强制部分要约)的适用条件 | 要约价格基准 | 市场监管者 |
|---|---|---|---|---|
| 中国内地 | 0~30% | 只适用于由收购人进行场内收购和自愿要约收购而触发的法定要约义务 | 收购人过去6个月支付的最高价格和目标公司股票近30天的平均市场价格 | 证监会 |
| 中国香港特别行政区 | 0~30% | 批准;独立股东洗白程序;附条件等 | 收购人过去6个月支付的最高价格 | 证券业委员会 |
| 英国 | 0~30% | 批准;独立股东洗白程序;附条件等 | 收购人过去12个月支付的最高价格 | 收购委员会 |
| 新加坡 | 0~30% | 禁止 | 收购人过去6个月支付的最高价格 | 收购委员会 |

(二)要约义务模式

与英国相反,美国联邦法和多数州法没有规定强制全面要约收购制度,只规制收购人的自愿要约收购活动,要约人只需履行信息披露义务。日本移植了美国和英国的要约收购制度因素,从而形成了自己的独特模式。日本2014年《金融商品交易法》规定了收购人采用要约收购方式完成收购的义务(强制部分要约)。投资者计划收购一家上市公司股票的,会产生要约收购义务的特定情形包括:第一是收购人计划获得

① See Lucian Arye Bebchuk, "Efficient and Inefficient Sales of Corporate Control", *Quarterly Journal of Economics*, 1994, 109(4): 957-993.

② See Jennifer Payne, "Minority Shareholder Protection in Takeovers: A UK Perspective", *European Company and Financial Law Review*, 2011, 8(2): 145-173.

③ 激进的股东至上主义的首要特征是从代理人的角度描述股东与管理层的关系。股东应该能够决定有关其经济利益的重要问题,向管理层施加压力,使其财务利益最大化,并有能力替换表现不佳的人。See David Millon, "Radical Shareholder Primacy", *University of St. Thomas Law Journal*, 2013, 10(4): 1013-[i].

目标公司超过 1/3 投票权的股票(1/3 规则);第二是收购人计划在一定时间内从超过 10 人手中获得超过 5% 投票权的股份(5% 规则)。① 在要约期间除通过要约方式外,收购人不得购买股票,②否则有责任赔偿预受股东的损失。③ 要约价格必须基于单一的一整套条件,④法律要求有第三方估价人,并允许少数股东为争取更高的要约价格而提起诉讼。⑤ 总之,日本公司收购人在特定情形下有采用要约收购的方式获得拟收购股份的义务,但没有超出其购买计划来发起一个全面要约购买所有剩余股份的义务。

韩国采用了类似的要约义务模式。韩国在 2017 年制定的《金融投资服务与资本市场法》(以下简称韩国《资本市场法》)中规定,收购人如果在证券市场外向一定人数以上的人购买股票,且收购后的持股比例不低于股票总数的 5% 的,应当发出收购要约,⑥具体的人数由总统令规定。要约人公告该收购要约后,⑦应当在公告日向金融服务委员会和证券交易所报送要约收购声明。⑧ 表 2 比较了我国、日本、韩国部分要约收购模式。

**表 2　中国、日本、韩国部分要约模式比较**

| 国家 | 强制部分要约适用范围 | 要约价格参照基准 | 市场监管者 |
| --- | --- | --- | --- |
| 中国 | 通过自愿要约或场内收购达到持股 30% 以上,计划继续增持股份的 | 收购人过去 6 个月支付的最高价格和目标公司股票近 30 天的平均市场价格 | 证监会 |
| 日本 | 计划购买目标公司 1/3 以上股份,或者在一定时间内从超过 10 人手中获得超过 5% 的股份 | 单一价格 | 金融厅 |
| 韩国 | 计划向一定人数以上购买目标公司 5% 以上的股份 | 最好要约价格 | 金融服务委员会 |

① 参见日本《金融商品交易法》第 27 – 2(1)条。See Hideaki Roy Umetsu and Mikio Sonoda, "Comparative Analysis of Turkish and Japanese Tender Offer Regulations: Protection of Minority Shareholders", *Turkish Commercial Law Review*, 2016, 2(2): 157 – 166.

② 参见日本《金融商品交易法》第 27 – 5 条。

③ 参见日本《金融商品交易法》第 27 – 17(1)条。

④ 参见日本《金融商品交易法》第 27 – 2(2)条。

⑤ See Timothy A. Kruse and K. Suzuki, *Two Decades of Development of Tender Offer Market in Japan: An Analysis of Regulatory Changes, Offer Premiums and Share Price Reactions*, Social Science Electronic Publishing, 2010.

⑥ 参见韩国《资本市场法》第 133(3)条。

⑦ 参见韩国《资本市场法》第 134(1)条。

⑧ 参见韩国《资本市场法》第 134(2)条。

## 四、我国部分要约的实证研究

### (一)部分要约数据

本文致力于研究2006年后我国的部分要约制度在实践中是如何应用的,为此检索了从2007年1月1日到2016年12月31日10年期间全国所有的部分要约案例。本文采用了中国证监会官方网站等权威电子法律数据库,总共收集了43个要约收购案例,包括本文重点研究的19个部分要约案例,如表3所示。

**表3 部分要约所占比例**

| 类型 | 2007年 | 2008年 | 2009年 | 2010年 | 2011年 | 2012年 | 2013年 | 2014年 | 2015年 | 2016年 | 总计(个) |
| --- | --- | --- | --- | --- | --- | --- | --- | --- | --- | --- | --- |
| 部分要约 | 2 | 0 | 1 | 0 | 0 | 3 | 6 | 4 | 2 | 1 | 19 |
| 全面要约 | 3 | 1 | 3 | 1 | 1 | 2 | 3 | 0 | 4 | 6 | 24 |
| 总计 | 5 | 1 | 4 | 1 | 1 | 5 | 9 | 4 | 6 | 7 | 43 |

2006年《收购办法》允许收购人使用部分要约来承担强制要约收购义务。① 从表3、表4可以看出,从2007年到2016年部分要约的数量与全面要约几乎相同。从2007年到2011年,收购人在收购上市公司时很少使用部分要约。从2012年到2014年,部分要约的数量超过了全面要约的数量。特别是在2014年,所有4个要约收购案例都是部分要约,而不是使用全面要约。全面要约的逐年数量变化比部分要约更稳定。2016年仅有1个部分要约案例,6个全面要约案例。

**表4 部分要约的目的分类**

| 类型 | 2007年 | 2008年 | 2009年 | 2010年 | 2011年 | 2012年 | 2013年 | 2014年 | 2015年 | 2016年 | 总计 |
| --- | --- | --- | --- | --- | --- | --- | --- | --- | --- | --- | --- |
| 取得控制权 | 1* | 0 | 0 | 0 | 0 | 0 | 4 | 3 | 1 | 0 | 9(47.36%) |
| 巩固控制权 | 1 | 0 | 1 | 0 | 0 | 2 | 0 | 1 | 0 | 1 | 6(31.57%) |
| 自愿部分要约(持股30%以下) | 0 | 0 | 0 | 0 | 0 | 1 | 2 | 0 | 1 | 0 | 4(21.05%) |
| 总计(个) | 2 | 0 | 1 | 0 | 0 | 3 | 6 | 4 | 2 | 1 | 19 |

注:*本案是2007年的“苏泊尔案”

通过对部分要约的研究,本文发现所有的部分要约都是收购人的自愿行为,而不是由其股票购买行为所触发。基于收购者的动机,部分要约可以用于:(1)取得控制

① 参见《收购办法》第23条。

权;(2)巩固控制权;(3)自愿部分要约。2006 年改革使前两种(强制部分要约)成为可能。

第一,取得控制权是指收购人已持有目标公司 30% 以下的股份,想通过部分要约将持股比例提高到 30% 以上以获得公司控制权。这一类有 9 个案例,约占 47.36%,在三类中占比最高。值得注意的一点是,收购人在发起部分要约之前通常已持有约 29% 的股权。收购人的动机与其说是为了取得控制权,不如说是为了巩固控制权。之所以将它们归类到这一类,是因为《收购办法》采用了形式主义的公司控制权标准,即 30% 的门槛。[①] 第二,巩固控制权是指收购人已经持有目标公司 30% 以上的股份,并继续通过部分要约的方式收购更多的股份以巩固其控制权地位。这一类别约占 31.57%,占比位居第二。以上两种部分要约占比,大部分部分要约被收购人用来巩固在目标公司中的控制权地位。第三,自愿部分要约意味着收购人持股不到 30%,并且希望通过部分要约的方式在持股 30% 以下的范围内收购更多股份,以增强其在公司的影响力。根据 2006 年《收购办法》的规定,持股低于 30% 的收购人只要没有超过 30% 的门槛,就可以自由发起部分要约。[②]

研究显示,大部分发起部分要约的收购人就是控股股东。部分要约是为了巩固收购人对于上市公司的控制权,包括上述“取得控制权”和“巩固控制权”案例。巩固控制权的目的是实现收购人的某些战略,如协同效应。这就是为什么大多数收购人对目标少数股东提供了非常吸引人的溢价。全面要约案例中的法定要约义务规避现象在部分要约中非常罕见。部分要约的规避率为 10.52%,在 19 起案件中只有两起是故意规避法定要约义务的。[③] 其他 17 个案例中收购人都为少数股东提供了高溢价,获得了足够的预受承诺,其中 9 例部分要约被超额认购。

部分要约的积极使用提高了少数股东保护水平,使少数股东能够分享公司控制权转让溢价,使控股股东与少数股东的利益趋于一致。收购人发起部分要约是为了取得和巩固目标公司的控制权,以便能够获得协同收益和其他好处。从理论上来讲,收购人有动机向少数股东提供较高控制权溢价,以获得他们手中的剩余股份,,而且本文的实证研究表明,大多数部分要约都提供了高溢价,其中很高比例的部分要约被超额认购。

---

① 参见《收购办法》第 84 条。

② 参见《收购办法》第 23 条。

③ 规避强制要约收购义务的两个部分要约收购案例是 2009 年的“山西通宝能源案”(取得控制权)和 2013 年的“深圳天地集团案”(巩固控制权)。

(二)"苏泊尔案"分析

2007 年浙江苏泊尔炊具有限公司由法国 SEB 国际有限公司(以下简称 SEB)收购。SEB 通过协议收购和定向增发获得目标公司股票,在持股突破 30% 的门槛后,发出了收购 22.74% 股份的部分要约,要约提供了高额溢价,被股东超额认购,所以 SEB 按比例进行了收购。在"苏泊尔案"中,少数股东受到了很好的保护,因为收购人发出的部分要约提供了相当可观的公司控制权溢价。有学者认为"苏泊尔案"提供的高溢价是罕见和特殊的。① "苏泊尔案"是独特个案,还是我国部分要约的普遍情况?

本文通过实证研究发现,"苏泊尔案"既普通又特殊。普通之处在于"苏泊尔案"和大部分部分要约一样,提供给少数股东相当高的控制权溢价;特殊之处在于"苏泊尔案"收购人发出部分要约的适格性。2006 年《收购办法》禁止收购人使用部分要约来履行协议收购触发的法定要约义务。② 除了"苏泊尔案"之外的所有部分要约都遵循了这一规定。"苏泊尔案"中,收购人通过协议收购持股达到 30% 时,没有继续协议收购方式增加持股,而是巧妙地停留在了 30% 这条红线,有了灵活回旋余地。在现行收购规则下,不多不少踏上 30% 这条线能让收购人躲过强制全面要约,为今后通过部分要约增持留下了窗口。③ 过了一段时间后,收购人便发出部分要约来继续增加持股。"苏泊尔案"收购人分阶段的收购策略,为收购人使用部分要约来履行协议收购触发的法定要约义务提供了重要参考。

## 五、解释与政策建议

(一)移植与变异

经历改革后,我国从英国移植的强制要约收购制度经历了变异。就比较法的角度而言,本文认为我国现行的部分要约制度结合了英国部分要约限制模式和日本要约义务模式,从而形成了自己的风格。我国的部分要约制度与英国模式都对部分要约进行了限制,但是限制方式不同:我国收购人触发强制要约收购义务的,部分要约只适用于由场内交易和自愿要约触发的强制要约收购义务;而英国对部分要约的适

① See Wei Cai,"The Mandatory Bid Rule in China", *European Business Organization Law Review*, 2011, 12(4): 653 - 680.

② 参见《收购办法》第 47 条。

③ 参见清澄君:《敌意收购在中国:让竞争从幕后走向台前》,载《比较公司治理》2018 年 11 月 29 日。

用条件严格限制,必须经过收购委员会的批准,且必须符合一系列条件。

2006 年改革使我国部分要约制度出现靠拢日本模式的趋势。我国收购人持股超过 30% 的,可以发出部分要约来履行强制要约收购义务,这和日本的要约义务模式具有很强的功能相似性,即要求收购人采用要约收购方式来获取其购买计划内的股份。在场内交易中,我国的收购人通常会谨慎地进行证券交易活动,不触碰 30% 这条红线。如果他们超过了 30% 的红线,意味着他们本来就计划获得那部分超过 30% 的股份。强制部分要约规则的实际存在意义是保证了收购人的购买计划是通过要约收购这种最公平透明的方式进行的,提高少数股东保护水平。

本文认为,虽然我国移植了英国制度,但是我国部分要约制度的发展与日本模式殊途同归,应更多借鉴日本模式,吸收其优点。日本模式存在于多个东亚国家和地区,这些地区与我国有共同或相似的法律文化历史遗产,更适合我国进行法律移植;纯粹的英国模式对部分要约限制过于严厉,在我国水土不服,生搬硬套可能会抑制我国要约收购市场的发展。

(二)改革评价与建议

2006 年收购制度改革的最重要成果是允许收购人发出部分要约来履行强制要约收购义务。[①] 法律改革的目的是减轻强制全面要约对收购人造成的负担,鼓励场内交易和自愿要约。本文的实证数据表明,我国的部分要约大部分提供了高额控制权溢价,提高了目标公司少数股东保护水平,因此应被鼓励。

然而,2006 年改革没有立法者预期的那样富有意义。全面要约在实践中被大量规避,收购人往往故意设定较低的收购价格,使少数股东拒绝接受要约,从而达到规避强制要约收购义务的目的。[②] 如果收购人不想购买更多股份,强制部分要约也同样是一个负担。收购人完全可以像规避全面要约一样规避部分要约。实证研究表明,2006 年改革对想要取得公司控制权的收购人影响不大,所以在本文的 10 年期间没有出现敌意部分要约收购案例。[③] 改革影响的局限性具体表现在以下几个方面。

第一,自愿的"强制要约"。我国收购人通过场内交易持股超过 30% 且继续增持股份的,应当发出全面要约或部分要约,收购人可以选择使用部分要约来履行法定要约义务。收购人实证研究表明,大多数部分要约提供了较高的控制权溢价或高于市

---

① 参见《收购办法》第 24 条。

② 如 2003 年的"南钢股份案"。

③ 我国的第一起敌意要约收购案是发生在 2017 年的"浙民投收购 ST 生化案",敌意要约收购案例至今仍极其稀缺。

价的要约价格。发出要约能帮助收购人实现战略目标,因此,收购人往往在自愿的基础上发出要约,而非被法定要约义务所强迫。部分要约购买的股票原本就在收购人的购买计划之内。

第二,触发法定要约义务的股票交易行为缺位。在10年期间,没有部分要约收购案件是由要约人的股票交易行为触发的强制要约收购义务所引起的。部分要约人都是直接主动地发起部分要约,而不是因为先前的场内交易行为而被迫发起要约。这说明了收购人的自愿主动性,收购人如果持股达到30%却不想收购,完全可以在证券交易所内卖掉股票退回30%红线以内。

本文认为2006年改革的主要贡献是促使已经握有公司控制权的收购人/控股股东采用部分要约的方式增持股份,这使我国实践中的部分要约制度发挥了日本模式的功能。如前所述,我国收购人发出的部分要约主要是为了实现其战略目标,要约购买的部分股票都在收购人的原始购买计划之内。2006年改革使我国收购人被鼓励使用部分要约手段来实现其持股超过30%的增持计划。这一效应与日本的要约收购模式产生了类似效果,即收购人如果打算收购超过一定比例的股份,必须采用要约收购的方式。

从政策建议的角度来看,本文认为我国立法应鼓励收购人采用部分要约收购方式,将强制部分要约适用范围扩展到协议收购,更多发挥部分要约的投资者保护功能。部分要约在保护少数股东的同时,不存在使目标上市公司退市的风险。我国的部分要约数量仍然偏少,难以发挥要约收购市场的资源优化配置功能。

## 六、结　　论

我国从英国移植的强制全面要约制度在2006年进行了改革,收购人被允许发出部分要约来履行场内交易触发的法定要约义务。本文通过比较法考察发现,我国改革后的部分要约制度结合了英国部分要约限制模式和日本要约义务模式的因素,从而形成了自己的独特风格;我国收购人通过场内交易持股一家上市公司的比例超过30%的,可以发出部分要约来履行法定要约义务,这和日本的要约义务模式殊途同归。本文实证研究了2007年至2016年间我国收购市场上发生的所有19个部分要约案例,研究发现部分要约被我国收购人积极使用,收购人往往是上市公司控股股东,收购目的不是履行法定要约义务,而是自愿巩固对公司的控制权。规避现象非常罕见,大多数收购人向少数股东提供了高额溢价并购得了大量股票。除了“苏泊尔案”外,没有收购人发出部分要约来履行协议收购触发的法定要约义务。

本文认为,2006年部分要约改革对想要取得公司控制权的收购人影响不大,这表现为要约人发出强制部分要约的自愿性以及触发法定要约义务的股票交易行为缺位。改革的主要贡献是促使已经握有公司控制权的收购人/控股股东采用部分要约的方式增持股份,这使我国实践中的部分要约制度发挥了日本模式的功能。从政策建议的角度,本文认为虽然我国移植了英国制度,但是我国部分要约制度的发展与日本模式殊途同归,故应更多借鉴日本模式的优点。我国立法应鼓励收购人采用部分要约收购方式,将强制部分要约适用范围扩展到协议收购,更多发挥部分要约的投资者保护功能。

# 征稿启事

中证中小投资者服务中心(以下简称投服中心)是由中国证监会批准设立并直接管理的证券金融类全国性公益机构。《投资者》是投服中心主办、拟向社会公开连续出版的综合性出版物。宗旨是维护投资者权益,为投资者提供保护与服务。

《投资者》以法学领域探究为侧重点,展现国内外投资者权益保护的最新理论与实务动态,内容以境内为主,境外为辅;以实践为主,理论为辅。分为"政策解读""理论探究""公司治理""市场实务""投教园地""案例探析""域外视野"等部分,每辑根据实际情况作适当调整。

《投资者》拟每季度出版1辑,全年出版4辑。

**一、征稿范围**

涉及法学、经济学及其他领域,与投资者尤其是中小投资者及其权益保护相关的理论和实践性作品。要求未曾公开发表或主体部分未曾公开发表。

**二、投稿须知**

1. 文章应当论点鲜明、逻辑严谨、可读性强、贴近市场,具有学术深度和实践应用价值,字数在8000~10,000字为宜,特别优秀的理论文章字数不限。

2.《投资者》编委会保留对来稿进行文字性和技术性修改的权利。除作者特别说明外,其文章均为个人观点,与其所在单位、职务无关;不代表投服中心观点,文责由作者自负。

3. 来稿请附上作者的姓名、单位或学校、职称或职务、通信地址、邮编、电话、电子邮箱。

4. 请将Word文件发送至电子邮箱:tzzbjb@ isc. com. cn。文章应符合国家著作权规定、学术规范及《投资者》编辑体例要求。

5. 来稿一经录用,编委会将及时通知作者;选用后将根据文章质量及字数从优支付稿酬,并奉送样书。北大法宝法学期刊数据库全文收入本书。

6. 联系人:汤沸　　电话:021-60290620

地址:上海市浦东新区世纪大道1701号钻石大厦B座11楼中证中小投资者服务中心《投资者》编委会,邮编:200122。

投服中心

《投资者》编委会

2019年8月

# 编辑体例

一、标题:宋体四号字,加粗,居中。

二、作者:宋体小四号字,居中,并用上标星号( * )作为介绍作者脚注的标志,在脚注中注明作者姓名、工作单位、职务、职称。如有两名作者,第二名作者用两枚上标星号( * * ),依此类推。

三、摘要、关键词:中文摘要200字以内、关键词3~5个。

四、正文:宋体小四号字,首行缩进,行距1.5倍。区分标题和要点,标题层级依次为"一、……""(一)……""1. ……""(1)……",要点层级依次为"1. ……""(1)……""①……"。一级标题采用小四号字体加粗;二级标题采用黑体小四号字不加粗;三级标题宋体小四号字,不加粗。引用具体法律文件应加书名号,如《证券法》《上市公司重大资产重组管理办法》。法条序号(第×条、第×款、第×项)。时间(世纪、年代、年月日等)。数量金额等用阿拉伯数字,但直接引用原文的从原文。

五、注释:一律采用脚注,全文每页重新编号,注码放标点之后,注码符号为"①②③……"非引用原文者,注释前加"参见";引用资料非原始出处者,注明"转引自";宋体五号字。

注释示例如下:

**1. 著作类**

(独著作品)费孝通:《乡土中国》,人民出版社2015年版,第134~135页。

(合著作品)范健、王建文:《商法的价值、源流及本体》,中国人民大学出版社2007年版,第10页。

(多人合著作品)左卫民等:《中国基层司法财政变迁实证研究(1949—2008)》,北京大学出版社2015年版,第88页。

(编辑作品)何勤华编:《律学考》,商务印书馆2004年版,第65~67页。

（中文译著作品）［英］洛克:《政府论》（上篇），瞿菊农、叶启芳译，商务印书局1982年版，第15～16页。

（台港澳作品）温洪隆:《新译战国策》（下），台北，三民书局2006年版，第18页。

（间接引用文献）参见王泽鉴:《民法学说与判例研究》，北京大学出版社2009年版，第108页。

**2. 期刊论文类**

（期刊）顾培东:《也论中国法学向何处去》，载《中国法学》2009年第1期。

（论文集）郭道晖:《社会权利与控制社会》，载江平主编:《比较法在中国》（2003年卷），法律出版社2003年版，第51～58页。

（学位论文）雷丽清:《中美内幕交易罪比较研究》，华东政法大学刑法学2012年博士学位论文，第12页。

**3. 报纸类**

陈甦、陈洁:《投服中心持股行权:理念创新与制度集成》，载《上海证券报》2017年1月4日，第7版。

**4. 古籍类**

《清实录》卷一四六。

**5. 辞书类**

《牛津法律大词典》，光明日报出版社1988年版，第99页。

**6. 网络类**

贺卫方:《在英国法的圣殿里》，载北大法律信息网文献库: http://article.chinalawinfo.com/ArticleFullText.aspx? ArticleId = 77444&listType = 0，最后访问日期:2017年8月5日。

**7. 外文著作类**

Richard H. Thaler, *Misbehaving: The Making of Behavioral Economics*, W. W. Norton & Company, 2015, p. 6.

**8. 外文期刊类**

Forrest Briscoe and Katherine C. Kellogg, "TheInitial Assignment Effect: Local Employer Practices and Positive Career Outcomes for Work-Family Program Users", *American Sociological Review* 76, 2011, p. 292.

**9. 外文案例类**

Greebel v. FTP software, Inc. ,194 F. 3d 185(1st Cir. ,1999).

**10. 外文网站类**

Rick A. Fleming, "Enhancing the Demand for IPOs", Accessed July 19, 2017. https://www.sec.gov/news/speech/fleming-enhancing-demand-ipos-050917.

**图书在版编目(CIP)数据**

投资者. 第7辑 / 郭文英主编. -- 北京 : 法律出版社, 2019
ISBN 978-7-5197-3831-0

Ⅰ. ①投… Ⅱ. ①郭… Ⅲ. ①投资-研究-中国②投资-金融法-研究-中国 Ⅳ. ①F832.48②D922.280.4

中国版本图书馆CIP数据核字(2019)第204793号

**投资者(第7辑)**
**TOUZIZHE(DI-7 JI)**

郭文英 主编

策划编辑 陈 妮
责任编辑 陈 妮
装帧设计 李 瞻

**出版** 法律出版社
**总发行** 中国法律图书有限公司
**经销** 新华书店
**印刷** 固安华明印业有限公司
**责任校对** 马 丽
**责任印制** 吕亚莉

**编辑统筹** 法治与经济出版分社
**开本** 787毫米×1092毫米 1/16
**印张** 13.5
**字数** 250千
**版本** 2019年8月第1版
**印次** 2019年8月第1次印刷

法律出版社/北京市丰台区莲花池西里7号(100073)
网址/www. lawpress. com. cn
投稿邮箱/info@ lawpress. com. cn
举报维权邮箱/jbwq@ lawpress. com. cn
销售热线/400-660-8393
咨询电话/010-63939796

中国法律图书有限公司/北京市丰台区莲花池西里7号(100073)
全国各地中法图分、子公司销售电话:
统一销售客服/400-660-8393/6393
第一法律书店/010-83938432/8433
西安分公司/029-85330678
重庆分公司/023-67453036
上海分公司/021-62071639/1636
深圳分公司/0755-83072995

**书号**:ISBN 978-7-5197-3831-0
**定价**:68.00元
(如有缺页或倒装,中国法律图书有限公司负责退换)